*Tu t'appelleras
Felipe…*

© L'Harmattan, 2008
5-7, rue de l'Ecole polytechnique, 75005 Paris

http://www.librairieharmattan.com
diffusion.harmattan@wanadoo.fr
harmattan1@wanadoo.fr

ISBN : 978-2-296-05101-0
EAN : 9782296051010

Philippe van den Bogaard mhm

Tu t'appelleras Felipe...

Un prêtre au cœur des communautés de base du Chili

Interviews et rédaction
Yves Bourron

Préface de Jean Charles Thomas
Évêque émérite de Versailles, ancien évêque de Corse

L'Harmattan

Religions et Spiritualité

Collection dirigée par Richard Moreau, professeur honoraire à l'Université de Paris XII, et André Thayse, professeur émérite à l'Université de Louvain

La collection *Religions et Spiritualité* rassemble divers types d'ouvrages : des études et des débats sur les grandes questions fondamentales qui se posent à l'homme, des biographies, des textes inédits ou des réimpressions de livres anciens ou méconnus. La collection est ouverte à toutes les grandes religions et au dialogue interreligieux.

David Bensoussan, *L'Espagne des trois religions. Grandeur et décadence de la convivencia*, 2007.
Didier Fontaine, *Le nom divin dans le Nouveau Testament*, 2007.
Daniel Faivre (sous la direction de) *Tissu, voile et vêtement*, 2007.
Philippe Péneaud, *Les Quatre Vivants*, 2007.
Pierre Bourriquand, *L'Evangile juif. La liturgie synagogale source du premier Evangile*, 2007.
Daniel Faivre, *Mythes de la Genèse, genèse des mythes*, 2007.
Bernard Félix, *Fêtes chrétiennes. Du Jour des Morts à la fête de la Réformation*, 2007.
Bernard Félix, *Pour l'Honneur de Dieu. Robert d'Arbrissel - Bernard de Clairvaux - Thomas Becket - Dominique de Guzman*, 2007.
Jean-Jacques Raterron, *Célébration de la Chair, Epithalames à l'Incarné. Célébrations lyriques en l'honneur des Mariés*. Préface de Philibert Secrétan, 2007.
André Thayse, *Rêves, roueries... et réconciliation. La Genèse autrement*, 2007.
Mgr Antonio Ferreira Gomes. *Lettres au pape. Regard de l'évêque de Porto sur l'Eglise et sur l'Histoire*, 2007.
Etienne Osier-Laderman, *Sources du Karman. Mythologie, éthique, médecine*, 2007.

Suite des titres parus pages 256 à 258

Préface

Achevant la lecture de ce livre, je suis impressionné. Et vous le serez probablement, vous aussi.

Je pensais y découvrir l'histoire d'un prêtre atypique et chaque page rejoignait des réflexions maintes fois entendues, pertinentes, partagées par des milliers de personnes aujourd'hui.

Je savais que Philippe avait vécu des situations d'une étonnante variété mais pas à ce point. Je me doutais bien que son expérience l'avait doté d'un regard perspicace mais ses multiples discernements, ça et là disséminés au fil d'une chronologie classique, me bouleversaient.

En lecteur attentif et de plus en plus captivé, j'ai parcouru grâce à lui la Hollande et les Yvelines, le grand monde des immigrés et celui des humains, les plus enracinés dans leur culture, le petit monde des catholiques et le grand souffle des Actes des Apôtres, l'univers des relations toujours risquées entre les riches et les pauvres, le questionnement sur les théologies de la libération et l'endurance pour susciter des chrétiens parvenant ensemble à devenir communautés ecclésiales. De la ferme familiale au Kenya, de Londres à l'immersion au Chili pendant dix-sept ans, du Brésil à l'animation de soixante-deux sessions dans quatorze pays, de l'Amérique du Sud aux USA ou au Canada : quel parcours ! Epoustouflant !

De la santé robuste aux traces indélébiles de l'hémiplégie. Quel drame ! Des doutes capables de tout remettre en question jusqu'à l'audace des convictions enracinées dans la Parole biblique. Quel bonheur ! Des cris de Job aux engagements d'un apôtre très paulinien. Quelle espérance millénaire !

Tel m'apparaît cet homme qui n'a pas encore atteint la soixantaine. Que nous appelons maintenant Philippe.

Un disciple du Christ "parcourant villes et villages pour annoncer la Bonne Nouvelle aux pauvres", humble et clairvoyant dans ses jugements, préférant toujours servir et se méfiant de toutes les recherches de pouvoir, qu'elles soient cléricales, idéologiques, politiques ou parées des meilleures intentions évangéliques.

Capable de se raconter avec recul et distance grâce à la sagesse que confère le refus de cultiver son ego.

Alors, pourquoi se met-il en scène pendant toutes ces pages ?

Parce qu'un ami a découvert la personnalité de son curé et l'a questionné pendant vingt-deux entretiens avant de les mettre en forme autobiographique.

Voici donc un livre à deux auteurs : celui qui parle et celui qui écrit, celui qui réfléchit tout haut et celui qui répercute pour donner écho, celui qui médite à partir de son passé et celui qui jette des lueurs sur le présent à partir de cette méditation, celui qui a toujours voulu donner priorité aux plus démunis et celui qui va maintenant interroger ceux qui se prennent pour des riches.

Oui, deux auteurs inséparables pour susciter des acteurs dans le Monde et dans les Églises chrétiennes qui veulent placer l'Evangile en tête de toute décision.

À quoi peut servir leur travail de mémoire ? À comprendre le présent : celui des peuples sud-américains traversés par la mondialisation, celui des Églises chrétiennes obligées de redécouvrir pour mieux en vivre leur identité et leur utilité dans l'univers fractionné des cultures, celui des institutions qui oscillent entre les sécurités illusoires des retours vers ce qui marchait bien hier et ce qu'il faut imaginer aujourd'hui pour rester adapté au réel humain, non sans hésitations, erreurs et prise de risques.

J'ai aimé ces pages, y retrouvant tant et tant de questions que nous ne cessons de poser entre hommes et femmes passionnés par l'aventure spirituelle de l'Humanité. Des réponses sont esquissées, les grandes évolutions en cours y sont prises en compte.

L'ensemble laisse percer des lumières, permet à l'émotion de toucher le lecteur, invite à devenir acteur, aujourd'hui et demain autrement qu'hier, en suivant le fil rouge d'une histoire au gabarit impressionnant.

Philippe et Yves : merci.

17 juillet 2007

Jean Charles THOMAS,
Évêque émérite de Versailles, ancien évêque de Corse.

1
Fils d'émigré

La ferme de *Taillis Bourderie* était située à Gometz la ville, au cœur de la vallée de Chevreuse. Même si mon père avait su diversifier les cultures en produisant du blé, des betteraves, du trèfle, de la luzerne, des pommes de terre et un peu d'élevage (sept vaches, des poules pondeuses, deux chevaux), ce n'était pas la richesse chez nous ; mes parents n'étaient que des petits fermiers ! Et, avec ce patrimoine restreint de trente-trois hectares, ce ne serait vraisemblablement plus possible, aujourd'hui, de vivre des produits de la terre.

Mon père était originaire de Tilburg, une ville industrielle du Brabant. Fils d'un professeur de ferronnerie, il était, tout jeune, entré chez les trappistes et en était ressorti à vingt et un ans. Pendant plusieurs années, il avait assisté son frère aîné, vétérinaire, puis il avait élevé des chevaux. Comme au monastère, on lui avait appris à travailler la terre, il avait eu envie d'être agriculteur mais en Hollande, des terrains disponibles pour des citadins n'existaient pas ! Il se trouvait que le curé des Molières, un Néerlandais, retournait dans son pays de temps à autre, afin de recruter des jeunes gens pour le séminaire qu'il avait établi, juste à côté de son presbytère[1] et pallier ainsi au manque de prêtres en France. Lors de ses voyages de prospection, il avait pris l'habitude de loger chez mes grands-parents, aussi proposa-t-il un jour à mon père de venir travailler dans cette région de l'Île de France qu'il connaissait, comme *volontaire*.

---

[1] Celui-ci fonctionnera jusqu'au début de la guerre de 1939.

Les petits Fritz

A trente ans, en 1939, mon père avait donc émigré sur le plateau du Hurepoix, pour travailler dans une ferme exploitée par un Belge. Il put la racheter rapidement, grâce aux aides de ses oncles et aux prêts de la banque qu'il mit vingt ans à rembourser. L'exode de l'année suivante vint troubler le début de son exploitation et il dut s'exiler, en vélo, jusqu'à *Rodez* avant de revenir enfin sur ses terres. Pendant ces années de guerre, le dimanche, les Hollandais avaient pris l'habitude de se retrouver à Paris, à la mission ; c'est là, qu'en 1943, la sœur de ma mère, mariée à un Hollandais exploitant une ferme près de Rambouillet, rencontra mon père : « *J'ai encore une soeur à marier, une petite grosse ; veux-tu la voir ?* » Il acquiesça et elle sortit une photo de la jeune fille qu'elle avait dans son sac. Mon père lui écrivit et celle-ci lui répondit ; après six semaines, il partit faire sa connaissance. Ma mère, fille d'agriculteur du polder de Haarlemermeer, avait passé tous ses diplômes d'infirmière et elle en était très fière. Bien qu'elle demeurât à l'hôpital, elle occupait une chambre, au presbytère de Haarlem, chez son oncle curé. Avant qu'il ait le droit de rencontrer la jeune fille, mon père fut convoqué par le saint prêtre qui le mit à la question : « *Est-ce que la ferme est à ton nom ? Tes intentions sont-elles honnêtes ? Te sens-tu en mesure de faire vivre une famille ?* » Après avoir réussi l'examen, le curé appela ma mère et les deux jeunes gens se fréquentèrent durant neuf jours ; la jeune fille, charmante, ne correspondait pas à l'image qu'en avait donnée sa sœur et mon père fut agréablement surpris. Ils décidèrent donc de se marier. L'oncle célébra l'heureuse union dans la grande église de Haarlem et les mariés profitèrent des fleurs du mariage précédent pour donner l'illusion d'une messe de première catégorie mais le voyage de noces, lui, se fit plus simplement à Gometz la ville.

A peine arrivée, maman commença à apprendre le français. Aux Molières, deux femmes la prirent sous leur protection pour lui en donner les premiers rudiments. Avec le temps, elle, comme mon père, finirent par se débrouiller, en conservant néanmoins un très fort accent. Animé par le désir de réussir, le couple a été heureux, et ce, pendant plus de quarante ans.

Mes parents ont eu cinq enfants. Il y eut d'abord deux filles Nelly et Doky puis un garçon Frédéric, décédé très jeune ; je suis né en 1948, avant une dernière fille Netty. Ces prénoms étaient des diminutifs fréquents chez les Hollandais. On les donnait dès la naissance. Nelly, c'était Pétronille et Doky, Théodora. Mon père qui s'appelait Frédéric avait vu son nom contracté en Fritz ; et à Gometz, mes parents étaient connus comme monsieur et madame Fritz et nous, même si on ne nous prenait pas pour des Allemands, on nous appelait les petits Fritz. Quant à moi, j'ai hérité de Cornélius et Johannès, prénoms de mes deux grands-pères. Cornélius, peut être contracté en Kor, Nélis, Kees, Cees. Ma mère choisit Kees comme diminutif, prénom connu et célèbre. Les habitants de la Nouvelle Amsterdam, future New York, ont été appelés Yankees, mot constitué de Jan et de Kees, les deux prénoms les plus fréquents chez les Hollandais.

Dès qu'on quittait la route des Molières et qu'on passait le petit chemin, on arrivait à *Taillis Bourderie*. A nos yeux d'enfants, ce petit bout de Hollande était à la fois notre chez nous et une terre d'accueil. Bien sûr, parce qu'on y parlait hollandais mais aussi parce que la maison, bien qu'ancienne, était différente des autres fermes et cela, à cause de ma mère qui, contrairement aux Françaises, ne travaillait pas dans les champs ou très peu et tenait sa maison. On s'essuyait les pieds en entrant et on laissait les chaussures dans l'arrière-cuisine. Elle disait souvent à mon père : « *Chez nous, c'est comme cela ; toi dehors et moi dedans* ! » Mon père, d'ailleurs, n'aurait pas voulu qu'elle travaille à l'extérieur même comme infirmière. Les gens étaient surpris, lorsqu'ils entraient : on ne discutait pas sur le pas de la porte ou dans l'écurie ; ma mère invitait et offrait du café et des petits gâteaux, à la mode hollandaise.

Malgré cette ouverture, mes parents n'avaient pas de grandes relations sociales avec les autres cultivateurs. Il est vrai que mon père n'était pas chasseur ; possesseur d'un fusil, il tirait bien de temps à autre des corbeaux pour éviter que ces volatiles ne fassent des dégâts dans ses champs mais, ayant du mal à fermer un œil, il fallait quelqu'un derrière lui pour cacher la moitié de sa figure avec un mouchoir : autant dire que le coup n'était pas très efficace. En réalité, par esprit d'indépendance, il n'aimait pas les battues dominicales, évènements qui, par excellence, créent du lien social : « *Le dimanche, c'est fait pour se reposer* », déclarait-il et, après la messe, il se calait dans son fauteuil et tirait des volutes de fumée d'un cigare de contrebande. Il n'aimait pas non plus vendre son grain, là où les autres le vendaient. Membre d'aucune coopérative, il ne participait activement à aucun syndicat !

De multiples relations, en revanche, s'étaient tissées avec des familles d'émigrants. On se retrouvait, le dimanche, entre fermiers belges et hollandais de la région ; on s'invitait mutuellement pour les anniversaires et on n'aurait, pour rien au monde, raté la célébration de la Saint-Nicolas. Mes parents avaient également développé des amitiés avec des gens, comment dire ? Pas comme tout le monde ! Je me souviens de deux femmes notamment : une Allemande juive, rescapée d'un camp de concentration, qui nous conduisait à l'école et nous recevait chez elle pour regarder la télévision et une protestante, Marinette, mariée à un juif, qui faisait profession de fleuriste et échangeait avec ma mère des fleurs contre des œufs ; mes parents vivaient ainsi l'œcuménisme, au quotidien. Il leur arriva d'héberger un pasteur qui mariera ma sœur, convertie au protestantisme. Plus tard, je me suis souvent demandé si le fait d'être fils d'émigré avait eu de l'incidence sur mon parcours personnel ? J'ai toujours eu un peu de mal à répondre à cette question : une attirance pour les voyages peut-être, une certaine facilité d'adaptation à d'autres cultures... le fait de me sentir de passage !

Comment t'appelles-tu ?

Lorsque j'étais enfant, ma mère me voyait souvent taper avec un bâton sur les herbes, le long de la petite route : « *Qu'est-ce que tu fais, Kees* » me disait-elle ? Je répondais : « *Ne vous inquiétez pas, je m'ennuie simplement* » ! Je n'avais rien de particulier, juste le sentiment d'être seul. Ma mère décida de me placer chez des religieuses, à l'école *Sainte-Suzanne* d'Orsay que fréquentaient déjà mes sœurs aînées. Ce fut une époque d'éveil religieux ;

j'avalais toutes les histoires du *Petit Jésus* et, le samedi soir, dans la cuisine de la ferme, je les racontais théâtralement avec moult détails, après que maman nous ait tous baignés, ait coupé les ongles de la tribu et que papa ait fini de traire les vaches.

Après la maternelle, les garçons ne pouvant plus rester dans une école de filles, les religieuses ne voulurent pas que je parte, avant d'avoir fait ma première communion. A l'âge de cinq ans, on me mit à l'école communale. Au début, j'étais timide, petit gars isolé dans son coin, au point que cela inquiéta mes parents. Plus tard, dans le primaire et au collège, cela s'est arrangé, je suis devenu plus sociable et à l'aise.

Enfants, nous nous sentions légèrement différents des autres et nos particularités se percevaient dans quelques détails. A l'école primaire, alors que tous les autres avaient un tablier gris, j'étais habillé avec une culotte courte et un pull-over ; maman avait toujours refusé de m'acheter une blouse, pas pour des raisons économiques, non, mais simplement parce qu'en Hollande, cela ne se faisait pas. Notre mode de restauration était particulier ; à midi, nous ne mangions pas à la cantine, nous apportions notre gamelle et nos tartines de pain et nous déjeunions à part. Les institutrices m'appelaient *Vanbogâre*, en insistant sur l'accent circonflexe de la dernière syllabe ; quant à mes copains, ils se moquaient de *Corneille*, mon prénom et, très vite, j'ai reçu des noms d'oiseaux comme corbeau ou croa-croa ; alors ma mère avait déclaré : « *Puisque c'est comme cela, tu t'appelleras Kees* » ; et du coup on me surnomma *Kais, Kaïs, Kèche* et surtout *Kaisse* et tout y est passé, de *Kaisse-à-savon*, à *Kaisse-à-cigares* ou *Kaisse-à-patates*. Je vivais ces situations - sans honte, ni fierté - j'avais juste le sentiment d'un peu d'étrangeté.

Le prénom de Philippe, n'est venu que beaucoup plus tard, quand je suis arrivé au Chili. Lorsque je l'ai rencontré pour la première fois, l'évêque auxiliaire de Santiago, Don Enrique, m'a demandé : « *Comment t'appelles-tu* » ? J'ai répondu : « *Kees* ». Il a ri et il s'est exclamé : « *Ah ça, ce n'est pas possible ; ici, cela ne marchera jamais. Allez, choisis-toi un autre prénom* ». Netty, ma petite soeur, attendait son second enfant dont j'étais le parrain désigné et, si ce devait être un garçon, il devait s'appeler Philippe. Alors, j'ai dit à l'évêque : « *Felipe, est-ce que cela vous convient ?* » Il m'a mis la main sur la tête et m'a donné sa bénédiction : « *Tu t'appelleras Felipe* ! » Émigré une nouvelle fois, je changeai de pays et il me fallait changer de nom. Mais après tout, me suis-je dit, Philippe, c'est celui qui aime les chevaux[2] et c'est mon cas. Quand mon oncle trappiste apprit mon changement d'identité, il me demanda : « *As-tu changé de prénom parce que les gens allaient vers Philippe pour qu'il leur fasse connaître Jésus ?*[3] » Je lui répondis que c'était plutôt parce que Jésus avait dit à Philippe : « *Depuis tant de temps, je suis avec vous et tu ne me connais pas encore, Philippe !* »[4]

A la maison, on prenait nos repas à la hollandaise (chaud, une fois pas jour et à dix-huit heures) et on parlait en hollandais même si, entre nous, les enfants, nous parlions toujours en français[5]. Les enfants se partageaient les tâches ménagères, vaisselle et nettoyage des chambres, le tout contrôlé par maman mais, étant le seul garçon de la famille, j'avais en plus le devoir de travailler à l'extérieur. Ma principale tâche était de m'occuper des vaches, ce dont j'avais horreur ! Leur donner à boire ne me contrariait pas trop mais mon père avait bien pris soin de m'apprendre, très jeune, à traire et j'étais contraint de m'exécuter, deux fois par jour : le matin, avant de partir à l'école et le soir, dès mon retour. Et, quand, après mon passage à l'étable, je rentrais dans la salle de séjour, il me fallait affronter les quolibets de mes sœurs : « *D'où viens-tu, Kees ? Tiens, Doky, tu ne trouves pas que depuis un petit moment cela sent une drôle d'odeur ?* » Dès l'âge de douze ans, quand mon père partait en Hollande, j'étais l'homme de la maison et j'avais de

---

[2] Dérivé du grec *Philippos*, mot composé des termes *philo* et *hippo* qui signifient littéralement *ami et cheval*.
[3] *Quelques grecs abordèrent Philippe qui était de Bethsaïde en Galilée, et lui firent cette requête : « Seigneur, nous voudrions voir Jésus ». Philippe va le dire à André ; André et Philippe vont le dire à Jésus.* Jn XII 21-22.
[4] Jn XIV 8-9 Philippe lui dit : « *Seigneur, montre-nous le père et cela nous suffit. Voilà si longtemps que je suis avec vous, lui dit Jésus et tu ne me connais pas, Philippe ?* »
[5] Je n'ai jamais été à l'école en Hollande et je n'ai appris à écrire le hollandais que lorsque, une fois entré au séminaire, j'ai voulu communiquer avec mes parents ; au début, j'écrivais phonétiquement, comme je parlais et puis, très vite, j'ai dû acheter des dictionnaires.

fait, la responsabilité de la ferme. Si les vaches vêlaient, pendant son absence, il fallait bien que quelqu'un s'en occupe.

Avec mes sœurs, il y avait une grande connivence, surtout avec la dernière. Netty se souvient encore aujourd'hui que c'est moi qui lui ai appris à faire du vélo sans petites roues. Pourtant, elle n'est jamais allée en bicyclette à l'école alors qu'avec les deux aînées, on faisait, chaque jour, quatorze kilomètres aller-retour, sur nos vélos aux couleurs hollandaises... ou françaises : Nelly, un bleu, Doky, un blanc et moi un rouge. Sur nos porte-bagages, il nous arrivait de transporter une ou deux douzaines d'œufs qu'on vendait aux instituteurs ou aux parents de nos copains. C'est comme cela que maman a commencé son commerce et a élevé jusqu'à mille poules. J'ai gardé un bon souvenir de ces trajets quotidiens. On descendait la côte de Gometz, depuis le café *Saint-Nicolas*, jusqu'à l'hôtel *Sans-Soucis* : on parcourait cette distance à soixante à l'heure. Le soir, en revanche, il fallait marcher, en poussant le vélo, mais ce n'était pas grave, on avait un fort sentiment de liberté, par rapport à nos copains qui attendaient que leurs parents viennent les chercher à la sortie de l'école.

En classe, cela ne se passait pas si bien que cela. J'étais gringalet et souvent malade. L'hiver, quand il faisait trop froid dehors et trop chaud dans la classe, il m'arrivait de tomber dans les pommes. J'ai eu du mal à la fois avec ma santé et avec mes études ! En primaire, ça allait encore mais au collège, je n'étais pas un très bon élève. Seul, marchait bien l'apprentissage des langues (l'anglais et l'espagnol) mais les maths, le français, les sciences ne donnaient pas satisfaction.

Je n'acquis pas à cette époque ce qu'on appelle une grande culture ; je lisais peu, sinon quelques livres de voyage et d'aventures, Alexandre Dumas et Jules Verne. Mes parents ne m'ont jamais poussé à travailler intellectuellement. Quand mon père rentrait à la maison et me voyait assis, un livre dans les mains, il me lançait : « *T'as rien d'autre à faire ! Je vais te donner du travail, moi* ! » Cela faisait des conflits avec ma mère qui essayait de protéger mon temps libre. Mais il y avait toujours quelque chose à faire dans une ferme ; alors, je fermais mon bouquin et je partais travailler dans les champs. Du coup, j'ai arrêté les études, en fin de quatrième, et ce n'est que bien plus tard que j'ai découvert un intérêt pour les études.

Dieu : une évidence !

En Hollande, au dessus des rivières, le Rhin, la Meuse, l'Escaut, on est protestant et en dessous, on est catholique. Ma mère née, dans un village de la région de Haarlem, où les protestants étaient majoritaires faisait exception ; elle avait d'ailleurs hérité d'un accent et d'un parler différents de ceux de mon père. « *Quant à Tilburg : on est à 99% catholique* » disait mon père, avec fierté. Moi, qui étais né bien en dessous de toutes ces rivières, j'ai vécu dans ce qu'on appelle une famille de tradition. Si on remonte ma lignée maternelle ou paternelle, prêtres et religieux sont nombreux et mes oncles auront une certaine importance dans les orientations que je donnerai à ma vie. Du côté de ma mère, l'oncle de Haarlem avait la réputation d'être riche : j'ai dans ma salle à manger une armoire et un tableau de style flamand qui lui ont appartenu. Du côté de mon père, une de ses sœurs était trappistine et deux de ses frères, prêtres : l'un en Tunisie et l'autre, moine du côté de Tilburg ; ce dernier, entré à la Trappe, à la suite de mon père, y était resté ; il y passera toute sa vie sauf lorsqu'on lui demandera de fonder une abbaye au Kenya. C'est lui qui facilitera le séjour que je ferai, plus tard, dans ce pays comme coopérant.

Petits, nous fûmes comme imprégnés et enveloppés dans cette ambiance religieuse. Je me rappelle que, la seule fois où je n'ai pas voulu aller à la messe - j'avais treize ans -, il a suffi que mes parents se fâchent tout rouge et crient : « *Tu iras !* » pour que j'obtempère, en toute simplicité. Je ne me suis jamais rebellé, ni contre eux, ni contre cette foi qu'ils m'avaient inculquée. Il n'y avait pour moi, à cette époque, aucune place au doute et je ne me posais pas la question de l'existence de Dieu ; Dieu était de l'ordre des évidences. La foi ne se discutait pas, pas plus que la morale et la prière ! D'ailleurs, on priait, matin, midi et soir, avant de prendre les repas et de se coucher. En présence de mon père, ma mère récitait l'Angélus et elle le faisait dans un hollandais tellement rapide que nous n'arrivions pas à suivre. Quand, de temps en temps, mes sœurs lui demandaient de parler plus lentement, elle répondait : « Mais lentement, je ne sais pas dire ! » Il lui fallait le rythme, un peu comme quand on récite les tables de multiplication. Nous, on galopait derrière elle et, au temps de Pâques, on rajoutait même un *Alléluia* sonore. Si, enfants, nous avions parfois des sourires entre nous, nous savions qu'il était impossible et impensable de nous asseoir à table, sans avoir fait au moins un signe de croix. Nos parents n'exigeaient pas que nous fassions des prières, avant de nous coucher, mais le soir nous les entendions prier, au lit, pour leurs parents défunts et pour le petit Frédéric. Ils récitaient leur chapelet, se répondant mutuellement ; de temps en temps, quand l'un s'endormait, l'autre lui donnait un coup de coude ; alors, on entendait un dernier *« Amen »,* avant le silence.

Mon père était un méditatif ; il pouvait rester assis pendant des heures devant une fenêtre pour écouter et reconnaître le chant des oiseaux. Il contemplait ses chevaux ou ses vaches, si belles à ses yeux, qui broutaient dans le pré devant la maison, jusqu'au moment où maman, plus pragmatique, lui disait : « Ça suffit, comme ça, va travailler ! » J'ai certainement hérité de lui, cette capacité d'émerveillement par rapport à la nature et aux choses de la vie mais le sang maternel m'a aussi donné de l'esprit pratique.

Les fêtes étaient très honorées, Pâques et surtout Noël. Dans la grande pièce, mon père installait la crèche très élaborée qu'il avait construite lui-même. Et dans les derniers jours de décembre, il régnait une bonne chaleur dans la ferme, surtout quand maman jouait de la musique. A la fin de la guerre, dans leur débâcle, les Allemands avaient abandonné un vieux piano ; mon père avait pu le récupérer et le lui avait offert en cadeau. A Gometz, en dehors d'une ou deux dames veuves, il n'y avait guère que deux familles aux cérémonies, dont la nôtre. J'arrivais toujours une demi-heure avant l'heure, pour sonner la cloche ; après je servais la messe et je disais les prières eucharistiques, en français, pendant que le curé les prononçait en latin. Maman jouait de l'orgue, mes sœurs et moi nous l'accompagnions. Je chantais même les deux voix du credo, la basse et la haute, cela m'amusait. Quant à mon père, il prêtait son béret pour faire la quête. Si mes parents, habitués en Hollande à voir les églises pleines, se plaignaient de ce peu de participation, moi j'étais plutôt à l'aise dans cette petite communauté.

Au collège d'Orsay, à *La Clarté Dieu,* chez les franciscains, je participais à l'aumônerie et j'y fis ma profession de foi. Un jour, comme le curé me l'avait proposé, j'ai demandé à mes parents l'autorisation de faire du scoutisme. Mon père m'a répondu : « *Du sport, je vais t'en donner, moi ; va dans les champs, tu trouveras de l'air frais ; d'ailleurs, tu as assez d'occupations comme ça !* » Du coup, mes activités ont toujours été individuelles ou familiales, un peu refermées sur elles-mêmes. Néanmoins, j'étais un enfant sociable, ce qu'on appelle un *bon petit gars* et, dès l'école primaire, j'ai reçu des prix de camaraderie. Quant à la mixité, je m'y suis senti, tout de suite, très à l'aise ; j'avais l'habitude, à la maison, de vivre avec des filles ; à douze ans, mes sœurs trouvaient même que j'étais *un blondinet mignon*. Au collège, j'ai souvent été élu, représentant des élèves. Cet honneur était un bien car, si la scolarité ne marchait pas comme je l'aurais voulu, ce leadership me procurait des compensations et montrait que j'avais des dispositions pour occuper des responsabilités. Avec le recul, j'ai le sentiment, déjà à l'époque, d'avoir été placé dans des charges ou des postes, sans les avoir vraiment voulus au point que je me demandais régulièrement : « *Pourquoi, me choisit-on, moi ?* »

Cultivateur ou prêtre ?

A quatorze ans, je quittai le collège ; mes parents me firent entrer à l'école d'agriculture de *La Minière,* près de Versailles. J'irai plus tard travailler à la ferme puisque c'était la seule chose que je savais faire. Ces années allaient être dures : l'hiver, on était pensionnaire et, l'été, on s'activait à la ferme. Ayant perdu mes amis, il me fallut une nouvelle fois expérimenter la solitude et cela me pesa. Je travaillai donc à me faire de nouvelles relations ; je m'inscrivis au cercle des jeunes agriculteurs de Dourdan, je participai avec eux à un voyage en Angleterre et, dès que je le pouvais, j'empruntais le vieux solex de maman pour aller visiter mes amis, jusqu'à Etampes. Sur le plan scolaire, j'eus mes premières satisfactions. Quatre mois par an, pensionnaire, je n'avais rien d'autre à faire que d'étudier ; je me rendis compte que je n'étais pas si idiot que cela et je me retrouvai rapidement premier de la classe, même en maths ou en zootechnie ! Ce fut à partir de ces moments de réussite que je m'autorisai à envisager mon entrée au séminaire.

Si la situation économique de la ferme s'était s'améliorée, cela n'avait pas eu d'incidence sur le caractère autoritaire de mon père qui n'arrivait pas à garder, plus de quelques semaines, un ouvrier avec lui. Il n'y eut que Max, un Polonais, qui resta pendant sept ans, jusqu'à sa mort. Cet homme, rescapé d'un hôpital psychiatrique, habitait sur place, mangeait dans l'arrière-cuisine et était fréquemment victime des colères paternelles. Je le revois encore appuyé contre le mur, en train de rouler une cigarette entre ses doigts, attendant que l'orage passe. Si Max, avec la consolation que lui donnait la boisson, s'accommodait de ce genre de vie, j'ai eu le sentiment, pendant mes années d'adolescence, d'être encore moins bien considéré que lui. Je trouvais mon père dur avec moi et je n'arrivais jamais à avoir une vraie discussion avec lui. Au travail il ne m'écoutait pas, me faisant sentir en permanence que je n'étais pas son adjoint mais son ouvrier. J'avais beau apprendre des éléments d'agronomie et d'économie à *la Minière*, je n'arrivais pas à lui expliquer quoi que ce soit, ni à lui donner des conseils, ni à lui démontrer par exemple qu'on ne gagnait pas assez d'argent avec si peu de vaches. Il est vrai que je n'aimais toujours pas aller à l'étable, deux fois par jour, faire cette foutue traite. A la moindre remarque, je me faisais rabrouer : « *Qu'est-ce que tu vas savoir, morveux* ! » Peu à peu, la perspective du séminaire devint une véritable libération !

Bizarrement, la seule complicité que nous avions entre nous, c'était quand nous parlions de temps en temps en signes. Il avait appris ce langage chez les trappistes et c'était commode quand on travaillait sur les tracteurs ou les machines bruyantes qui ramassent les pommes de terre. Alors pour dire : « *attends un peu ! va moins vite ! je vais aux toilettes* ! », on agitait la main ou on remuait tel ou tel doigt.

Pourtant mon père n'était pas un méchant homme, loin de là. Avec mes sœurs, notamment Nelly, il avait une réelle connivence et avec les gens, il avait des rapports faciles et il était même populaire. Au contact de son propre père et de son frère vétérinaire, il avait appris à soigner les bêtes et les paysans du coin faisaient appel à lui quand ils avaient un problème. Il savait castrer, il aidait à vêler, il détectait la nature des maladies ; les éleveurs avaient le sentiment qu'il s'y connaissait mieux que le spécialiste de Limours.

A cette époque, l'élevage avait fini pas compter près de mille poules en liberté ! Pas celles qu'on enferme comme aujourd'hui dans des hangars industriels, non ! Des individus libres qui se promenaient l'été dans la cour et l'hiver et dormaient à l'abri sur de la vraie paille. Avec le temps, ma mère avait acquis la bosse du commerce. A partir des premiers clients qu'on avait commencé à démarcher, elle avait poursuivi la prospection et développé la vente d'œufs. Le week-end, elle n'avait pas peur d'interpeller les Parisiens qui venaient prendre l'air à la campagne et s'installer pour pique-niquer dans les chemins de traverse - quand ce n'était pas au beau milieu des champs cultivés - pour leur vendre sa production. Deux fois par semaine, elle prenait sa vieille Aronde blanche et allait jusqu'à Orsay faire commerce de ses œufs auprès de particuliers, dans des écoles et des restaurants ; ces entrées d'argent profitaient au ménage car elles arrivaient régulièrement et non, une fois par an, comme pour le reste des produits de la ferme.

Son sens des relations, ma mère l'exerçait aussi à la maison où il passait régulièrement du monde. Sur la route des vacances, avant de continuer vers le midi, les Hollandais, connus ou inconnus, de Tilburg ou d'ailleurs, s'arrêtaient chez les Fritz. Mon père adorait cela ; il cessait de travailler, rentrait à la maison, s'asseyait à la table et il causait, se mettant au courant des derniers ragots de son pays. Pendant ce temps, ma mère se croyait obligée d'attribuer des chambres à chacun, de faire des lits, de préparer des repas. Tout s'est bien passé jusqu'au soir, où elle avait fait savoir, haut et fort, qu'elle en avait marre de faire la bonne pour tous les habitants du sud de la Hollande. Je ne sais pas si, ce jour-là, mon père comprit son coup de colère.

Il me faut parler de ce grand-père, professeur de ferronnerie, à Tilburg, un homme très dur. Ce fut sans doute plus de lui que de mon propre père que je tins à la fois mon goût des voyages et mon amour des chevaux. Pendant les vacances de Pâques, ce ferronnier, père de six enfants, oubliait tout d'un coup de rentrer à la maison. Il partait, dit la légende, sans même prévenir sa femme et revenait, quinze jours plus tard, avec un lot de chevaux arabes qu'il avait acheté en Tunisie. Dans le wagon qui le ramenait de Marseille, il couchait avec les bêtes, les remontant jusqu'à Tilburg pour les revendre et, à peine arrivé, il reprenait son travail d'enseignant.

Adolescent, j'ai passé plusieurs étés, dans la région de Haarlem, dans une ferme tenue par un cousin de ma mère, Je passais mes journées en compagnie de chevaux ; tous les dimanches, j'allais avec eux aux courses de trot attelé. A *Taillis Bourderie*, c'est moi qui ai poussé mon père à acheter un cheval ; j'avais appris que les cousins de Gazeran en avaient un et l'argument a payé. En réalité, je crois que, même s'il a eu du plaisir à monter lui-même notre première jument *Blanca*, c'est pour mes soeurs et moi qu'il l'a achetée. Enfin pour mes sœurs ! Elles ont essayé de la monter mais elles ne savaient pas se faire obéir et, à ce jeu, Netty s'est même cassé le bras. L'équitation est sûrement le meilleur souvenir de toute cette époque. Mon père gardait de nombreux chevaux en pension à la ferme et lorsque les propriétaires venaient les monter, on se partageait le travail : ma mère les accueillait en leur faisant déguster les tartes aux fruits qu'elle avait confectionnées et moi je galopais avec eux en pleine forêt. J'avais aussi la responsabilité de débourrer les jeunes poulains et de les préparer à la monte et ce n'était pas rien d'être le premier à réussir à les dompter. Le dressage se faisait dans l'ancien potager, un pré entouré de murs pour éviter tout risque de voir s'échapper l'animal. Dès que j'avais un peu de temps libre, j'allais chercher *Blanca* ou *Jalmain* et je galopais à travers bois, seul, perdu dans mes pensées et mes chansons, jusqu'à Cernay la ville ou plus loin encore. Un jour, par bravache, je suis descendu à la gare de Saint-Rémy avec ma jument pour attendre des amis lycéens qui avaient organisé un jeu de piste. Je ne détestais pas faire des promenades, accompagné, ni même que mes copines montent derrière moi, à cru, sur ma jument. Mais un de mes plus grands plaisirs était de chevaucher le dimanche et d'aller surprendre les cavaliers qui, deux par deux, trottaient ou marchaient tranquillement au pas ; d'un coup d'œil, je calculais le bon espace entre les taillis puis je prenais mon élan et passais au galop, à toute allure, à leurs côtés : était-ce pour les épater, pour leur faire un peu peur ou simplement pour éprouver des sensations de force, d'équilibre, de vie ? Je ne saurai jamais mais j'aimais cela, c'est tout ! Je regrette de n'avoir jamais fait de concours mais j'ai le sentiment que ces moments de complicité avec le cheval, m'ont fait éprouver une vraie liberté, même si c'était une liberté solitaire…

En 1964, j'ai été le premier de la famille à voyager en avion, à seize ans, et j'en fus très fier. Mon oncle prêtre, curé des pieds-noirs, Français ou Italiens, depuis des années, était sur le retour et m'avait invité en Tunisie ; mes parents acceptèrent à condition que je paye une partie de mon voyage. Depuis des années, j'élevais des lapins ; mon père me donnait simplement leur nourriture. Leur vente et un complément d'argent de mes parents me permirent, un beau matin, de prendre une Caravelle. Dans ce village de Bordj el Amri, à trente kilomètres au sud de Tunis, je me suis trouvé, tout à coup, baigné dans une autre lumière. La Tunisie était devenue indépendante et pour cet oncle, qui était arrivé à l'âge de douze ans au petit séminaire de Carthage et avait exercé son ministère pour des chrétiens européens, la mission s'arrêtait avec le départ de ses ouailles. L'atmosphère était un peu bizarre ; je l'ai aidé à mettre de l'ordre dans une église qui allait fermer définitivement, à casser certaines statues et à en enterrer d'autres. Ma conscience politique était faible. Les guerres d'indépendance, la décolonisation et les *évènements* d'Algérie ne m'avaient pas préoccupé plus que cela et je ne me demandais même pas si la présence d'un prêtre et de l'Église en terre d'Islam pouvait avoir un sens ! Pour moi, la signification de ce séjour était ailleurs : je m'éloignais pour la première fois du cocon familial, j'appréhendais la relativité des cultures et *Taillis Bourderie* devenait tout à coup un horizon petit pour moi. Je prenais conscience que je pouvais établir des relations avec de jeunes Tunisiens qui m'emmenaient promener dans leur village et acceptaient de discuter avec moi ; je découvrais *l'autre* en quelque sorte. Fils d'immigré finalement bien intégré dans la civilisation française, peut-être avais-je le sentiment de retrouver une infime part de mon étrangeté ou de ma différence ?

En 1965, quand j'annonçai à mes parents mon désir d'entrer au séminaire, ma mère me dit avec un rien de solennité : « *Si c'est ta décision, ton père et moi, nous la respecterons.* » En réalité, ils s'en doutaient déjà et depuis longtemps. Lors de sa tournée auprès des fermiers qui offraient des pommes de terre à l'Église, l'économe du séminaire de Versailles en avait profité en son temps, pour faire un peu de recrutement : « *Pourquoi, il ne rentre pas au séminaire, ce petit gars ?* » Je n'avais que douze ans. Mon père avait répondu : « *Il n'en est pas question ; le gosse fera ce qu'il voudra mais quand il aura dix-huit ans !* » Et, à dix-huit ans, je suis entré au séminaire ! Mon père n'était pas ravi de ma décision ; il sentait bien qu'il perdait une aide précieuse. D'ailleurs, il ne m'accompagna pas à Montmagny et, le premier jour, ce fut ma mère qui me conduisit en voiture. Elle, j'en suis sûr, voyait ce choix d'un bon œil ; elle en était même fière. Les choses changèrent néanmoins dans la tête de mon père. Trois semaines après mon départ, quand je suis revenu passer mon premier week-end à la ferme, il m'a dit : « *Tiens, viens voir* ». Lorsque nous franchîmes la porte de l'étable, celle-ci était vide. « *Oui, tu comprends, j'ai vendu les vaches ; je ne pouvais pas m'en occuper, tout seul* ! » Je le comprenais trop bien ! A partir de ce moment-là, les relations avec lui évoluèrent ; je n'étais plus un ouvrier, obéissant aux ordres d'un patron, j'étais son fils avec qui il partageait ses succès et ses soucis. Du coup, quand je lui donnais des coups de main, je le faisais avec plaisir.

Chevry 2 n'existait pas encore et autour de *Taillis Bourderie* tout n'était que plaines et cultures ; c'est alors que les promoteurs ont commencé à racheter des terres pour le futur site. Comme certains fermiers ne voulaient pas vendre, ils proposèrent à mon père d'acheter notre ferme pour servir d'échange. La transaction était proposée au prix des terrains à construire et mon père n'hésita pas longtemps. L'idée de garder la ferme, sans un fils pour la reprendre, ne tenait plus et il avait en plus conscience de faire une très bonne affaire. En 1972, quand mes parents sont vraiment partis, mon père avait soixante-trois ans et ma mère soixante ; ils quittèrent Gometz sans regret, contents tous deux de retourner en Hollande. Ils revenaient chez eux à Tilburg, comme des émigrés qui avaient réussi leur vie et pouvaient s'acheter, en pleine ville, une belle maison avec un petit jardin. Sur la façade, père fera poser un écriteau en ferronnerie, avec le nom de sa nouvelle demeure : *Taillis Bourderie*.

Entre-temps, mes sœurs aînées avaient épousé des Hollandais qu'elles avaient connus en France, lors de passages à la ferme, et elles avaient rejoint la mère patrie. Par fidélité à son époux, Doky se convertit même au protestantisme. De la famille, il ne restait plus, dans la vallée, que Netty, ma plus jeune sœur, installée à Chevreuse avec son mari, et moi.

2

Oriti, oriti

Lorsque je suis entré au séminaire, ma vie spirituelle se cantonnait à une pratique religieuse. On ne parlait pas beaucoup de Dieu, à la maison, on priait, c'était tout ! De mes parents, j'avais appris une ascèse et une morale rigoureuses, une pratique très stricte mais une spiritualité en définitive assez vague. Quant à mes oncles prêtres, ils ne m'avaient jamais impressionné par leur foi pas plus que ma tante trappistine à Chimay n'avait impressionné mes sœurs. Elles allaient la voir volontiers, une fois par an, pour toucher deux de ses doigts, à travers la grille de fer, mais dès que la bonne tante disait à l'une ou à l'autre : « *Je crois que tu as la vocation, toi ! Ne voudrais-tu pas venir faire une retraite ?* » Elles avaient un fort mouvement de recul.

A partir de quatorze ans, je n'ai eu que dans de rares occasions - pèlerinages à Lourdes ou à Chartres - la conscience d'une Présence dans ma vie et d'un lien particulier avec Dieu dans la prière. Je me souviens qu'au retour d'une visite faite à des scouts, en train de camper dans je ne sais quel coin de la forêt de Rambouillet, j'avais confié au curé des Molières, le père Jean Chenut avec qui j'avais de très bonnes relations, mon désir d'entrer au séminaire mais, auparavant, ma volonté d'apprendre un métier. Il m'avait, avec sagesse, encouragé à prendre mon temps.

Ce n'est donc ni la foi du charbonnier ni celle de Jean de la Croix qui m'ont fait entrer au séminaire ; cette décision s'est imposée assez simplement dans mon esprit, comme ce qu'il fallait faire, et la réflexion sur ma vocation ne s'est produite qu'après. C'est le fait d'entrer au séminaire qui m'a fait chercher, après coup, pourquoi j'y étais entré. Je ne vais pas d'emblée, faire le choix d'être missionnaire ; à cette époque, je me voyais bien curé d'une paroisse de campagne... dans la vallée de Chevreuse. Pourquoi pas !

Entrée au séminaire

Ce jour où je quitte la ferme en direction de Montmagny, près de Deuil la Barre, mon père, lui, s'en va travailler dans ses champs. Il me dit au revoir comme si de rien n'était mais je sens bien qu'il est ému. Le séminaire de vocations tardives, dirigée par des prêtres diocésains, accueillait des jeunes de tous les diocèses de l'ancienne Seine-et-Oise, d'autres départements et même de Suisse et de Belgique. A dix-huit ans, je sortais de ma ferme isolée et, tout à coup, je me trouvais confronté à soixante-quatre gaillards dont le plus âgé avait quarante ans. Cette entrée en *religion* représenta une ouverture et une découverte du monde. Parmi mes condisciples, on trouvait certains jeunes qui avaient raté leur bac mais aussi des hommes plus âgés, des ouvriers, des frères des Ecoles Chrétiennes désireux de devenir prêtres et même un médecin. Lors des rencontres informelles et des révisions de vie, les petits groupes favorisaient les remontées d'expériences ; tous ces échanges, au fil des mois, permirent de tisser de fortes amitiés.

Je me mis sérieusement aux études, au latin, à la philosophie, à l'écriture sainte, à l'histoire de l'Église et je découvris même la joie du théâtre. Nous faisions aussi nos premières expériences sociales et pastorales : je donnais des cours d'alphabétisation, auprès de travailleurs africains de La Courneuve, j'emmenais des gamins nager à la piscine, où ils pouvaient se doucher, je participais à quelques actions d'animation dans des maisons de personnes âgées.

La liturgie occupait beaucoup de notre temps : oraison le matin, messe, chapelet, vêpres, le tout ponctué, au cours de la journée, par la sonnerie de la cloche. Les repas se déroulaient en silence à l'écoute d'une lecture recto-tono au réfectoire, avec obligation pour le lecteur d'articuler, sinon il était interpellé par le couteau du supérieur qui tapait sur son verre pour le reprendre ; je me souviens encore de la lecture de *Nous autres gens des rues,* de Madeleine Delbrel. Seul, un *Deo gracias* généreux venait, de temps à autre, libérer la parole entre nous.

Nous vivions une vie très organisée, quasi monacale, et le travail manuel ne manquait pas. Il nous fallait peler les pommes de terre, entretenir le linge, faire le repassage, jouer au coiffeur, travailler au jardin, tailler les pelouses. J'étais sacristain en chef et je devais faire reluire ciboires et patènes, faire briller meubles de bois et planchers. De cette discipline rigoureuse, je ne souffrais pas.

Nous avions ce qu'il fallait pour vivre : une chambre pour travailler et dormir, un robinet d'eau froide pour nous laver et l'autorisation de se faire un café sur un camping gaz ; si on ne ratait pas son tour, la douche se prenait une fois par semaine. Les arrivées aux repas étaient à heure stricte et nous avions moult consignes : interdiction de se visiter dans les chambres, de se promener à deux, d'entretenir des amitiés trop particulières. Je ne comprendrai le sens de ces réglementations que plus tard. Dans ce temps privilégié pour les études, l'idée de la prêtrise se dessinait peu à peu, sans forcing outrancier. Nous y étions aidés par une visite hebdomadaire auprès du père spirituel ; j'avais choisi un homme très posé qui, pendant une demi-heure ou plus, savait m'écouter.

Je garde de Montmagny, le souvenir d'une vie très cadrée, y compris dans nos moments de liberté, lors d'activités sportives et de balades. Le dimanche, une fois toutes les trois semaines, après avoir très tôt assisté à la messe, nous pouvions rentrer chez nous. Je traversais tout Paris, en train jusqu'à la gare du Nord, et prenais plusieurs métros jusqu'à Courcelles où mon père venait me chercher. J'arrivais au moment du repas de midi, juste le temps de me faire gâter à la maison et, à cinq heures, je devais repartir. En revanche, les petites vacances se passaient à la maison ; à Pâques, j'aidais aux semailles et, pendant les grandes vacances, j'assurais les moissons. Une chose me faisait sourire au séminaire : le supérieur nous vantait le travail mais, en l'espace de six semaines, j'avais perdu toutes les callosités de mes mains ! Jusque là, pour moi étudier n'était pas travailler !

Des évènements forts et troublants

J'étais arrivé à Montmagny, en 1965, juste à la fin du concile et les documents d'application sortaient à peine. Les changements liturgiques se mettaient en place : passage au français, mise en place d'un nouvel autel, célébration face au peuple. L'institution acceptait bien cette évolution tellement médiatisée et nous avions l'impression d'écrire un petit morceau d'Histoire. Mais en plus de la liturgie, la pédagogie était bouleversée. Dès 1965, les professeurs, chahutés dans leurs certitudes, laissèrent tomber l'enseignement du latin puis, après la lettre de Jean XXIII où le pape demandait que les séminaristes continuent à apprendre la langue de l'Église, le reprirent mais avec des approches révolutionnaires ; avec la méthode Assimil, nous dûmes apprendre à traduire : *Je vais à Lyon, en bicyclette, voir ma grand-mère.* Tout cela ne tint qu'un temps car *Mai 68* survint !

Le premier signe de notre révolution à nous - à Montmagny - ce fut justement de faire la grève du latin. Et, pendant toute cette période troublée, seule l'activité sociale ne sera pas remise en question car nos engagements continueront. A l'intérieur de la maison, nous organisâmes nos propres assemblées d'étudiants et le grand vent extérieur traversa nos murs : nous allions à Paris, voir ce qui se passait boulevard Saint-Michel, à l'Odéon et à la Sorbonne. Le mur du séminaire donnait sur la mairie et la petite histoire veut qu'une fois, le maire appela le supérieur : « *Mon père, vos élèves font le mur !* » « *Dans quel sens, monsieur le maire ?* » « *Vers l'intérieur, mon père.* » « *Dans ce cas, dormez en paix, il n'y a pas de problème.* »

Nous étions interpellés par les slogans que nous entendions : *Il est interdit d'interdire. Faites l'amour, pas la guerre.* Au séminaire, malgré notre liberté intérieure, nous vivions dans un univers fait d'obligations et d'interdits et voici que les portes s'entrouvraient et qu'un vent libertaire s'engouffrait dans la grande maison ! Cela nous surprenait et nous fascinait à la fois et nous nous en laissions même pousser les cheveux. Nous nous mettions à exiger d'avoir accès aux décisions importantes et nous voulions élire nos représentants. Notre pauvre supérieur, dépassé par ces revendications, fermait les yeux et acceptait ! Quant aux professeurs, perdus, ils nous demandaient : « *Messieurs, que doit-on vous enseigner ?* » Ce n'était pas seulement la méthode pédagogique qui était mise en cause mais la nature même de l'enseignement ; dans le domaine de l'étude biblique, notamment, nous revendiquions l'accès aux nouvelles recherches. Alors notre supérieur lâchait, avec un brin de solennité, sa grand formule : « *Nous sommes dans la grande expérimentation !* » En réalité, il n'y a jamais eu de vraies concertations entre enseignants et élèves. La plupart des professeurs pensait que l'on traversait une crise mais que tout reviendrait comme avant. Mais rien ne reviendra plus comme avant ou du moins avant longtemps ! D'une année à l'autre, tout allait être remis en cause. Ce serait à la fois excitant et très déstabilisant.

Certains jeunes commencèrent à émigrer vers des séminaires plus fermés, comme Sion. D'autres partirent discrètement. A Montmagny et plus tard à Versailles, il n'y a jamais eu entre nous un vrai débat sur le fait de *partir ou pas* mais tous les ans, à la fin de l'année, le supérieur nous annonçait qu'un tel et un tel ne reviendraient pas, l'an prochain. A la maison, je disais à ma mère : « *A propos, j'ai un ami qui a quitté le séminaire.* » Elle répondait invariablement : « *Pourquoi es-tu ami avec tous ceux qui partent ? Trouve-toi des amis parmi ceux qui restent, ce n'est pas compliqué* ! » Dans sa logique, elle avait sans doute raison ; quant à moi, je ressentais chaque départ comme un déchirement qui m'ébranlait fortement ; les meilleurs faisaient-ils ce choix courgeux et ne restait-il que les tocards dont bien sûr, je faisais partie ? Mais je persévérais, par fidélité ; ce devait être inscrit dans mes gènes : je devais assumer mon choix jusqu'au bout. L'année scolaire se termina en queue de poisson ! A mon arrivée, les trois promotions comptaient soixante-quatre séminaristes ; trois ans plus tard, nous n'étions plus que trente. La maison avait beau avoir été repeinte à neuf, on ne s'y trouvait plus très à l'aise. L'espace était plus large mais la vie semblait étriquée[6].

L'été 68, je me retrouve à la ferme, à faire la moisson. Assis sur mon tracteur, je suis attentif à faucher en lignes bien droites mais mon entrée au grand séminaire me tracasse. Pendant ces semaines, je n'arrête pas de recevoir des nouvelles de mes copains qui, eux, n'y entreront pas. Tout un groupe d'Angevins, notamment, laisse tomber, y compris leur prêtre accompagnateur qui abandonne le sacerdoce pour se marier. C'est un vrai chamboulement et pas seulement pour moi, pour monsieur et madame Fritz aussi, qui vivent très mal ces évènements. A cause des grèves, ils ne sont pas arrivés à faire partir leurs filles en Hollande comme ils l'auraient voulu et puis cette révolte de jeunes leur fait horreur. Mon père, gaulliste, est furieux contre *ces gens qui foutent la chienlit* ; quant à ma mère, femme d'ordre, elle n'aime pas cette situation. Je ne lui

---

[6] Le séminaire de Montmagny fermera fin 1971 et ne sera pas remplacé.

explique plus grand-chose de ce qui se passe au séminaire car elle ne peut pas comprendre et chaque départ d'un de mes amis la plonge dans un état de malaise.

Ce n'est pas d'ailleurs que mes parents soient braqués sur ma vocation ; mon père, en son jeune temps, n'avait-il pas quitté la Trappe ? Ils s'en souvenaient et ils m'avaient toujours répété : *« Si cela ne va pas, tu pourras revenir,* sous-entendu : *on ne t'en voudra pas* !*»* Moi, je n'avais pas l'intention de revenir ; n'avais-je pas à Montmagny découvert une certaine forme de liberté. *Alors, qu'aurais-je fait d'autre ? Où me serais-je orienté ?* Des dizaines de fois, mon père ne m'avait-il pas asséné : *« Toi, tu ne feras jamais un bon fermier* !*»* Bon fermier ou pas, en ce mois de juillet 1968, la terre - la nôtre - représentait pour moi une valeur forte, une réalité solide qui, dans tout ce chamboulement, tenait bon. Faire la moisson, ce n'était pas une idée fumeuse, c'était du concret ! D'ailleurs, quand mes parents vendront cette ferme, quelques années plus tard, j'aurai l'impression de perdre mes racines !

L'autre séminaire

En septembre, je me retrouvais au Grand Séminaire de Versailles avec quelques-uns de mes condisciples de Montmagny et des nouveaux, notamment les petits séminaristes de Grandchamp. En première année de philosophie, nous étions un peu plus d'une vingtaine. On nous dit d'emblée : *« Attention, il va falloir apprendre à travailler par vous-mêmes.»* Plus libres, nous devions acquérir la vision concrète de la préparation au sacerdoce, avec ses différentes étapes : tonsure en fin de philo puis lectorat, exorcisme, portier avant le sous-diaconat. Dès le départ, avec la complicité des professeurs, il nous fut proposé de chercher ensemble une nouvelle manière d'être prêtre.

Mai était toujours présent dans la tête de la plupart des étudiants, marqués par ce qu'on appelait déjà : la génération des soixante-huitards ! S'étant inscrits au PSU, certains de mes condisciples s'affichaient ouvertement de gauche et posaient des questions radicales sur le capitalisme. Cette recherche me plaisait mais il me semblait que j'avais toujours un temps de retard pour comprendre les évènements comme si, arrivant de ma ferme, je ne saisissais pas tous les tenants et aboutissants de cette approche. Du coup, je me questionnais plus que je ne questionnais les choses. J'étais intrigué, séduit par cette façon de penser, voire de vivre différemment la morale ou les mœurs. Ces gens qui avaient le courage de remettre tout en question me fascinaient et je n'étais pas loin d'admirer ceux qui osaient admirer Mao ou Marcuse. Une fois ou l'autre, je me laissais aller à accomplir un geste qui me semblait fort ; j'accompagnai un étudiant logeant au séminaire qui, pour montrer son opposition à De Gaulle, alla symboliquement brûler son livret militaire sur le parvis de Chaillot : je me donnais le sentiment de participer à la grande contestation ambiante.

Même s'ils essayaient de mettre des limites, nos Sulpiciens avouaient leur désarroi. L'institution Église avait, à notre sens, tant de mal à trouver sa voie et à s'adapter au concile que les projets multiples qui se vivaient dans la société civile nous intéressaient plus. La philosophie enseignée était encore fondamentalement thomiste, avec quelques rares incursions dans les courants plus contemporains marxiste ou existentialiste et s'il y avait une recherche de petits groupes sur l'évolution de la société globale, les études restaient personnelles et individualisées. Je fis, par exemple, une recherche sur les peintres impressionnistes, à partir d'une approche philosophique mais sans jamais trouver l'opportunité de communiquer ce travail à d'autres.

A ce moment, j'éprouvais un certain goût de la liberté, grâce au cadeau que m'avait fait un ami diacre : une vieille moto 125 cm³ datant de 1948, avec levier de changement de vitesses sur le réservoir, qui me permettait de revenir toutes les semaines, chez moi, en chevauchant mon engin. A la ferme, dès 1970, un entrepreneur assurait le gros du travail et l'activité s'était réduite. S'il y avait encore les écuries à nettoyer et les juments à monter, c'était simplement pour le plaisir ; cela sentait la fin !

Première ouverture

En 1971, j'aurais pu passer directement en théologie mais sur les conseils de mon oncle trappiste, je mis le cap sur le Kenya pour une année. Partir, ce n'était pas seulement de l'oxygénation car le doute était toujours là, c'était faire une rupture, prendre des distances par rapport au séminaire et à ma vocation. Il y avait à cette époque un grand engouement pour la coopération plutôt que pour le service militaire et la plupart de mes copains partaient en Afrique ou ailleurs ; n'étant pas Français, je ne pouvais pas profiter de cette possibilité. A dix-huit ans, pour échapper justement à ce service militaire[7], j'avais fait la démarche de rejeter la nationalité française pour conserver la hollandaise. Je n'avais pas eu d'état d'âme pour prendre cette décision ; maintenant j'en aurai peut-être car je me sens plus Français que Hollandais même si, avec le recul, je ne regrette pas ce choix : en mission, cela m'a servi d'être originaire d'un petit pays qui avait moins d'influence sur le plan international.

Dans les années 50, mon oncle avait participé à la fondation d'une abbaye au Kenya et avait vécu quatre ans dans ce pays ; depuis, nommé abbé de la trappe de Tilburg, il continuait à faire des visites à celle de Kipkelion, située entre Nairobi et Kissumu. Je le contactai donc, lui disant que *j'aimerais bien pratiquer l'agriculture puisque c'était ce que je savais faire.* A l'occasion d'une de ses visites, il m'écrivit une belle lettre qui me refroidit un quelque peu : *Pour faire ce métier, il faudrait que tu connaisses l'agriculture tropicale et surtout la langue locale ! Mais l'évêque de Kisii a besoin de quelqu'un pour enseigner au petit séminaire de Raquaro. Est-ce que cela te dit ?* A son retour, je m'entretins avec lui. Je voulais bien enseigner mais je ne connaissais pas l'anglais. « *Qu'à cela ne tienne, tu l'apprendras, avant de partir* », me répondit-il.

Il m'invita à venir en Hollande ; il sortit de sa trappe et m'emmena en voiture à Roosendaal, séminaire de théologie des Mill Hill. Et c'est là que, pour la première fois, je découvris cette société missionnaire dont auparavant je ne connaissais même pas l'existence. Plus de cinquante jeunes de pays différents étudiaient en ce lieu : Anglais, Écossais, Hollandais, Irlandais, Autrichiens. Tout ce petit monde parlait exclusivement anglais. Le supérieur accepta de me prendre pendant trois mois pour y pratiquer la langue de façon intensive et, par la même occasion, je découvris une autre culture. Ces gens avaient beau n'avoir pas vécu la *révolution de 68,* ils pratiquaient des modes d'organisation très

---

[7] En Hollande, les séminaristes étaient, à l'époque, exempts du service militaire.

ouverts et très démocratiques. La pédagogie du séminaire était centrée sur le travail en petits groupes avec beaucoup d'échanges et d'exposés. Un président de maison, élu par ses pairs, participait à toutes les décisions. Je suivis les cours avec tout le monde et bénéficiai, en plus, de leçons particulières données par des prêtres et des séminaristes. Ce séjour, où je fus bien accueilli, me marqua profondément et resta pour moi un moment fort. Non seulement, j'y fus motivé pour apprendre mais je m'y fis des amis. Mes parents virent mon départ en Afrique d'un très bon œil. Il n'y eut que Netty qui, devant se marier pendant mon absence, m'en voulut à l'époque et me fait croire aujourd'hui encore qu'elle m'en veut... un peu. Depuis, j'ai fait attention d'être présent à tous les évènements familiaux importants. Fin décembre, tous mes amis se tinrent aux fenêtres du séminaire de Roosendaal pour saluer mon départ. Et moi, je partis heureux ; j'allais connaître l'Afrique. Cela avait de quoi me fasciner !

L'avion de la KLM me déposa à Entebe en Ouganda. Nous passâmes, en bus, la frontière et poursuivîmes jusqu'à Kisumu. Les prêtres qui animaient le diocèse de Kisii où je me retrouvais étaient des Mill Hill et des Africains. On m'envoya à Rakwaro dans le petit séminaire diocésain, superbe bâtiment d'église au service de moins de deux cent élèves ; l'âge de ceux-ci allait de douze à vingt-deux ans, le mien à l'époque - et ce sur cinq niveaux d'études ! Le recteur du séminaire était un Kenyan et le corps professoral était composé de quelques professeurs africains et de quatre frères d'Utrecht[8] de nationalité hollandaise. Comme le vice recteur, un Mill Hill, voulait faire partir ces frères, pour redonner à l'établissement un statut de séminaire et non de simple école secondaire[9], l'accueil que je reçus fut plutôt frais. Les quatre hommes se sentirent agressés par mon arrivée et me demandèrent : *« Qu'est-ce que tu viens faire ici ? Il n'y a pas de travail pour toi !»* J'allai voir le supérieur et lui expliquai que je n'avais aucune formation de professeur et que d'ailleurs les frères affirmaient qu'il

---

[8] Les Frères d'Utrecht est un ordre spécifique d'enseignants, sorte de Frères des Ecoles Chrétiennes.
[9] Cela faisait vingt ans que l'école existait mais, en tout et pour tout, il n'y avait eu que quatre entrées au grand séminaire.

n'y avait pas de poste pour moi. Le recteur qui ne voulait pas de vagues dans son établissement me répondit : « *Ce n'est pas grave ; tu as ta chambre, tu auras à manger !* » « *Dans ces conditions, je ne reste pas !* » Par chance, à l'aéroport, j'avais rencontré Roel Knaap, un prêtre Mill Hill, qui m'avait décrit l'ambiance du séminaire comme peu agréable : « *Si tu t'ennuies, viens me voir !* » En quelques heures, je décidai de prendre mes cliques et mes claques ; je sautai dans le bus local et je me retrouvai à Migori où le père me reçut à bras ouverts. Il était en train de construire une case en dur et, pour le moment, vivait dans une baraque en tôles ondulées où l'on crevait de chaud. Il poussa les outils et les patates, installa un lit et me dit : « *Voici ta chambre !* » J'étais heureux de ce véritable accueil. On a posé des carreaux ensemble, fait de la maçonnerie et construit la mission. Avec lui, explorant les coins les plus reculés, j'ai appris quelques bribes du langage local. Ces six semaines, dans ce coin de brousse, furent un temps fort pour comprendre la réalité concrète du terrain.

Le diocèse était situé dans une ancienne colonie anglaise. En fonction de l'établissement géographique de la mission, les villageois adhéraient à une religion ou à une autre. Certains étaient restés animistes ; d'autres étaient devenus protestants de toutes obédiences, depuis les historiques, héritiers de Luther ou anglicans, jusqu'aux pentecôtistes, nés de courants locaux ou adeptes de sectes importées ; d'autres enfin étaient catholiques, des vrais, si je puis dire. Au sein de ma famille, il existait aussi des dissidents, ayant créé leurs propres branches sectaires, avec leurs évêques, habillés de couleurs - verte, rouge ou jaune - et accompagnés de leurs trois ou quatre épouses. Une petite guerre des religions se continuait ainsi. Dès qu'une église protestante s'ouvrait avec son école, quelques kilomètres plus loin, se créaient une mission catholique et ... une école.

Pendant les différents séjours que je ferai à la mission du père Knaap, j'ai beaucoup apprécié la vie simple de cet homme au contact des habitants. Si, à la mission, on se nourrissait à l'européenne, en brousse, nous étions invités à partager le repas des paysans et on nous offrait de manger le *pocho*, une pâte, faite de farine de maïs qu'on trempait dans une sauce épicée et qu'on accompagnait de verdure ou de viande s'il y en avait. Assis à même la terre, au milieu des villageois, j'ai plongé, comme eux, la main dans le plat commun, installé au centre du groupe.

Au fil des jours, j'ai vécu un grand nombre d'anecdotes qui ont pris peu à peu du sens pour la construction de ce que je voulais faire de ma vie. En voici un exemple, fort dans sa symbolique. Il y avait bien de l'eau courante à la mission mais des pannes survenaient ; un jour où il faisait très chaud, l'eau était coupée. Je décidai d'aller à la rivière pour me rafraîchir et le curé m'y encouragea. Les femmes se lavaient en aval du courant et les hommes, bénéficiant de l'eau propre, se baignaient en amont. Je rejoignis donc le coin des hommes et j'entrai dans l'eau. Mes compagnons de bain me regardèrent, amusés. Eux étaient nus, moi pas ! Or je ne m'étais jamais dénudé devant quiconque ; à la ferme, la pudeur avait été élevée au rang de vertu cardinale par mes parents. Là, dans cette petite rivière, je fus un moment perplexe : je ne pouvais pas rester comme cela, avec mon slip blanc, au milieu des autres ; il me fallut l'enlever. Pendant que je me savonnais et que je me rinçais, je repérai les réactions de mes compagnons et je les pris pour des ricanements moqueurs. Deux minutes plus tard, le corps encore humide mais rhabillé, je repartis et leur lançai d'une voix que je voulus forte : *Oriti, oriti* ce qui en *luo* signifie *au revoir*. Le jour suivant, arriva à la mission toute une délégation ; les hommes s'adressèrent au père Knaap et me désignèrent : « *Il a osé se laver avec nous ; il est des nôtres.* » Ce jour-là, j'ai commencé à découvrir le sens de *l'inculturation*[10], le fait d'être un parmi les autres, de s'intégrer. Pour cela, il fallait sans doute passer par la nudité et pas seulement physique.

Au bout de six semaines, le vice-recteur du séminaire, qui poursuivait l'idée de se séparer un jour des fameux frères, revint me voir pour me demander de rejoindre le collège. J'aurai préféré rester dans ma cabane en tôle mais j'avais le sens de l'obéissance ; il fallut que je retourne à la ville. Je fus à nouveau confronté à mes frères hollandais qui me questionnèrent : « *Alors, dis-nous ce que tu veux enseigner !* » « *Je ne sais pas grand-chose mais je veux bien enseigner la géographie.* » « *Non, la géographie, c'est moi* »

---

[10] Selon le concile Vatican *II* « *Incarnation de l'Évangile dans les cultures* » Encyclopédie des religions page 1378, Bayard Éditions.

intervint l'un d'entre eux. « *Ah bon ! Et bien, si je me documente, je veux bien m'occuper de l'histoire.* » « *Ah non, ça c'est mon domaine !* » dit un autre. « *Ecoutez, dites moi d'abord ce que vous faites comme cours et je prendrai ce qui reste.* » Il ne restait que le latin et un peu de religion. Eh bien, soit ! Je me remis à l'étude de la langue de Cicéron que j'avais peu pratiquée depuis la méthode Assimil et cela s'est plutôt bien passé ; d'ailleurs, quand on a deux ou trois leçons d'avance sur les élèves, on s'en sort toujours. Je finis par amadouer les frères en leur demandant de me faire part de leur expérience et de me donner un maximum de conseils sur la pédagogie ou la discipline. Je les ai même invités à venir dans une de mes classes pour qu'ils m'aident, leur signifiant que je bénéficierai en retour de la qualité de leurs propres leçons. Naturellement, je n'ai jamais été invité mais, à partir de ce jour-là, j'ai été considéré comme un très bon professeur. Cette mission resta un peu cocasse : Franco-néerlandais, j'enseignais, en anglais, le latin à des Africains, langue que je connaissais mal et qui ne leur servirait jamais car aucun d'entre eux n'entrerait au séminaire.

J'ai encore aujourd'hui un certain doute sur l'utilité de l'école de la mission. Une grande chape de silence était répandue par exemple sur la sexualité de ces jeunes séminaristes qu'il fallait traiter, après chaque petite vacance, et même en cours d'année, pour soigner les maladies vénériennes qu'ils avaient contractées. Même si le SIDA n'existait pas à l'époque, on ne leur disait rien bien sûr en matière de prévention! Une fois la scolarité achevée, ces garçons repartaient en brousse, sans travail, ou se retrouvaient en ville, à la recherche d'un statut de fonctionnaire qui leur permettrait de porter cravate. Les frères hollandais ont eu beau partir, une année après moi, et être remplacés par des prêtres africains, l'établissement est resté une école secondaire. Mais pour construire quel avenir ?

Je devins l'homme de confiance du recteur qui était aussi l'économe du séminaire. Une fois par semaine, je l'accompagnai au volant de la voiture. Nous allions au marché pour y acheter de quoi nourrir toute la maisonnée ; à peine arrivés, nous étions entourés de tous les marchands qui se précipitaient. Sous le bras, notre homme tenait un vieux cartable dans lequel il mettait en vrac tout l'argent qu'au début de chaque trimestre il recevait des séminaristes. Il distribuait les billets aux commerçants et moi je chargeais les légumes dans la voiture. Parfois, il mettait la main au fond de son sac et s'écriait : « *Au secours, c'est la banqueroute, il n'y a plus rien !* » Alors, nous partions chez l'évêque pour remplir le cartable. A sa demande, je lui appris à conduire et je l'ai même emmené à l'examen auquel il a échoué une première fois, lorsque l'examinateur lui demanda : « *Que faites-vous, sir, quand vous rencontrez une ligne blanche continue ?* » Lorsqu'il racontait l'histoire de son échec, il partait d'un grand éclat de rire : « *Une ligne blanche, monsieur l'examinateur, dans la brousse, je n'en ai jamais vue !* » Après force explications au tableau noir, il finit par comprendre les subtilités du code de la route et réussir son examen.

Dès que j'avais un moment de libre, je partais en brousse pour mieux comprendre la vie concrète de mes élèves. Invité par l'un d'entre eux, j'ai voyagé en bus jusqu'aux Highlands, hauts plateaux du Kisii. Son père qui avait quatre femmes et trente-huit enfants, m'a logé chez sa deuxième épouse et j'ai dormi dans une case à toit de paille, sur une natte de rotin tressé, recouverte de bouses de vaches séchées qui avaient la vertu d'éliminer les petites bêtes. Les repas se prenaient dans la case principale, propriété de la première femme ; pour survivre dans cet espace empli de fumée, il fallait se baisser et s'asseoir tout près du feu, seul endroit où l'on pouvait à peu près respirer. Au milieu de tous les petits enfants, on était servi comme un prince : une femme amenait le premier plat, une autre servait le deuxième et ainsi de suite.

Au cours de mes déplacements, je découvrais la diversité et la complexité des tribus. Au Kenya, les Kikuyus qui avaient lutté dans une guerre d'indépendance contre les Anglais étaient majoritaires. Son homme charismatique, Jomo Kenyatta, chef de l'État, apparaissait, chaque soir, à la télévision et, chaque matin, dans les journaux ; il inaugurait notamment ses fameuses écoles *Arambé*, en agitant une queue de vache dont il ne se séparait jamais. Les *Kisii* regardaient de haut les autres tribus, les *Massaï*, semi-nomades, par exemple, qui traînaient une réputation douteuse car on leur reprochait de voler le bétail. La mission de Nigori était établie chez les *Luos*[11], importants par le nombre mais souffrant d'une sorte de

---

[11] A la suite des élections du 27 décembre 2007, un conflit oppose les Kikuyus de Mwai Kibaki aux Luos de Raila Odinga.

complexe d'infériorité : si on demandait à ces gens leur origine, ils baissaient la tête et répondaient : « *I am just Luo.* » Quand, se promenant en brousse, on voyait au loin un paysan, on lui criait : « *Oyore djadwon ? Est-ce que ta vache a toujours quatre pattes ?* » S'il répondait positivement, on continuait à l'interroger : « *Tes enfants se portent-ils bien ?* » Si c'était bien le cas, on demandait : « *Et ta femme, comment va-t-elle ?* » Si la vache avait ses quatre pattes, c'était signe qu'elle était en bonne santé et tout le troupeau aussi ; les enfants devaient eux aussi se porter comme il faut, quant à la femme...

Ce que j'ai vécu de plus fort, pendant toute cette période, ce fut la fraternité qui existait entre les Mill Hill. J'y ai beaucoup aimé ce désir de travailler ensemble et surtout la confiance qu'ils m'ont faite instantanément. De passage pour un an, je n'étais pas partie prenante des décisions locales et pourtant on prenait en compte mon avis. Parmi tous ces prêtres, c'est le père Knaap qui m'a incontestablement le plus marqué. Contrairement à d'autres curés, notamment au *Duke*, grand missionnaire, patron d'une mission en dur qui recevait à sa table à condition qu'on soit bien habillé, son style de présence et de partage avec les gens simples de Nigori correspondait à ma sensibilité. Dès que je le pouvais, le week-end, je prenais le car et retournais à la mission. Certains dimanches, il me confiait des responsabilités de diacre, me demandant de présider des cérémonies, des ADAP[12] en quelque sorte. Je revêtais une aube et m'adressais à la foule pour y commenter la parole de Dieu. Tandis que je parlais pendant cinq minutes en anglais, les catéchistes traduisaient mon homélie pendant un bon quart d'heure ; tous les fidèles trouvaient le sermon très beau et tapaient dans les mains.

En même temps que je découvrais la vie africaine, dont certains aspects - pas tous - me plaisaient bien, je découvrais la vie de l'Église locale et là je n'étais pas particulièrement impressionné. Je respectais ce que faisaient les missionnaires dans leur souci de développement ; on voyait de beaux efforts pour que les gens repensent l'agriculture et s'organisent mieux. Mais au plan religieux, le point de vue était par trop romain. Je me souviens de la première fois où, en pleine brousse, j'ai rencontré l'évêque

---

[12] Assemblée Dominicale en Absence de Prêtre.

africain ; sorti de sa voiture, il apparut, revêtu de son habit épiscopal, la *capa magna* soutenue par un petit enfant de chœur local, et il passa devant les gens tendant sa grosse bague, enfilée sur son gant, pour qu'on la baise. Cette absence de simplicité et ce cérémonial me choquèrent beaucoup ; la présence de l'Église me paraissait trop traditionnelle dans sa structure et sa hiérarchie.

Je rentrai en France, transformé par cette expérience de l'altérité et par la confrontation avec une autre culture. Je fus marqué au point que ma mère s'en rendit compte : « *Tu es différent, Kees, tu as changé.* » Je n'ai jamais trop su ce qu'elle entendait par là mais je pense qu'elle me perçut comme plus radical dans mes positions. La liberté que j'avais rencontrée me poussait à devenir critique, notamment par rapport à la hiérarchie. L'idée de repartir, un jour, en mission ne me titillait pas, et surtout pas en Afrique ; je pensais simplement à réintégrer le séminaire de Versailles. En revanche, l'idée de vivre, autrement, ce nouveau temps de formation me séduisait bien. D'ailleurs, pendant toute cette période, entre séminaristes versaillais, partis eux-aussi en coopération, nous avions pris le temps de communiquer par courrier et de partager nos expériences. Une chose était sûre : nous étions ouverts au changement.

3

L'entrée chez les Mill Hill

Il nous arrive de traverser certaines années difficiles et bien l'année 1972 fut pour moi ce qu'on a l'habitude d'appeler une *annus horribilis*. Rentré du Kenya fin décembre, j'arrivai au séminaire de Versailles en janvier et, avec un peu de retard, j'intégrai la première année de théologie. Toute cette période, fut le temps du grand questionnement, pour ne pas dire de la grande débandade. On sentait bien que les professeurs, censés nous transmettre la théologie fondamentale, étaient perdus et ne savaient plus comment adapter leur enseignement à ce que nous étions devenus. Pour mon stage pastoral, je me retrouvai dans la paroisse Saint-Pierre - Saint-Paul de Palaiseau, située dans un quartier neuf ; et ce fut bien la seule expérience véritablement enrichissante.

L'atmosphère qui régnait dans l'enceinte du séminaire était un peu trouble et ce n'est au fil des mois que je pris conscience des problèmes qu'occasionnaient les pratiques sexuelles d'une minorité de mes collègues séminaristes et de mes professeurs. Certains d'entre eux passaient plus de temps en dehors des murs que dedans, d'autres développaient leur culture cinématographique plus que de raison et, en définitive, l'ambiance n'était favorable ni aux études, ni à la prière. Pendant ce temps-là, les *Messieurs de Saint-Sulpice* étaient préoccupés par leur propre avenir. Nous apprîmes, en effet, que les quatre évêques de Paris, Pontoise, Versailles et Corbeil-Evry avaient décidé de fermer le séminaire de Versailles et de rassembler tous les étudiants à Issy-les-Moulineaux.

Ce projet ne me plaisait guère. Avec deux autres séminaristes de Corbeil, nous souhaitions tenter une expérience communautaire et prîmes nos dispositions avant de soumettre notre proposition à notre évêque. Le père Manaranche, un jésuite, était prêt à nous accompagner spirituellement, comme il l'avait fait avec un groupe précédent ; le curé du Vésinet étant disposé à nous héberger, nous irions étudier à la *Catho*. Nous essayâmes, tant bien que mal, de défendre ce projet d'ouverture auprès de Mgr Malbois, notre évêque. Nous le fîmes sans doute plutôt mal puisqu'il n'en voulut pas et nous intima l'ordre d'intégrer le nouveau grand séminaire francilien. Nous répondîmes : *« Nous le ferons mais pas par goût, par seule obéissance* ! *»* A partir de ce moment, nos responsables firent tout pour nous préparer à entrer à Issy-les-Moulineaux ; et là-bas, connaissant notre réputation de contestataires, ils se préparèrent, à leur façon, à nous recevoir !

Pendant l'été, je fis la dernière moisson (ou du moins surveillai-je l'entreprise), j'organisai la vente aux enchères du matériel agricole et pris toutes les dispositions pour fermer *Taillis Bourderie*. Ma mère, qui avait déjà choisi sa maison à Tilburg, était plus occupée à emménager dans sa nouvelle demeure qu'à remuer ses souvenirs à Gometz la ville. Pour se changer les idées, mon père, en compagnie de son frère abbé, était parti au Kenya, en visite à la trappe de Kipkelion ; il devait rejoindre directement la Hollande, sans repasser par la ferme. C'est donc avec un van à chevaux qu'on m'avait prêté que je fis le dernier déménagement pour emporter les quelques meubles familiaux qui restaient. C'est moi qui fermai la porte de la ferme, définitivement ! J'accumulais les fermetures car les portes du séminaire de Versailles furent aussi bouclées, en catimini, sans tambour ni trompette, dans une grande morosité.

Le premier septembre, nous arrivâmes dans un établissement qu'avant même de connaître nous n'aimions pas et qui, parce qu'on avait sur nous un grand nombre d'a priori, nous a mal accueillis. Déjà au plan architectural, le séminaire offrait une image de sérieux. *« La grande cour a été dessinée par Le Nôtre »*, s'empressait-on de nous dire, à notre arrivée ! Les cours intérieures qui séparaient les bâtiments des étudiants en philosophie de ceux de théologie donnaient l'impression que l'on rentrait dans une *institution*. Personnellement, cela ne m'impressionnait pas, j'avais plutôt le sentiment de revenir à Montmagny, six ans en arrière.

Parmi les trois Versaillais qui avaient projeté de créer une petite communauté décentralisée l'un, à peine arrivé au séminaire, le quittait ; le second tentait de s'adapter et moi, j'étais saisi par le doute. Mal à l'aise, angoissé, j'avais le sentiment que tout un monde s'écroulait : l'une après l'autre, mes quelques certitudes tombaient, mes amis s'en allaient, la ferme était vendue ! Me posant des questions sur ma vocation, je ressentais comme une révolte intérieure. Pendant tous ces jours, je ne me sentis pas accompagné et lorsque j'annonçai au supérieur ma décision de partir, ce dernier me dit en soupirant : « *Eh bien, si c'est votre décision, partez.* » Il rajouta peut-être : « *Priez.* » Je ne sais plus. Ce que je sais, c'est que je ne bénéficiai de sa part ni d'un accompagnement spirituel ni d'une aide matérielle, pas même de conseils.

Quant à mon évêque, je lui annonçai aussi ma détermination et tentai d'argumenter : « *Si, être prêtre, c'est entrer dans une institution aussi rigide et formelle, ce n'est pas pour moi ; j'arrête, je quitte le séminaire.* » Et il était bien entendu que dans mon esprit ce *j'arrête* était définitif. Lui, triste, se voulant compréhensif, me dit : « *Prends un peu de distance et vois si tu perds la foi ou si tu perds la vocation ; essaye de discerner !* » En réalité, il était aussi démuni que le supérieur et, pas plus que lui, il n'avait de stratégie d'accompagnement.

C'est donc très seul que je pris cette décision difficile ; je l'annonçai aussitôt à mes parents. Professionnellement, je n'avais, de leur côté, aucune ouverture ; en 1972, les dés étaient jetés ! Quelques années auparavant, j'avais d'une certaine façon raté le coche car, avec l'argent de la vente de *Taillis Bourderie*, mon père aurait pu acheter une ferme en Touraine, dix fois plus grande ! Je devais donc envisager l'avenir, seul. Ma mère comprit sans doute mon choix, mon père moins bien mais, dans leurs têtes, tous les deux étaient déjà ailleurs.

L'entrée chez les Mill Hill

Je me retrouvai à Chevreuse où Netty et son mari, mes bons Samaritains, me trouvèrent un petit appartement dans la ville. La galère dura quatre longs mois. Je passai mon temps à prendre conseil auprès de l'un ou l'autre de mes amis et à chercher de nouveaux contacts. Mais il fallait me rendre à la raison, avec mes seules études de philosophie scolastique, qu'avais-je comme bagage ? Pas grand-chose, sinon peut-être la connaissance des langues et un certain talent dans le domaine du service ! Je présentai ma candidature comme steward et frappai à la porte de la PANAM. Une dame me convoqua et m'interrogea ; je répondis le mieux que je pus et m'aperçus que je parlais l'anglais avec plus de vocabulaire et un meilleur accent qu'elle. A la fin, elle me demanda : « *Est-ce que vous parlez aussi français ?* » Je la rassurai. Elle fut impressionnée mais, d'un seul coup, s'écria : « *Mais ! Vous avez des lunettes !* » Un steward ne peut porter de lunettes.

Après ce refus, il me vint à l'idée de partir en coopération pour y exercer un travail humanitaire. Après tout, je pouvais mettre en valeur mon expérience acquise au Kenya. J'avais vu des laïcs travaillant, comme professeurs, dans les missions. Mes seuls contacts étant les Mill Hill, je mis le cap sur Roosendaal, en Hollande. J'eus rapidement un entretien avec un des supérieurs du séminaire et la conversation fut surprenante. Sans que je puisse esquisser la moindre argumentation, il balaya d'un revers de manche ma proposition de partir en mission et me demanda : « *As-tu perdu la foi ?* » « *Non ! Je ne crois pas !* » Il poursuivit : « *As-tu perdu la vocation ?* » « *Eh bien, je ne sais pas trop.* » Il conclut : « *Alors, rentre chez nous ; tu n'as rien à perdre. Et pour commencer, tu vas aller à Londres !* »

Je tombai de cheval. Si rien n'était clair pour moi, il était clair, pour lui, que j'étais fait pour être prêtre. C'était fort de café, cette histoire ! Il me fallait prendre conscience, une nouvelle fois, que la reconnaissance de ma vocation venait d'abord des autres, avant de venir de moi. Dieu avait-il décidé de jouer au billard en me dictant sa volonté, par la parole d'autrui, ou était-ce dans ma nature de me laisser d'abord guider et de ne faire appel à ma liberté, qu'après coup, pour entériner la décision ? Au-delà de ma perplexité, je sentis que cette parole me libérait pour la première fois, depuis longtemps ! En moins d'une semaine, je vendis ma voiture, je bazardai l'appartement de Chevreuse et je me retrouvai, le 13 février 1973, à Londres. L'année terrible s'achevait.

Les deux grandes années anglaises, jusqu'en juin 1975, que je passai au séminaire des Mill Hill Missionaries (MHM)[13], furent

---

[13] Mill Hill, du nom d'un quartier de Londres.

très agréables. La société missionnaire avait été créée, en 1866, par le cardinal Herbert Vaughan, contemporain du cardinal Newman, au moment où l'Église catholique d'Angleterre reprenait une place au sein du Royaume-Uni. Les pays européens étaient en pleine phase d'expansion au-delà des mers et le saint homme pensait que *coloniser* ne suffisait pas : il fallait, d'une part, accompagner les militaires de tous poils, notamment les Anglais, dans leurs aventures, en faisant œuvre de conversion chrétienne et, d'autre part, ne pas abandonner cette œuvre civilisatrice aux seuls protestants (Anglicans, Méthodistes ou autres disciples de la Réforme). L'Église catholique devait avoir sa part dans cette grande œuvre missionnaire et il était nécessaire qu'elle propose l'Évangile en Afrique, en Inde et qu'elle évangélise cet immense empire britannique sur lequel le soleil ne se couchait jamais[14]. Étrangement, la première mission officielle, confiée par le Vatican à la congrégation, sera d'aider les noirs d'Amérique qui sortaient de l'esclavage.

Si les Mill Hill n'étaient pas un ordre religieux proprement dit mais une société missionnaire, je trouvais chez eux quelque chose de l'ordre de la fraternité qui faisait défaut à Versailles et à Issy-les-Moulineaux. Je n'étais d'ailleurs pas dans un environnement si étranger que cela car je retrouvais un certain nombre d'amis qui m'avaient si bien accueilli à Roosendaal. Nous étions tous originaires d'horizons multiples : Angleterre, Ecosse, Hollande, États-unis, Italie, Autriche, France et cette internationalisation donnait la vision d'une Église différente, ouverte, universelle. Chacun d'entre nous avait d'ailleurs une idée simple sur sa vocation : faire connaître l'Évangile et la parole de Dieu à ceux qui ne la connaissaient pas et implanter l'Église locale par l'école, la formation, le développement.

---

[14] Influencé par la spiritualité de Saint Ignace - son frère était jésuite - le cardinal Vaugham a placé son ordre sous la protection de Joseph, père de Jésus, l'humble ouvrier au service de la mission. Le MHM est un *Joseph* qui accepte de quitter son pays, sa culture pour aller à la rencontre *de l'autre* et lui faire la proposition, (s'il le veut), d'incarner l'évangile du Christ dans sa culture à lui. Le cardinal fondera également une branche féminine des Mill Hill. Sa dépouille, longtemps déposée au séminaire Mill Hill, a été transférée en 2005 dans la chapelle de Westminster, la cathédrale catholique de Londres, que lui-même avait contribuée à construire.

En ce qui concernait mes études, je commençai par faire un bilan de mes connaissances en philosophie et en théologie afin d'obtenir une sorte de validation de mes acquis puis je me retrouvai au Missionary Institute London, établissement constitué de sept congrégations missionnaires, dont les Pères Blancs, et relié à l'Université catholique de Louvain. Des professeurs, les plus compétents de toutes ces congrégations, avait-on l'habitude de dire, assuraient les cours. Dans ce cadre de vie agréable, nous avions la chance de respirer au rythme du monde. Des missionnaires nous rendaient visite et des nouvelles de toutes les missions nous parvenaient en permanence. Tous les jours, nos regards se tournaient vers l'Afrique, l'Asie, l'Amérique latine.

En 1973, des signaux et des appels parvenaient du sous-continent américain. A la suite du coup d'État de Pinochet, trois Mill Hill, très impliqués dans une vie avec les pauvres, avaient dû se réfugier dans une ambassade avant de réussir à être extradés. Très naturellement, ils vinrent à Londres raconter aux séminaristes ce qu'ils avaient vu et vécu et leur expérience toucha un certain nombre d'entre nous. Et ce, même si quelques-uns de nos professeurs conservateurs, troublés par leur discours - mélange de socialisme et d'idéologie de la *lutte des classes* - les assaillirent de questions notamment sur la pertinence du régime d'Allende face à la démocratie chrétienne.

A cette époque le régime dominant en Amérique latine était la dictature - en Bolivie, au Brésil depuis 1964, au Chili à présent et bientôt en Argentine. Face à cette réalité qui opprimait principalement les pauvres, ces trois prêtres [15] se firent l'écho de la *théologie de la libération* dont on commençait à parler ainsi que des *communautés ecclésiales de base* qui surgissaient et je dois bien reconnaître que leur témoignage m'enthousiasma. Ma vocation profonde ne serait-elle pas celle-là : vivre parmi les gens, m'immerger dans la réalité concrète des hommes et des femmes pauvres et m'en faire des amis ? A partir de ce moment-là, l'Amérique du sud, particulièrement le Chili, occupa mon esprit. Je commençai à visualiser une manière différente d'être prêtre, d'être

---

[15] La violence qu'avaient subie ces hommes avait été grande. Plus tard, deux quitteront la prêtrise et se marieront ; le troisième repartira en mission.

Église. Je n'appris pas encore la langue espagnole mais sans avoir l'air d'y toucher, je me mis à acheter des disques et à écouter de la musique andine.

Destination : Pakistan

Début 1974, en prononçant des vœux temporaires, je devins membre de la congrégation ; pour atteindre les deux ans légaux, on avait gentiment compté mon année africaine. Néanmoins, mes *doutes* ne m'abandonnèrent pas complètement. Un jour, je me confiai à un de mes supérieurs : « *Je ne sais pas si je vais demander le diaconat ; l'idée de travailler dans une Église, comme celle que j'ai connue, au Kenya, n'est pas pour moi ; je n'ai aucune envie d'y retourner !* » Il me répondit : « *Tente une expérience différente et va au Pakistan* ». Le brave père, y ayant fait une bonne partie de sa carrière de missionnaire, ajouta : « *Si tu pars là-bas cet été, les cent premiers dollars du voyage, c'est moi qui te les donne !* »

Les cent premiers dollars ne suffisaient pas mais, dans le mois qui suivit, Mgr Simon Pereira, l'évêque de Rawalpindi, province du nord, à la frontière himalayenne, annonça sa visite au séminaire ; mon supérieur m'appela au téléphone : « *Je vais te présenter à lui ; comme cela il va t'accueillir.* » Lors de l'entretien, l'évêque, un Indien, originaire de Goa, me dit : « *Pas de problème, mon fils, je vous attends !* » Deux jours après, mon mentor me rappelait : « *Ma famille organise une marche en Hollande, tous les ans, pour aider les missions ; cette année, il leur reste de l'argent et ils sont disposés à financer une partie de ton voyage !* »

Ce projet me plaisait mais, méfiant, j'avais un peu le sentiment d'être coincé par tant de générosité. Je voulais bien partir mais je ne voulais pas me sentir forcé, à mon retour, de demander l'ordination et, pourquoi pas, de signer pour partir comme missionnaire dans ce pays que je ne connaissais pas. Après tout, la mission là-bas ressemblait peut-être à celle que j'avais connue au Kenya ! « *Rassure-toi, pars, me dit mon supérieur ; je n'attends aucune contre-partie !* »

Je fis donc un séjour d'un mois et demi au Pakistan, été 1974 !

Deux de mes amis, à peine ordonnés, m'accueillirent à l'aéroport et j'allai loger à Islamabad, nouvelle capitale, dans la maison de l'évêque de Rawalpindi, à peine construite. Pendant mon séjour, j'accompagnai les prêtres, en allant visiter toutes les missions des Mill Hill et leurs multiples actions de développement en cours : maison populaire, collège de filles, projet agricole... Le Pakistan, pays musulman, comportait quelques communautés catholiques locales, très vivantes et, chaque semaine, les églises étaient pleines. L'évêque transportait lui-même son harmonium portatif dans sa voiture et, le dimanche, de la main gauche, il activait le soufflet et, de la droite, il jouait. Passant devant ses ouailles, il ne présentait pas de main gantée et il ne faisait pas baiser son anneau ; très simplement il chantait, il parlait, il communiquait. J'eus le privilège d'avoir avec lui des discussions interminables.

Ce moment de tourisme spirituel fut incroyablement riche. Entre villes et campagnes, je voyageais en train, en bus, en calèche, à vélo et à pied ; je regardais, j'écoutais, je prenais des photos. Dans la voiture ou le soir, devant une bière ou un thé, j'étais une oreille pour ces prêtres ; ne séparant pas christianisation et développement, ils parlaient de leurs projets dans les gourbis, auprès des plus pauvres, les *sweepers*[16], ces intouchables qui se convertissaient le plus.

Avec deux compagnons, je fis également une longue excursion dans l'Himalaya. Aucune communauté chrétienne proprement dite n'était établie dans cette montagne mais quelques prêtres isolés et des moines y vivaient en ermites. A la frontière de l'Afghanistan, de la Chine et du Cachemire, on côtoyait aussi des guerriers, équipés de cartouchières et armés de fusils. A cette époque, le climat politique était calme ; ceux qui troublaient le plus le paysage étaient des tribus de hippies qui passaient par Peshawar, sur la route de Katmandou. Les pères organisaient un accueil pour aider les plus paumés d'entre eux, tenter de les désintoxiquer et de les récupérer. Durant cette excursion dans les montagnes, je découvris pour la première fois le terrible pouvoir religieux. Ici et là, on rencontrait des hommes mutilés qui se cachaient le visage, avec un carré de tissu noir : pris en flagrant délit d'adultère, ils avaient été

---

[16] Ceux qui nettoient et balayent les maisons des riches.

punis ainsi pour que leur faute se voit comme nez au milieu du visage ; ceux auxquels on avait amputé la main droite pour avoir volé se couvraient de honte, contraints qu'ils étaient de manger avec la main gauche.

Lorsque je vins saluer l'évêque et le remercier pour son accueil, il me demanda si je voulais bien, à terme, rejoindre son équipe de prêtres. Je lui répondis que son invitation me plaisait mais « *à condition de ne pas tenir de paroisse et de vivre immergé au milieu des populations locales, dans le souk par exemple.* » Son projet pour les prêtres occidentaux était autre et il me répondit : « *C'est aux prêtres locaux que je demande d'aller au milieu des gens ; j'attends des expatriés qu'ils maintiennent la structure ecclésiale et qu'ils fassent vivre les écoles chrétiennes.* » Il aurait pu rajouter : « *Mon inquiétude permanente, c'est de faire venir un maximum d'argent de l'Occident pour irriguer les institutions qui se mettent en place.* » D'ailleurs dès que les prêtres pakistanais venaient en visite à Londres, ils avaient mission de ne jamais revenir les poches vides. La proposition de l'évêque me parut trop cléricale et je l'ai refusée ; on s'est quitté néanmoins bons amis. Mon séjour en ces mois d'été aurait été parfait s'il n'avait pas fait si chaud. Au moment de mon retour en Europe, un *prickling heat*[17], dû à la transpiration et peut-être à l'eau des douches, me couvrit tout le corps, du haut en bas ; lorsque j'ai retrouvé mes parents en Hollande, j'avais les pieds en sang, truffés de champignons, et ils m'ont vu arriver en tongs.

Chez les Irlandais

J'avais observé une présence d'Église différente de celle du Kenya et, peu à peu, j'étais mieux en mesure d'éliminer les formules de présence qui ne plaisaient pas pour en privilégier d'autres. Le voyage au Pakistan m'aida à voir clair en moi et à faire des choix décisifs. En cette fin d'année 1974, deux événements importants marquèrent ma vie : mes vœux perpétuels et, quelques semaines plus tard, mon ordination au diaconat. A ce moment précis, les doutes s'étaient estompés, j'étais bien dans ma

---

[17] Eczéma.

tête, mon engagement était clair, total ; je sentais que j'avais trouvé ma voie.

Le jour des vœux, on vous remet la croix de Mill Hill[18] et la grande ceinture dont la couleur rouge représente le sang qu'on est prêt à verser pour les missions. J'avais retrouvé pour l'occasion, dans une armoire, une vieille soutane à ma taille ; avec un coup de cirage bien ajusté, j'en avais vite effacé quelques tâches. Le grand habit noir n'a jamais été de mon goût, ni de celui de nombre de mes amis ; aussi à peine les vœux prononcés, avions-nous décidé de monter dans nos chambres pour nous changer et redescendre en costume-cravate. Mes parents ne m'ont donc jamais vu en soutane et je crois n'avoir aucune photo de moi, revêtu ainsi. Quant à la ceinture, je ne l'ai remise qu'une fois, le jour où j'ai quitté définitivement le Chili. Devant tous mes amis, j'ai expliqué très sérieusement la symbolique de sa couleur mais, comme je n'avais pas eu à verser mon sang sur leur terre, ils ont tous rigolé. Je fus donc ordonné diacre avec d'autres séminaristes de différentes congrégations. A l'occasion de la cérémonie, ma mère, un peu inquiète, prit l'avion pour la première et dernière fois de sa vie ; heureusement, elle était accompagnée de mon père, de mes deux soeurs aînées, d'un cousin et même du curé de la paroisse de Tilburg. La cérémonie fut suivie d'une fête conviviale au séminaire Mill Hill, agrémentée de représentations théâtrales.

Après de courtes vacances, au début de l'année suivante, je me retrouvai dans une paroisse du nord de Londres, Kentishtown, et déménageai pour m'installer dans le presbytère. Avant de partir pour cette expérience pastorale, tous les futurs missionnaires devaient proposer plusieurs choix, concernant leur avenir. En premier, j'avais marqué l'Amérique latine et précisément le Chili, en deuxième, le Pakistan et en troisième, le Kenya, par fidélité avec tout ce que j'avais vécu jusque là. Contrairement à mes camarades, j'étais parti faire mon stage, sans avoir encore eu connaissance de ma destination ! De temps à autre, fébrile,

---

[18] Nombre de prêtres sont morts en Afrique, de maladie ou assassinés et il y a un martyrologue important chez les Mill Hill. La liste s'est encore rallongée au Kenya récemment ; en 2003, pour s'être élevé contre les injustices, un MHM a été éliminé par les services de police.

j'interpellai le supérieur qui me répondait en louant les vertus de l'attente et de la patience. Finalement, en février, il m'appela : « *Devine ce qui est sorti du chapeau pour toi ? Et bien, c'est le Chili ! Prends contact avec le père Carlos, le Mill Hill qui est là-bas, et avec l'évêque du coin.* » A peine rentré dans ma chambre, je me jetai sur un livre de grammaire espagnole.

Kentishtown a été une expérience intéressante. Les pratiquants - tous des Murphy ou des O'Connors - étaient Irlandais et la paroisse était dirigée par trois ou plutôt quatre d'entre eux : le curé bien sûr, Patrick Cassidy, deux vicaires qui l'assistaient et la gouvernante qu'il ne fallait pas oublier. L'examen de *passage* le plus difficile fut conduit par elle. Lorsque je suis arrivé avec ma valise et que j'ai sonné à la porte, la sainte femme m'a ouvert et m'a examiné longuement en silence, de haut en bas, puis elle a lâché : « *Grâce à la valise, je vois que c'est vous le diacre. Entrez* ! » Je n'avais en effet ni clergyman, ni col romain. On m'a trouvé rapidement une chambre et une place dans la salle à manger. Pendant les repas, le curé trônait, installé face à la télévision dans un fauteuil confortable ; à ses côtés, assis sur des chaises plus modestes en skaï, les vicaires l'entouraient et à moi on concéda un siège en bois, dos au poste. De temps à autre, pendant le repas, je me risquais à jeter un œil sur les informations télévisées.

Mes occupations principales consistaient à préparer mes prédications et à faire des visites auprès des malades. Le curé m'avait aussi confié la charge du *Bingo paroissial*. Pour cette *cérémonie* importante du mercredi soir, on faisait salle comble et, dans un silence religieux, tombaient les numéros. En fait, je m'occupais surtout d'organiser la salle et de disposer les chaises car la manifestation en elle-même, dont l'objectif premier était naturellement de rapporter de l'argent à la paroisse, ne me séduisait guère.

Les messes solennelles du dimanche étaient accompagnées par une chorale d'enfants, menée par une des religieuses de la Sainte-Union qui enseignait dans un collège du quartier. Je ne mis pas longtemps à repérer des couacs divers et variés et m'offris pour aider aux répétitions. Déjà, jeune, au lycée, j'avais aimé la musique ; je faisais partie d'une chorale et j'étais même brillant en solfège. Au séminaire de Versailles, j'avais été soliste et c'est moi qui entonnais les Vêpres et toutes les acclamations ; quant au séminaire de Mill Hill, j'y étais maître de choeur. Tout cela faisait que je connaissais plutôt bien la musique. La religieuse accepta d'emblée ma proposition et je pris beaucoup de plaisir à faire répéter puis à diriger cette quarantaine de garçons et de filles, de sept à quatorze ans. Nous chantions notamment les chants des *Medical Sisters*, en vogue à l'époque, dont la musique était très enlevée.

Tous les mois, on retournait à Mill Hill pour un debriefing et nous partagions nos expériences heureuses ou malheureuses. Nous n'étions en effet pas tous très bien acceptés dans les paroisses. Il est vrai que certains d'entre nous aimaient bien la provocation. Lors d'un prêche, un de mes amis séminaristes s'était permis de conseiller aux paroissiens *d'arrêter de faire des enfants comme des lapins !* Le curé avait dû se lever et prendre la parole, dès la fin du sermon, pour signifier qu'il n'était pas en parfait accord avec ce que le diacre venait de dire. Et notre homme fut renvoyé au séminaire ! Je n'avais pas ce souci avec le père Cassidy, il y avait même entre nous une belle complicité ; je me souviens de l'avoir entendu frapper un soir à ma porte pour me demander de lui prêter une cravate et même de l'aider à en faire le nœud ; il avait un chien et adorant les expositions canines, il voulait y participer, incognito !

Une de nos principales fonctions de diacre était d'expérimenter l'art oratoire ou du moins de développer nos capacités à faire des sermons. Dans la semaine, je travaillais beaucoup pour pouvoir me libérer peu à peu de mon texte et parler à l'aide d'un simple plan. Un de mes amis, brillant philosophe, m'aida dans cet apprentissage aussi bien sur le fond que sur la forme. Il avait quitté le séminaire et il continuait ses études à l'Université, en logeant dans une petite chambre du quartier irlandais. Ayant pris ses distances par rapport à l'Église, il ne pratiquait plus et n'assistait donc pas à l'office mais, chaque dimanche, à ma demande, il arrivait juste au moment où je prenais la *parole*, se mettait sous le porche et grâce aux hauts parleurs qui diffusaient le son de la cérémonie, écoutait mes prêches et prenait des notes. Le soir, au pub, autour d'une bonne Guinness, nous reparlions de ma prestation et il me faisait ses observations. Lorsqu'à la fin de mon stage, j'eus prononcé ma dernière homélie, le curé prit la parole et s'adressa aux paroissiens : « *Alors ? Que pensez-vous des prestations de notre* diacre, de notre O'Bogaard ? » Beau compliment ! En son nom, la communauté me considérait comme *un des siens.*

Si je me remémore ces mois passés à Kentishtown, j'en garde un souvenir très agréable. Pendant toute cette période, l'une de mes préoccupations majeure devint l'apprentissage de la langue espagnole. Une religieuse, *Sister Patricia,* qui s'occupait de la chorale et avait passé quatre ans en Espagne, me dit un jour : « *Si tu veux, je te donne des leçons* ! » Un jour, elle frappa à la porte du presbytère et notre cerbère cria dans l'escalier : « *Sister is here* ! » « *Qu'elle monte dans ma chambre* » répondis-je ! Notre *troisième vicaire* faillit tomber à la renverse mais finalement, avec une mine renfrognée, indiqua ma porte. Je travaillais dur et, au bout de quelques temps, mon professeur me dit : « *Pourquoi ne te présentes-tu pas au O level* ? » « *Avec les trois mois d'études, je ne me sens pas assez fort* ! » « *Tu vas suivre les cours que l'on donne aux élèves à La Sainte Union et tu seras prêt à temps* ! » Je me retrouvai, pendant plusieurs semaines, sagement assis, au fond de la classe, derrière une trentaine de filles, revêtues de l'uniforme aux couleurs irlandaises. A la fin de l'année, je me suis présenté à l'examen. A l'écrit, ça s'est bien passé ; j'ai obtenu B, note honorable mais j'étais inquiet pour l'oral. Qu'allait-on penser de cet homme, immergé au milieu de toutes ces jeunes filles ? Je me suis fait mon cinéma intérieur en espagnol, travaillant la formulation de mes motivations. Le brave inspecteur a posé exactement les questions auxquelles je m'étais préparé et j'ai été gratifié d'un *A* !

Malgré quelques bribes d'informations glanées, lors du passage des trois Mill Hill chassés du Chili, je n'avais que peu d'informations sur ma future mission, ni même sur la communauté dans laquelle j'allais atterrir. Je savais seulement qu'elle se situerait dans des quartiers pauvres de Santiago et que Carlos, le prêtre qui allait me recevoir, avait échappé à la purge ; je savais que nous serions trois, un ami du séminaire, un néo-zélandais que je ne connaissais pas et moi.

Monseigneur Enrique Alvear, l'évêque auxiliaire de Santiago, qui venait d'être nommé, m'avait bien envoyé une petite lettre accueillante mais guère précise. Qu'importe, je me préparais, sans inquiétude ! Sur le Chili, sa géographie, son histoire, la situation politique sous la dictature Pinochet, la position officielle de l'Église, je lisais tout ce qui me tombait sous la main ; quant à mes amis, ils me bombardaient de cassettes ou de disques de musique latino-américaine. J'étais un missionnaire sur le départ, porteur de *Bonne Nouvelle,* même si je ne savais pas auprès de qui ! J'avais une idée précise sur ce que je ne voulais pas : me retrouver prêtre traditionnel dans une paroisse. Je désirais vivre une profonde et immense immersion.

L'ordination

Le véritable engagement avait été le diaconat et les vœux perpétuels qui s'étaient déroulés à Mill Hill. En juin 1975, arriva le moment de l'ordination ; je ne dis pas *enfin* parce que la cérémonie me sembla moins marquante et moins intense que les deux précédentes. Elle se fit à Tilburg, dans la paroisse de mes parents. J'arrivai quelques jours avant en Hollande et ma mère m'envoya illico chez le coiffeur. Je pensais réutiliser un costume marron qui m'allait très bien mais elle déclara : « *Tu n'y penses pas, file chez le tailleur* ! »

Avec mon costume neuf et ma cravate neuve, j'étais donc prêt pour recevoir l'ordination. Je ne connaissais pas l'évêque de Hertogenbosh[19] qui devait célébrer mais celui-ci faisait partie du mouvement libéral des années 1970 qui avait rédigé le fameux catéchisme hollandais. J'allai le voir une semaine avant la cérémonie ; cet entretien me fit quelque peu souffrir parce qu'il m'interviewa en hollandais et *ma* langue s'était faite rare, ces dernières années, surtout lorsqu'il parla de liturgie avec des termes *techniques* que jusqu'alors je n'avais jamais utilisés. Finalement, je m'entendis bien avec lui. L'ordination se déroula, le jour de la fête de Saint-Pierre et Saint-Paul, dans la paroisse du même nom. Il ne fallut pas moins de trois langues pour célébrer l'évènement : le hollandais bien sûr, l'anglais car j'avais des amis Mill Hill et le français, pour la dizaine de personnes de Gometz qui avait fait le voyage, notamment mon vieux curé des Molières et des amis de Montmagny. Netty, ma jeune sœur, plus émue que moi, m'avoua qu'elle avait pleuré pendant toute la cérémonie et que son émotion

---

[19] Bois-le-Duc.

avait été à son comble quand elle m'avait vu, allongé sur le sol, à quelques mètres d'elle !

Au cours de ma première messe, à la paroisse, mon oncle trappiste vint prêcher et ce fut un moment fort pour mes parents. A la sortie, mon père en queue de pie et ma mère en robe longue organisèrent une réception pour leurs amis. C'était facile car notre maison, entourée d'un jardin, était située juste derrière l'église ; *Taillis Bourderie*, le superbe écriteau en fer forgé était fixé sur la façade. Un vin d'honneur fut servi dans le garage, décoré pour l'occasion. J'avais demandé à un de mes amis Mill Hill de faire la promotion de la mission en Amérique latine et il avait affiché tout ce qu'il avait trouvé, depuis les photos géantes de Monseigneur Camara - le grand homme de l'époque - jusqu'à des images évocatrices de bidonvilles. Le curé de la paroisse me connaissait peu ; venu à Londres pour mon ordination au diaconat, je crois qu'il m'aimait bien mais quand je passais sous ses fenêtres, habillé de mon jean et de mon polo rouge, il avait un peu de mal à retenir quelques remarques ; ma tenue vestimentaire ne ressemblait pas, selon lui, à celle que devait porter un prêtre et, avec humour, il me le faisait sentir. Lui qui exprimait une parole plutôt conservatrice, assez éloignée de la *théologie de la libération*, je le revois debout sous le portrait de Don Helder et le brave homme n'avait pas l'air très à son aise.

Ma mère, en revanche, était en pleine forme, fière et heureuse, comme mon père et mes soeurs ; je mesurais bien que l'ordination était plus la fête de mes parents que la mienne. D'ailleurs, parmi les quatre cent personnes invitées, je n'en connaissais pas la moitié. J'avais prévenu ma mère : « *Si on reçoit des cadeaux, c'est pour vous. Si c'est de l'argent, c'est pour moi ; enfin, pour la mission, bien sûr !* » Les gens défilaient en rang d'oignons devant nous, adossés à une armoire, pour nous serrer la main. Quand je me retrouvais avec un billet dans la main, je le glissais dans le tiroir, ouvert derrière moi. Quand il y avait un paquet, je me retournais vers elle : « *Ce beau vase, c'est pour vous, mère !* » En réalité, il y eut beaucoup d'argent et peu de bibelots. Le dimanche suivant eut lieu la première messe à Gometz. L'assistance y fut importante ; des fermiers du coin étaient là mais aussi des amis français et les fidèles de Chevry 2. La cérémonie fut simple et chaleureuse.

Londres c'était fini, je n'avais plus de chambre ni à la paroisse, ni au séminaire et c'est installé au deuxième étage de la maison de Tilburg que je préparai mon départ. Compte tenu de la situation politique du Chili et des manifestations contre le régime dictatorial de Pinochet, il fallait pour les démarches se rendre à Rotterdam, dans un consulat, caché dans une grande tour entre deux sièges d'entreprises ; et les autorisations se firent attendre.

Le 13 octobre, le visa chilien avec tous ses cachets était dans ma poche ; je partis d'Amsterdam, fis escale à Monrovia, Rio de Janeiro et Buenos Aires ; pour la première fois, je survolai la Cordillère des Andes et j'atterris enfin à Santiago du Chili. Après vingt heures de vol, la vieille Europe parut déjà loin !

4

Lo Amor uno

Un peu plus de deux ans après le coup d'État de Pinochet, j'atterris sur l'aéroport de Pudahuel. J'ai vingt-huit ans, je n'ai pas beaucoup de bagages, je suis vêtu d'un jean et d'un polo rouge à col roulé ; depuis l'ordination, mes cheveux ont bien repoussé : tout va bien et je me prénomme encore Kees. En descendant lentement de la passerelle, j'éprouve certes une appréhension mais je pressens que ma place est là, dans ce pays que j'aime déjà. Pendant mes soirées à Kentishtown et dans ma chambre à Tilburg, penché sur la carte de l'Amérique latine, j'ai longuement examiné cet étrange territoire de plus de quatre mille kilomètres de long et de moins de trois cent de large qui déroule son ruban, le long de l'océan Pacifique. Sur l'histoire ancienne de ce peuple, les livres m'ont renseigné ; sur la récente, je connais ce que m'ont transmis les prêtres Mill Hill, rencontrés au séminaire, et ils m'ont présenté un pays dans lequel beaucoup d'hommes, notamment les pauvres, sont en souffrance[20].

Je n'ai eu une conscience aiguë de la situation politique que peu à peu, lorsque j'ai compris tout ce qui avait ébranlé ce pays et la tragédie qu'il avait traversée. En revanche, la pauvreté, l'injustice, je les ai expérimentées vite. Lorsque j'étais enfant, mes parents avaient eu beau m'apprendre les vertus de l'ordre, au Chili, apparurent d'autres valeurs : je compris vite qu'à l'ordre, il faudrait préférer la justice et que je me devrais de prendre le parti des pauvres. Ce serait un choix politique autant qu'économique : les pauvres n'étaient-ils pas opprimés deux fois, par la précarité de leur situation d'abord et par la violence du pouvoir ensuite … Je ne parle pas des femmes qui l'étaient souvent trois fois, quand elles subissaient en plus la domination de leur mari ?

---

[20] Une annexe historique sur le Chili se trouve à la fin de cet ouvrage.

L'installation dans la poblacion

Ce 13 octobre 1975, m'attendent dans l'aérogare, Carlos, le prêtre de la mission qui nous a fait venir et deux religieuses Mill Hill. Ils m'amènent prendre un café et commencent à me chambrer en me racontant ce que je m'efforce de prendre pour des histoires : je vais devoir habiter dans une baraque en compagnie de souris, de puces et de rats. Et ils en rajoutent ! Je vais être contraint de vivre dans une telle pauvreté qu'il serait bon que je prenne déjà mes précautions, en chipant quelques feuilles de papier hygiénique ou mieux en volant tout le rouleau, car là-bas c'était la misère, même aux toilettes. Je souris à leurs plaisanteries mais, sans trop vouloir le montrer, je suis dans mes petits souliers. Nous embarquâmes dans la vieille camionnette Volkswagen, prêtée par Monseigneur Enrique Alvear, l'évêque auxiliaire responsable de notre zone, et pendant que je ruminais en silence mes premières impressions, Carlos, tout fier, m'apprit que notre quartier avait hérité du beau nom de *Lo Amor Uno*.

Enrique, missionnaire hollandais qui avait passé dix ans en Nouvelle Zélande, grand bonhomme très spirituel, était déjà sur place ; j'arrivai, troisième de l'équipe. Desmond, un Irlandais de mon âge, collègue de Londres, nous rejoindrait, un mois plus tard. La maison ou plutôt la baraque que je découvrais et qui sera la mienne pendant près de quatre ans était construite en bois, sans isolation, recouverte d'un toit en tôles ondulées. Nous habitions dans la banlieue de Santiago, à Pudahuel, non loin de l'aéroport, au bord de la grande décharge municipale. Quand le vent soufflait de notre côté, l'odeur était épouvantable. Nous n'étions malheureusement pas les seuls habitants de la maison ; ceux qui m'avaient accueilli si gentiment à l'aéroport n'avaient pas menti, toute une vermine co-habitait avec nous. Si la lutte contre les souris était souvent en notre faveur, le combat contre les puces, trop nombreuses et trop coriaces, semblait perdu d'avance.

En réalité, l'endroit où nous vivions n'était pas à proprement parler un bidonville et on appelait ces quartiers populaires des *poblaciones*. Du temps d'Allende et même avant lui, sous la présidence de Frei, les partis politiques, socialiste ou communiste, avaient exercé une sorte de droit de préemption, à la périphérie de certaines villes[21] ; ils avaient investi des terrains, appartenant à de gros propriétaires et y avaient planté le drapeau chilien. Le sol avait été viabilisé par la municipalité, on y avait tracé des routes, apporté l'eau et l'électricité. On avait en quelque sorte *organisé* la pauvreté. Dans la commune de Pudahuel, deux-tiers de la population vivaient dans des *poblaciones*. Notre *poblacion*, regroupant mille cinq cent habitants environ, était coupée par plusieurs axes de circulation, une grande rue principale et plusieurs ruelles transversales. L'urbanisation, si l'on peut dire, se déroulait en trois phases. Lorsque des *gens sans terre*, venus de la campagne avec l'espérance de trouver un travail en ville, arrivaient à la capitale, ils posaient leurs maigres affaires à la périphérie de ces quartiers sur un *campamento*, terrain nu, équipé d'un seul misérable point d'eau ; ils s'installaient un abri de fortune, faite de bouts de bois, de morceaux de plastique et de tôles récupérées. Puis, quand c'était possible, la municipalité mettait à leur disposition, en vente ou en location, un emplacement dans une des *poblaciones*. Les habitants délimitaient leur lot avec des piquets et le fermaient avec une barrière puis, avec les moyens du bord, ils construisaient une espèce de baraque. Enfin, troisième étape, dès qu'ils avaient mis de côté quelques économies, ils passaient à la fabrication d'une maison en dur ; les murs étaient réalisés avec des panneaux en pin et le toit constitué d'un assemblement de *fonolas*[22]. Ces matériaux fragiles résistaient comme ils pouvaient, pendant un an, mais dès l'arrivée des premières pluies, on voyait tous les hommes monter sur le bord des toits pour réparer les dégâts et l'usure du temps. Une fois installés, les gens disposaient d'un certain confort, avec l'eau et l'électricité mais pas le tout à l'égout ; dans chaque lot, ils creusaient un trou pour mettre en place une fosse septique. A l'intérieur de la pièce principale, ils construisaient généralement des séparations, avec une tenture ou des cartons qui suffisaient pour délimiter la chambre à coucher des parents. Malgré la

---

[21] Le quartier où j'habitais était au départ d'obédience communiste ; la direction du parti ayant été décapitée, son influence était devenue modeste.
[22] Cartons trempés dans du goudron.

pauvreté, les ménagères mettaient en général un point d'honneur à bien aménager leur espace et à le tenir propre.

Dans leur petit jardin, les gens pouvaient transférer la campagne à la ville : ils organisaient un petit potager, élevaient quelques volailles et quelques lapins. Les maisons étaient toutes de plain pied, sauf les débits de boisson qui offraient un bar au rez-de-chaussée tandis que les pièces à vivre étaient au premier étage. Lorsque les enfants grandissaient et qu'un jeune couple se formait, on *bâtissait* une petite baraque de trois mètres sur six, au fond du jardin. Ces quartiers, avec leurs écoles, devenaient des lieux de vie définitifs et les familles restaient dans leur lot pour une génération ou deux, à moins que l'ascenseur social ne fonctionnât et ne leur permît de rejoindre des quartiers plus riches. Les habitants, tous issus de la campagne, bougeaient peu de leur quartier ; depuis la prise de pouvoir de Pinochet, ils ne se risquaient ni dans d'autres *poblaciones*, ni dans les quartiers riches. Ils ne mettaient jamais les pieds au centre de Santiago. S'ils voyageaient, avec peu de moyens, c'était pour repartir au pays, pendant quelques jours, pour retrouver leurs racines, leur famille.

Les rues avaient été plutôt bien tracées, en angle droit, par les *urbanistes* de la mairie et, jusqu'à dix-huit heures, on pouvait y circuler sans difficulté. Le soir, tout le monde rentrait chez soi et, dehors, il n'y avait plus que les chats, la police ou l'armée. On ne plaisantait jamais avec le couvre-feu, on le respectait scrupuleusement ; seules, certaines femmes s'en réjouissaient, contentes que leurs maris soient contraints de fréquenter les débits de boisson, avec moins d'assiduité. La nuit était généralement calme mais, le matin très tôt, quand on leur avait dénoncé quelque opposant caché dans l'une ou l'autre des maisons, les policiers ou les hommes de la DINA[23] traversaient la *población,* à vive allure.

Pendant les premières années, il n'y eut donc pas de possibilité de faire des réunions, en soirée. Au fil des années, le système s'assouplit peu à peu. On put demander des sauf-conduits pour organiser des rencontres religieuses. A la fin des années 70, le couvre-feu deviendra de plus en plus court et ne durera plus qu'une

---

[23] DINA : Dirección de Inteligencia NAcional, dirigée par le général Manuel Contreras et remplacée en 1977 par le CNI : Centro Nacional de Información.

heure ou deux, le temps pour la police de faire son travail de *cueillette* dans l'une ou l'autre maison.

Même si certains habitants étaient chiffonniers et travaillaient dans le grand dépotoir de la ville, récupérant du plastique, des cartons, de la ferraille pour les revendre, les hommes n'étaient pas assez occupés et cela créait un certain énervement. L'étroitesse des maisons ne rendait pas facile l'intimité des parents et il n'était pas rare de voir, dans la rue, de tout petits enfants *jouer au papa et à la maman*, en simulant des gestes très crus. Le fait que des filles, souvent très jeunes, tombaient enceintes n'était pas considéré comme un drame. Les parents mariaient à la va-vite le petit couple quand c'était possible et, quand la jeune fille était trop jeune, l'enfant était élevé par sa propre mère, comme un enfant supplémentaire.

Tout n'était pas idéal dans les relations familiales et l'alcool, consommé par des hommes désœuvrés, favorisait la violence conjugale ou familiale. Comme dans tout espace urbain, des vols ou des incidents délictueux avaient lieu ; on assistait alors à des bagarres, entre familles et il n'était pas rare de voir des cailloux atterrir sur les toits des maisons. Quant à la police, bien armée, elle n'hésitait pas à faire régner la loi. Si les gens se sentaient à peu près en sécurité dans leur propre *población*, ils avaient en revanche peur de se rendre dans celle d'à côté et chaque quartier accusait l'autre d'être un repaire de malfrats. Un des prêtres de notre communauté créa même un petit *groupe de protection civile* qui allait chercher les gens, à l'arrêt du bus, et les ramenait chez eux pour éviter qu'il ne leur arrivât malheur en chemin. Il est vrai que dès qu'on avait franchi les limites de notre propre quartier, on respirait mieux, on savait qu'on était chez nous, tranquilles.

Notre petite maison était constituée d'un oratoire minuscule, de deux chambres et d'un petit débarras. Une grande croix en bois identifiait le lieu et, autour, une barrière en bois délimitait notre territoire ; comme d'autres, nous ferons pousser dans le jardin quelques légumes. Plusieurs fois par jour, nous entendions des voix qui nous appelaient : *Curita, curita*, et nous répondions : *Ya voy*. Les voisins frappaient ainsi à la porte et appelaient leurs *Petits curés* et nous répondions : *J'y vais*. Ils venaient quémander un service, un morceau de pain, quelques pesos ou nous informer de la maladie ou du décès d'un voisin. En repartant, ils saluaient également *Curi*, notre petit chien, qu'ils avaient baptisé ainsi. Notre territoire était très ouvert au point qu'un matin, à notre réveil, nous nous aperçumes que la barrière avait été dérobée ; les voleurs pensaient sans doute en faire bon usage pour leur propre maison, à moins qu'ils n'aient eu le désir de revendre le bois ou de le brûler pour se chauffer. J'ose à peine évoquer notre pauvre *Curi* qui n'avait pas aboyé, cette nuit-là, et qui un beau jour disparaîtra ; les jeunes m'avoueront, bien plus tard, qu'il avait fini dans une casserole comme ragoût et qu'ils l'avaient trouvé fort à leur goût.

Le premier soir, on m'installa un lit dans le débarras et comme il n'y avait pas de matelas, on jeta des cartons sur le sommier. Pendant ces premiers quinze jours, je dormirai ainsi à la dure, livrant généreusement mon corps aux puces qui le dévoreront avidement et, dans cet environnement, je ne saurai dire ce qui me dérangeait le plus, les odeurs pestilentielles ou les démangeaisons. Mais j'avais choisi cette vie, je ne me plaignais pas. Enfin, pas trop ! Parce qu'au bout de deux semaines, j'allai m'acheter un matelas, bon marché, en mousse. Finalement, si ce ne fut pas le grand confort, on ne vivra pas si mal que cela dans cette maison. Le climat de Santiago était d'ailleurs tempéré, comme en France ; et en hiver nous avions la possibilité de nous chauffer avec un petit poêle à mazout.

L'option préférentielle

Carlos, l'Italien du Tyrol, qui m'avait accueilli à ma descente d'avion, habitait dans cette maison depuis deux ans. Il avait fallu qu'il se pousse un peu : nous étions quatre, là où il avait vécu seul. C'est lui qui avait fait appel à d'autres Mill Hill pour créer cette petite communauté [24] et il en fut le tout premier responsable, avant de nous quitter, quatre mois plus tard. Après son départ, nous récusâmes l'idée d'avoir un supérieur et prîmes la décision de *prendre les décisions* ensemble, sans hiérarchie et en pleine

---

[24] Entre nous, nous parlions, les premiers temps, en anglais puis lorsque tous maîtrisèrent à peu près la langue locale, nous parlâmes en espagnol, dans une langue qui ne ressemblait guère à celle que m'avait apprise ma religieuse irlandaise.

transparence. Lorsque nos supérieurs de Londres vinrent nous visiter, ils nous interpellèrent sur ce point précis. Mais nous tînmes ferme : *Le premier qui va au courrier ouvre les lettres, qu'elles soient du supérieur général ou pas, et transmet l'information aux autres.* Aucun d'entre nous ne travailla formellement, comme on le dirait d'un prêtre ouvrier, car cela aurait été considéré comme *enlever du travail aux pauvres.* Nous vécûmes avec les cent vingt dollars, par personne, que notre congrégation nous allouait, chaque mois, et que nous mîmes en commun. Nous étions d'accord sur notre projet qui pouvait se résumer ainsi : établir une *présence amicale* au milieu des hommes et des femmes de ce quartier.

Aucune de nos actions n'était perçue par les habitants comme neutre. Je me souviens d'une dame âgée, venue un soir participer à notre petite communauté biblique qui s'était presque excusée : « *Je suis très catholique, mon père, mais avant tout je suis communiste* ! » Tout le monde était catalogué et spécialement les curés, considérés comme des rouges. Parmi les prêtres et les religieuses qui vivaient dans les *poblaciones,* qu'ils soient de ma propre congrégation ou pas, il y eut toujours deux clans : ceux qui, sans s'accommoder du système, aidaient la population à le transformer, notamment par une meilleure éducation, et ceux qui estimaient qu'il fallait s'engager et pour lesquels la lutte, pourquoi pas armée, était la solution ; et ces derniers étaient à même de justifier leurs choix, au nom des Saintes Ecritures : *Je ne suis pas venu apporter la paix mais le glaive* ! Ces positions traversèrent de multiples fois nos réflexions et notre vie au quotidien.

Au début de mon séjour, les gens de l'Union Populaire, le parti d'Allende, étaient toujours recherchés et on était régulièrement informés de disparitions. Un engin militaire ou une voiture banalisée arrivait à toute allure et freinait ; deux individus en sortaient, empoignaient un homme et celui-ci disparaissait, souvent à jamais. L'enlèvement avait beau s'être déroulé au domicile, devant femme et enfants, lorsque la famille demandait des nouvelles de la personne disparue, la réponse des officiels était toujours la même : « *De qui parlez-vous ? Nous ne connaissons pas cet individu !*[25] » En réponse à ces exactions, quelques attentats étaient commis, épisodiquement, non pas contre des hommes mais contre des édifices, des pylônes électriques, un pont ou des lignes de chemin de fer. Mais la révolution n'était pas organisée. Pinochet avait tout fait éclater : à part quelques groupuscules décidés, il ne restait que des gens qui avaient peur et craignaient encore des rafles. Des opposants venaient parfois chez nous pour y cacher leurs armes ; je me souviens avoir accroché un beau pistolet à une ficelle et l'avoir caché dans notre puits. Notre maison a abrité des types qu'on ne connaissait ni d'Eve ni d'Adam, envoyés par un groupe de militants chiliens[26] qui s'était fait une spécialité d'organiser ces accueils et de dispatcher les personnes recherchées dans les différentes *poblaciones*. Pendant que ces braves gens dormaient dans notre lit, nous étions étendus par terre. Nos visiteurs restaient parfois plusieurs jours et nous n'étions pas très satisfaits d'avoir à cacher ces hommes dans notre petite baraque, constituée de murs si minces que tout s'entendait et bientôt tout se saurait. Quant à eux, ils vivaient ces moments dans une angoisse intense, se levant au moindre bruit, pendant les repas, pour surveiller ce qui se passait dans la rue. Et puis, une voiture arrivait, souvent la vieille Volkswagen du père Alvear[27]. On embarquait le ou les réfugiés et, même si ces risques faisaient partie de notre métier, nous les voyions partir sans regret car nous pouvions à nouveau respirer. Le comité interreligieux *Pro Paz*[28] aidait les fugitifs à sauter dans le jardin d'une des ambassades les plus coopératives : la Suède, la Grande-Bretagne, la France ou la Nonciature. La chose n'était pas si facile à cause du couvre-feu et de la surveillance nuit et jour de ces lieux par les *carabiñeros*. Pour sortir ensuite du pays, il fallait que les diplomates obtiennent un

---

[25] Il faudra attendre bien plus tard, la fin des années 1990, pour avoir l'autorisation de creuser le sol dans la cour des prisons et même dans la montagne afin de retrouver des ossements. Un travail d'identification, par des médecins légistes, est encore en cours pour que justice soit faite et que les familles puissent enfin débuter leur travail de deuil.
[26] Ce groupe était constitué de prêtres et de religieuses, issus de familles importantes et donc intouchables.
[27] Ce dernier prêtait sa voiture, se gardant de demander ce qu'on voulait en faire.
[28] Ce comité *Pour la Paix* regroupait catholiques, protestants et juifs contre la dictature.

sauf-conduit pour aller, sans risques, jusqu'à l'aéroport. Personnellement, en tant qu'étranger, je n'ai jamais été impliqué dans ces actions risquées ni d'ailleurs dans un soutien direct à la lutte. Indirectement, peut-être, quand il m'est arrivé de tirer sur notre ronéo des pamphlets à partir d'une interprétation de textes bibliques : je dois avouer qu'à cette époque, nous avons usé et abusé des textes de l'*Exode*.

Il me semble que ce qui me plaisait dans cette vie, c'était d'être un parmi les autres et notamment d'habiter une de ces petites maisons, comme les autres. J'accomplissais la même démarche que celle qu'avaient suivie les premiers Mill Hill arrivés en 1964. A la demande de l'évêque, ils s'étaient installés dans une vieille paroisse du centre de Santiago ; puis trois d'entre eux avaient décidé d'aller vivre avec les pauvres. Cela correspondait en 1968, juste après le concile, à cette nouvelle dynamique de l'Église. Les décisions de Medellin[29] avaient été celles-ci : choisir l'option préférentielle pour les pauvres, mettre en place des communautés ecclésiales de base et pratiquer la collégialité. Beaucoup de congrégations de la capitale avaient d'ailleurs décidé de faire le grand pas ; elles avaient quitté les beaux et riches quartiers de Santiago et confié leurs collèges à des laïcs. Les religieuses des Dames du Sacré-cœur, par exemple, avaient bazardé leur établissement et étaient parties vivre en petits groupes, elles aussi, dans les *poblaciones*. Si les jésuites avaient gardé leur collège, où ils tentaient de donner une éducation plus sociale, certains d'entre-eux vivaient en petites communautés[30].

L'église du Chili ne s'était pas toute convertie à cet esprit-là. Des prêtres et des religieux s'étaient mis aussi au service du nouveau pouvoir et de la classe dirigeante ou plus exactement avaient continué à se positionner du côté des nantis. Mais je crois que la majorité des clercs, hommes ou femmes, avait pris l'option des pauvres, à l'instar du cardinal de Santiago, Monseigneur Raul

---

[29] Deuxième rencontre du CELAM (Conseil épiscopal latino-américain).
[30] Cette situation perdurera longtemps, même si aujourd'hui, avec l'évolution sociale et un certain enrichissement du pays, les barrières et les clivages sont moins marqués qu'autrefois ; les collèges, établis dans les quartiers pauvres, sont redevenus peu à peu des institutions et se sont ré-embourgeoisés ; des religieux et des religieuses ont abandonné les *poblaciones* pour retrouver des lieux moins précaires.

Silva Enriquez. Au début de la répression, ce dernier avait eu du mal à croire aux exactions de la police ; on lui avait amené un jour, discrètement, une des personnes torturées et cette rencontre l'avait ému jusqu'aux larmes. La voix profonde et forte de ce salésien, ami d'Allende, connu pour être le grand opposant de Pinochet résonnait juste aux oreilles de la population, notamment des jeunes et, dans la cathédrale, il n'était pas rare d'entendre les gens crier : *« Raul, ami, le peuple est avec toi. »* Le pouvoir savait que cet homme était intouchable [31] !

Les tensions avec le pouvoir

Un jour, en 1977, trois évêques dont Enrique Alvear et un théologien belge Jose Comblin revenaient de Riobamba en Équateur où ils avaient assisté à une rencontre avec d'autres évêques sud-américains de la tendance libérationniste. A leur retour, le gouvernement avait organisé, à l'aéroport, une manifestation contre leur délégation et des gens s'étaient massés sur le bord de la route pour leur jeter de la boue et des pièces de monnaie, insulte suprême pour des *vendus au communisme*. Nous aussi, dans une sorte de contre-manifestation, nous étions allés à leur rencontre mais pour les soutenir. Il y eut des bousculades et même des coups de feu tirés contre les voitures. Lorsque nous sommes repartis en car, le chauffeur fut contraint d'arrêter son véhicule à un barrage. Les hommes de la police secrète, la DINA pénétrèrent dans le véhicule ; ils se saisirent d'un jeune homme, Johnny Carrasco[32], qui était assis à côté de moi et le sortirent de force par la porte de derrière.

En 1978, on découvrit un charnier qui datait de la prise de pouvoir de Pinochet. Don Enrique et des journalistes se déplacèrent et, pour que les corps soient correctement identifiés, ils organisèrent une grève de la faim dans Notre-Dame de Lourdes, l'église des Assomptionnistes, la plus grande de notre vicariat. Parmi d'autres prêtres et religieuses grévistes, on trouvait Mariano

---

[31] Bien plus tard en 1998, le jour de son enterrement, le cercueil de cet archevêque des pauvres sera porté dans les rues de Santiago, sur la moitié du parcours.
[32] Ce garçon fut plus tard élu maire de Pudahuel.

Puga[33], un des prêtres révolutionnaires, et Desmond ; quant à moi j'assurais l'intendance, j'apportais de l'eau et je véhiculais les médecins. Au bout de huit jours de bras de fer, les corps furent rendus aux familles et la grève s'arrêta. D'autres manifestations de ce type se multiplièrent.

Au début de mon séjour, les victimes avaient pris l'habitude de déposer leurs plaintes auprès du comité *Pro Paz* qui gardait en mémoire toutes les violations des droits humains. En 1976, à la suite de pressions intérieures et extérieures, la DINA finit par être dissoute par Pinochet ; le comité fut alors supprimé et remplacé par le *Vicariat de la Solidarité*[34] dont la mission fut double et indissociable : lutter contre la pauvreté et contre la violation des droits humains ; ce double combat devint une pastorale prioritaire. Dirigée par un de mes amis Christian Precht, cette institution, installée dans l'ancien évêché, manifestation forte d'un contre-pouvoir, était intouchable. Des avocats se rendaient disponibles pour écouter les plaintes et en prendre acte et je suis allé moi-même plusieurs fois leur signaler une personne dont j'avais appris qu'elle avait été attaquée ou torturée[35]. Ceux qui témoignaient contre la dictature étaient bien évidemment des gens de gauche qui trouvaient là un lieu de justice mais cette instance a dû aussi se protéger contre les groupes protestataires de tout poil, extrémistes pas tous très *catholiques,* qui y voyaient une couverture pour essayer de se reconstituer comme partis politiques.

Ce vicariat, taxé par une partie de l'église traditionnelle, de *marxiste,* était attaqué publiquement par un prêtre, Raul Hasbun, à qui le gouvernement proposait chaque soir un espace de parole à la télévision. Dans son émission très moraliste, le *Mot du père,* cet homme défendait famille, patrie, ordre et armée. Il confortait les riches mais aussi les membres des classes moyennes qui ne voulaient plus voir revenir le *désordre* du temps d'Allende et se satisfaisaient de cette nouvelle organisation qui avait fait

---

[33] Héritier d'une grande famille chilienne, propriétaire de terres.
[34] Cette instance donne bien la mesure de la lutte de l'Église chilienne contre l'oppression. Une autre Église, celle d'Argentine, ne prendra pas cette option courageuse face à la dictature ; elle devra même, plus tard, faire amende honorable.
[35] Le Vicariat recevra de nombreuses distinctions, dans plusieurs pays du monde, notamment pour son travail d'information.

redémarrer l'économie et supprimer les longues queues devant les magasins, pour acheter le moindre poulet. Si le cardinal et certains évêques savaient jongler entre ces deux pôles de l'Église, je dois avouer que nous, nous n'avions pas à pratiquer ce difficile équilibre : nous avions fait notre choix et à *cette autre Église,* pendant toute cette période, nous ne parlerons pas.

Quant au père Enrique Alvear, il avait, lui aussi, fait ses choix ; il était venu habiter dans une petite maison en bois comme nous, au cœur d'une *población.* C'était lui qui, lors de notre première rencontre, m'avait imposé les mains : « *Si tu le veux, tu t'appelleras Felipe.* » Loin d'être contrarié par ce brutal changement d'identité, je m'étais rapidement habitué à ce nouveau prénom[36] qui m'était attribué par quelqu'un de mon autre famille, la seule qui ait compté pour moi, l'Église, et par un autre père pour lequel j'aurai toute ma vie une immense tendresse. Avec un mélange d'amusement et de gentillesse, Don Enrique m'appellera souvent *Grand Felipe,* sans doute parce que je mesurais plus d'un mètre quatre-vingt mais aussi pour me faire plaisir. On savait que ce grand spirituel, formidablement évangélique, passait des heures à prier ; quand il participait à des réunions, même s'il s'assoupissait parfois, il savait ouvrir l'œil au bon moment et poser la question pertinente.

Le soir venu, je me couchais sur mon lit de fortune pour passer ma première nuit dans la petite maison de la *población.* Les cartons grattaient un peu mon dos mais je m'endormis vite. Je savais que la vie au quotidien allait être un peu rude mais j'avais vingt-huit ans et, à cet âge, l'absence de confort semble facile à supporter si tout le reste de l'existence est compensé par la passion de vivre une aventure humaine exceptionnelle et par des partages authentiques avec les gens qui vous entourent. Notre petite communauté allait traverser très vite des orages mais, si je devais en souffrir, ils ne m'atteindraient jamais en profondeur. A ce moment de ma vie, je n'avais plus de doute : ce que je faisais valait la peine d'être vécu et je sentais qu'au milieu des pauvres, j'avais trouvé ma voie.

---

[36] Aujourd'hui, seuls les membres de ma famille et mes très anciens amis m'appellent encore Kees.

5

Maria « No »

Dans la *población*, on parlait un espagnol particulier, avec un débit haché et rapide, un accent bien typé et un vocabulaire plutôt épicé, en bref, une sorte d'argot épouvantable ; ce furent les jeunes qui m'initièrent à la langue qui se parlait autour de nous. A peine installé, je suis arrivé à m'introduire et à me faire accepter dans un petit groupe qui jouait de la musique andine et se produisait dans les fêtes foraines. Constitué de quatre musiciens et d'une chanteuse, ce *club* sera mon premier professeur de chilien. Avec eux, on allait dans les cafés et on buvait du vin mélangé à du cocacola ! Moi, je suivais ; comme eux, je buvais du Pisco Savor, comme eux, je chantais, je grattais ma guitare et j'apprenais à jouer de la flûte. Quand ils se racontaient des histoires que je ne comprenais pas, j'en réclamais le sens.

Néanmoins, je ne considérais pas cet apprentissage linguistique *sur le tas,* suffisant. Et, cinq mois après mon arrivée à Santiago, en mars 1975, je partis faire un stage de langue à Cochabamba, troisième ville de Bolivie, dans un centre linguistique, *l'Instituto de Idiomas,* dirigé par les missionnaires de Mary Knoll, congrégation des Etats-Unis, semblable aux Mill Hill. Tous leurs missionnaires en partance pour l'Amérique latine passaient par ce lieu qui recevait aussi des prêtres d'autres familles spirituelles, des religieuses et même des civils professionnels venant travailler dans des entreprises. En Bolivie, on prétend - du moins les Boliviens prétendent - que c'est dans leur pays qu'on parle l'espagnol le plus pur. Nous, nous appelions notre centre *Instituto de Idiotas* parce que les professeurs, des civils, nous disaient en permanence : « *Repita por favor* ». Nous répétions, nous répétions sans cesse et la méthode était finalement efficace. Pour gravir les trois niveaux, matérialisés par trois livres, certains d'entre nous restaient six semaines, d'autres en prenaient pour neuf mois ou plus. Je me souviens d'un américain qui, au bout d'une année, n'arrivait toujours pas à prononcer correctement trois phrases dans la langue de Cervantes. Pour ma part, j'ai survolé les trois niveaux avec facilité et malgré les problèmes politiques, les grèves des mineurs et les marches des paysans, j'ai même pu faire un peu de tourisme. Quand je revins à Santiago, j'avais fait de réels progrès et dépassé les compagnons qui étaient arrivés en même temps que moi : Enrique pour lequel la connaissance de la langue n'était pas le premier souci et Desmond qui voulait si bien la connaître qu'il passait des heures à l'étudier dans les livres plutôt que de la parler dans la rue. L'un et l'autre venaient souvent me demander : *« Felipe, comment traduit-on ceci ? Comment prononces-tu cela ? »* Peut-être que, Franco-hollandais, parlant l'anglais, j'avais été doté de dons particuliers ! Peut-être aussi, sentais-je confusément que la pratique de la langue n'était pas un luxe et que la première et la meilleure façon *d'être avec* et de respecter les gens avec qui je vivais, c'était de parler *leur* langue et de bien la parler. D'autres, parmi mes collègues, n'avaient pas cette même sensibilité.

La mission auprès des jeunes

Si dans notre maison de *Lo Amor Uno*, je me contentais toujours de mon petit cagibi, je souffrais à la longue de cette précarité. Au début, nous n'avions même pas de table correcte pour travailler ou manger ; j'ai fini par acheter une table ronde en contreplaqué avec des pieds en rotin ; en soulevant deux ou trois tôles ondulées, nous fîmes passer ce superbe meuble par le toit et nous l'installâmes dans la salle commune. Cette dernière était équipée royalement d'un minuscule coin cuisine, d'une arrivée d'eau et d'un petit feu à gaz.

Etait-ce du fait de ma jeunesse et de ma capacité d'adaptation mais j'aimais bien l'ambiance de la *población*. Dès le matin, je m'amusais à identifier les bruits qui montaient en puissance, les radios qui se mettaient en route, les premières altercations d'un couple, les cris des enfants, les chants des jeunes filles. J'appréciais particulièrement le petit déjeuner où l'on se retrouvait ensemble, temps fort d'échanges et de confidences. Après, on rangeait, on vaquait à nos occupations, on faisait nos courses auprès de commerçants ambulants qui passaient sur le bord de la route, ou dans une des maisons transformée en magasin. On leur achetait quelques grammes de thé en vrac enroulés dans du papier, un petit morceau de fromage, une *maraqueta*[37], du sucre ou des cigarettes à l'unité. Le fait que ces achats se fassent en si petites quantités n'était pas seulement dû à la pénurie d'argent, c'était une nécessité car très peu de personnes, à l'époque, possédaient un réfrigérateur et les moindres stocks étaient victimes d'attaques sournoises de fourmis et d'autres ennemis ailés. On n'avait pas les moyens de manger beaucoup de viande et elle était tellement dure qu'il fallait taper sur chaque morceau avec un marteau pour l'attendrir quelque peu ; on ne mangeait pas de poisson non plus car, quand il arrivait à *Lo Amor*, il n'était plus très frais. On se nourrissait de haricots, de riz, de pâtes accompagnées parfois d'un peu de viande hachée et de beaucoup de sauce tomate ; et, les jours de fête, on sacrifiait un poulet. En gros, on adoptait le régime des gens qui nous entouraient ; finalement, on ne souffrait pas de faim et j'oserai même dire qu'on vivait bien.

Les pauvres avaient un art de vivre à eux. On peut même s'amuser à dresser un rapide comparatif social. Si les riches avouaient volontiers qu'ils étaient pauvres *en esprit*, ceux que je considérais comme pauvres ne voulaient pas se l'avouer, trouvant qu'il y avait toujours plus pauvres qu'eux. Alors que dans les maisons des riches, on voyait des photos magnifiques, gros plans en noir et blanc, représentant des visages de paysans aux visages burinés ; dans les baraques des *poblaciones*, entre deux images du Sacré Cœur et de la Vierge, trônaient des photographies du rêve américain : grosses voitures, portraits de Marilyn Monroe ou même de la reine d'Angleterre. A l'occasion d'un décès, les riches prenaient des mines tristes et accablées pour repousser la mort, au point que lorsqu'il arrivait aux pauvres quelque chose de désagréable, ils avaient l'habitude de dire : « *Cette histoire est aussi triste qu'un enterrement de riche* ! » Chez eux, au contraire, les funérailles n'étaient jamais larmoyantes : on invitait du monde

---

[37] Sorte de pain à la française.

au café du coin, pour *quita peina*[38] ; il y avait à manger et à boire. Lorsqu'un enfant mourrait chez les riches, les parents et les amis étaient au désespoir ; chez les pauvres, on continuait les vieilles pratiques de la campagne chilienne : on installait le petit corps sur une chaise, bien en vu dans la pièce principale, on lui mettait des ailes derrière les épaules et chacun était appelé à vénérer le petit ange.

Peu à peu, aidé par Don Enrique, notre groupe de Mill Hill est entré dans la dynamique pastorale de cette zone populaire de Santiago. Tous les quinze jours environ, nous nous rendions en bicyclette dans une maison centrale et là, nous retrouvions une centaine de prêtres et religieuses, venus de plus de trente *poblaciones*. Certains des groupes étaient plus cultuels, d'autres plus éducationnels, d'autres, comme le nôtre, privilégiaient la présence. Pendant ces journées, des sociologues, des économistes et des politiques parlaient de la situation du Chili et faisaient des projections sur l'avenir de la dictature. Tous ensemble, on réfléchissait sur la mission de l'Église.

Notre présence amicale englobait tous les aspects de la vie ; nous la considérions comme un projet libérateur de toute oppression qu'elle fût militaire, économique et même religieuse. Toute cette libération, nous la justifiions, à partir du travail biblique voulant que les pauvres se réapproprient la parole de Dieu. Nous utilisions la Bible latino-américaine des communautés[39]. Celle-ci avait été interdite par les militaires qui considéraient que les notes y parlaient trop d'oppression ; aussi posséder cette Bible était-il déjà considéré comme un symbole de résistance et certains aimaient l'exhiber, tandis que d'autres la cachaient au fond de leur sac.

De multiples organisations caritatives, chapeautées par l'Église, aidaient les plus pauvres à construire leurs maisons ou à subsister tout simplement. Cela allait de mouvements internationaux comme Caritas, à des organisations plus locales, comme *Hogar de Christo*,

---

[38] Littéralement : Quitter la peine
[39] Cette bible avait été traduite et surtout annotée par les frères Hurault (dont Bernardo du diocèse de Versailles, qui vivait au Chili).

le Foyer du Christ, fondé par un jésuite, le père Hurtado[40]. Dans plusieurs quartiers, sous l'auspice du Vicariat de la Solidarité, l'Église donnait du maïs, du lait, de la farine ou de l'huile, achetés à un prix modique ; elle organisait les *comedores infantiles*, soupes populaires pour les enfants. Dans notre *población*, nous participions, nous aussi, à cet élan : tous les midis, parfois le soir, notre petite chapelle, construite par les gens eux-mêmes, se transformait en réfectoire ; les habitants s'organisaient, aidés par Enrique, grand logisticien de tout ce partage. Plus tard, dans une petite baraque, juste à côté de notre maison, nous montâmes une cuisine et un lieu de restauration. On faisait le feu dehors et des mamans venaient cuisiner avec les aliments qu'elles avaient ramassés sur les marchés, après la fermeture, ou les morceaux de viande que les hommes avaient récupérés chez les bouchers ; d'autres mettaient en commun quelques légumes, cultivés au fond de leur jardin. Rosita, qui travaillait dans une cuisine d'entreprise, ramenait les restes qu'elle avait récoltés. Et cette solidarité-là, on y tenait.

Je me suis vu investi, dès mon arrivée, d'une responsabilité envers les enfants et les adolescents qui vivaient dans ma *población*. Les jeunes scolarisables étaient si nombreux que, comme dans beaucoup de pays en voie de développement, ils étaient divisés en deux groupes : l'école fonctionnait pour les uns le matin et l'après-midi pour les autres[41]. Ils avaient donc de la disponibilité et je passais beaucoup de mon temps avec eux. Un petit groupe investissait une *esquina*, un carrefour, territoire bien à lui qu'il s'appropriait pour en faire son quartier général et, gare si une autre bande avait la prétention d'y *séjourner,* même temporairement. Les adolescents, garçons et filles, restaient ensemble pendant des heures, une jambe au sol et l'autre repliée, à soutenir le mur. Je m'insérais facilement dans ces groupes et, debout comme eux ou accroupi à l'oriental, nous discutions avec

---

[40] Ce prêtre célèbre sera canonisé par Benoit XVI, en octobre 2005 ; il avait l'habitude de dire aux chiliens *bien nés* que : « *la crise morale survenait quand les catholiques qui vivent dans l'opulence et vont à la messe refusent de donner un salaire digne à leurs ouvriers.* » Voir pages 229-230.
[41] Certains s'échangeaient même l'uniforme règlementaire.

eux, indéfiniment, de tout et de n'importe quoi, jusqu'à refaire le monde.

Les adolescents se sentaient très libres et lorsqu'ils parlaient de leurs relations sexuelles, leur langage était facilement empreint d'humour ; ils aimaient bien m'interpeller, au sujet de ma chasteté à laquelle ils ne croyaient guère : « *Alors Felipe ? Rien ...* » et ils accompagnaient leur interrogation en tapant sur un genou, avec les phalanges de la main droite. Plus discrètement bien sûr, des femmes, à peine plus âgées, n'hésitaient pas à me faire des avances comme aux autres prêtres. Après tout, nous avions le mérite d'être jeunes, étrangers et sûrement plus riches que nous n'en avions l'air ! C'était certes une transgression d'aller séduire un homme d'Église mais le peuple sécularisé des faubourgs de la capitale n'avait pas trop de tabou de ce côté-là. Quant à nous, il nous fallait rester sur nos gardes et conserver nos distances dans la familiarité avec les jeunes filles et les femmes, pour ne pas faire naître des ambiguïtés dont il aurait été difficile de se défaire. Nous parlions, de temps à autre, de cette question avec nos amies religieuses qui nous conseillaient. Recevaient-elles, elles aussi des avances ?

Sur le terrain, j'ai mené avec les jeunes des actions concrètes pour améliorer la vie des quartiers. Répartis par groupes de dix, nous avons organisé une campagne pour réparer les toits des maisons. Nous avons collecté quelques fonds et acheté des *fonolas*. Nous les avons installés ensuite sur les toits des maisons les plus délabrées et, pour éviter qu'ils ne se déchirent, nous les avons fixés avec des capsules de bouteilles de bière récupérées et clouées. J'ai encore des photos assez étranges, comme vues du ciel, où l'on voit des garçons agrippés au toit des petites maisons, en train de clouer les cartons, tandis qu'à l'intérieur une femme pèle ses pommes de terre et une autre fait son ménage. Les jeunes étaient ainsi confrontés à la réalité et ce travail représentait leur forme d'engagement communautaire. Grimpé moi aussi sur les toits, avec mon marteau et mes capsules de bière, j'avais le sentiment d'être *avec*. Je cite volontiers cette action aérienne car d'autres ont été moins heureuses. Quelques semaines avant Noël, je m'étais imaginé qu'il serait judicieux de faire fabriquer des jouets en bois par les jeunes. Je m'étais procuré quelques outils, des ciseaux à bois, des rabots, des clous. Nous étions allés récupérer des planches dans une scierie et avions ramené tout ce chargement dans une carriole à cheval. Le fond de la chapelle s'était transformé en atelier où nous avons passé des heures à assembler quelques jouets. Notre déception fut grande quand, le 20 décembre, une avalanche d'articles en plastique, venus d'on ne sait où, donnés ou vendus à bas prix, s'abattit sur la *población* comme une concurrence déloyale. Face à ces objets aux couleurs vives, notre lot de petites voitures fit piètre figure. Nous n'avions même pas réussi à construire la moindre mitraillette et la mondialisation nous battait déjà !

Avec les jeunes, nous faisions, de temps à autres, des sorties. Mon objectif était de leur permettre d'échapper au quartier pour prendre de l'air et de la distance. Je les emmenais parfois simplement sur le Renca, petit monticule situé au dessus du Rio Mapocho, elle-même rivière très polluée ; la vue, au loin, sur l'immense décharge publique n'était pas exceptionnelle mais nous prenions un peu de hauteur et, pendant un couple d'heures, nous échappions aux mauvaises odeurs et remplissions nos poumons d'oxygène.

En février 1976, lors du mois le plus chaud de l'année, je partis en train avec huit garçons, pour Temuco, à 500 kilomètres au sud de Santiago. Le voyage, en troisième classe, dura treize heures ; nous étions entassés dans un compartiment plein à craquer, avec des conditions de chaleur, pour ne pas dire d'inconfort, éprouvantes. Epuisé, j'ai fini par me laisser glisser sous la banquette pour y dormir. Dans le village *mapute*, je fus reçu dans la famille indienne d'un des jeunes. Mes compagnons avaient amené avec eux des valises pleines de vieux vêtements qu'ils cherchèrent à revendre mais nous fîmes également du terrassement chez un des oncles du garçon qui nous recevait. Les habitants du village étant animistes, j'ai pu observer, sans toujours bien les comprendre, les coutumes de cette société matriarcale. Dans sa *ruta*, petite hutte en terre au toit de chaume, j'observai la *Machi*, femme la plus importante du village, assise devant le totem. Sur son tambour sacré, cette petite vieille toute ridée jouait une musique rituelle et s'entretenait avec les dieux. Héritière de ce peuple qui n'avait jamais été vaincu par les Espagnols, elle avait un regard empreint de dignité. Au milieu d'un petit groupe d'hommes et de femmes, sous l'emprise de cette modeste cérémonie, je fermai les yeux et fis défiler dans mon esprit les visages de mes amis *d'Amor Uno*. Dans la *población*, tous avaient du sang mêlé mais on ne voyait guère de différence entre eux : pommettes saillantes plus ou moins foncées, cheveux plus ou moins raides, c'était tout ! Certes, une des injures habituelles était de traiter l'autre d'*indio* et les Indiens très typés avaient encore plus de difficultés que les autres à trouver du travail mais le problème central d'intégration n'était pas racial mais avant tout social.

En moins de huit heures, dans un bus confortable, je revins à Santiago.

Pendant les premières années de mon sacerdoce, les jeunes de mon quartier représentèrent, d'une certaine façon, ma communauté de base ; et même lorsque je serai chargé par le père Enrique Alvear de la pastorale de tous les jeunes de la zone ouest, je ne perdrai pas contact avec eux. Je les accompagnerai dans leur travail et leurs loisirs ; je m'efforcerai de rester à leur écoute. Et eux, sans le savoir, représenteront pour moi une façon précieuse de rester proche des pauvres. Si je n'avais investi mon énergie que dans les sphères de l'organisation, je crois qu'à la longue j'aurais perdu le sens du concret ; ma nature de terrien m'a permis de garder ce souci d'enracinement.

Mes compagnons Mill Hill

Le premier d'entre eux, Carlos a vécu la richesse et, d'une certaine façon, le péril de l'insertion. Celui qui nous avait tous fait venir sera le premier à nous quitter, quatre mois à peine après notre arrivée. De nous tous, il était sans doute, le plus spirituel, le plus contemplatif mais il vivait, sans que nous nous en soyons aperçu, une liaison étroite avec une religieuse franciscaine, Mill Hill elle aussi, et tyrolienne comme lui. Un jour, son amie qui habitait dans la *población* d'à côté, changea d'aspect physique et, plus ronde, fut dans l'obligation de partir en Argentine. A maintes reprises, Carlos nous demanda conseil et nous essayâmes de l'accompagner dans ses choix. Je me souviens d'un soir où nous sommes restés à discuter jusqu'à une heure du matin ; il tenait une bouteille de whisky vide dans la main et ne savait plus où il en était ; moi, je n'avais bu qu'un verre mais j'étais épuisé et plus vidé que la bouteille. Quelque temps après, il rejoignit la femme qu'il aimait.

Ce moment de rupture a été difficile à vivre pour notre petite communauté et pour moi en tout cas, même si, quelques jours plus tard, je partais pour Cochabamba. Dans notre petite maison, nous n'avions ni la protection institutionnelle d'une paroisse, ni celle plus subtile d'une règle et nous éprouvions en permanence un sentiment de fragilité. Les deux principales causes de la grande hécatombe des missionnaires Mill Hill en Amérique latine furent l'action politique et le mariage ; c'est en cela que nous nous sommes différenciés de ceux qui ont exercé leur ministère en Afrique ou dans d'autres continents. Au Chili, nous étions marqués et connus pour être plus engagés et plus révolutionnaires. Et cet engagement s'est souvent exprimé, au plan affectif ! Plusieurs d'entre nous payèrent ainsi le prix de leur insertion et abandonnèrent le sacerdoce pour avoir développé des relations humaines profondes et très riches, sans doute trop. Carlos, quant à lui, *réduit* à l'état laïc, est rentré au Tyrol, avec son amie. Tous deux se marièrent et ils eurent deux garçons qui sont grands maintenant. Lors d'une visite dans leur maison, j'ai eu l'occasion d'être reçu par toute la famille.

Après le départ de notre *ancien*, demeurèrent dans notre petite communauté, forte et faible à la fois, trois hommes : Enrique, Desmond et moi[42]. Enrique était très préoccupé par la politique concrète de la cité. Une de ses ambitions principales était d'animer les différents petits groupes qui se réunissaient pour organiser la vie du quartier : gestion de l'eau, de l'électricité, du tout à l'égout ou lancement d'activités économiques. Il a été ainsi à l'initiative de la création d'une coopérative pour des boulangers qui cuisaient des pains dans leurs maisons et passaient les vendre au coin des rues ; il les aida à s'organiser pour acheter de la farine à bas prix, centraliser le travail et se répartir les rues. Ce fut lui aussi qui mit en place la logistique et les filières de collecte de nourriture et leur redistribution. A temps perdu, il élevait des lapins et des canards dans notre minuscule jardin. Desmond, l'intellectuel du groupe,

---

[42] Tous trois, nous resterons prêtres Mill Hill. Enrique et Desmond me précéderont au Brésil et ils y sont encore.

pas très à l'aise avec les gens de la *población*, se glissa dans tous les groupes de réflexion théologique de la zone pastorale ouest. A partir de la réalité concrète des gens, il sut construire des théories qui n'étaient pas toutes fumeuses ; en réalité, c'était un champion de l'analyse et du questionnement. Il préparait avec soin toutes les rencontres bibliques et, dans ce contexte, il avait un très bon contact avec tous.

Pour nous trois, le projet d'insertion était vraiment radical, y compris dans notre façon de vivre la pauvreté[43]. Prêtres et religieuses installés dans les *poblaciones,* nous partagions les mêmes valeurs. Les choix des évêques latino-américains pour les communautés ecclésiales de base, la collégialité, la place des laïcs ne semblaient pas devoir être remis en question, même si la situation politique et économique devait évoluer dans le pays. Et nous étions constamment motivés à continuer notre effort.

Néanmoins, avec le recul, j'ai le sentiment qu'au cours de toutes ces années, nous avons été assez vulnérables. Les religieuses, vivant en petits groupes plus ou moins libérés de toutes règles, éprouvèrent ce même sentiment de fragilité et sentirent qu'il ne suffisait pas d'être ouvertes à tout et à tous mais qu'il fallait autre chose pour les aider à tenir bon dans leur vocation. Elles furent nombreuses à comprendre que si elles ne prenaient pas un temps pour *vivre* la communauté, leur vie consacrée risquait de partir en lambeaux. Elles prirent la décision de réciter l'office divin en commun, de prier, à heures régulières : ces temps, vécus ensemble, étaient leur seule barrière contre le *monde*. Nous, par pudeur, par orgueil ou parce qu'on s'était mis dans la tête qu'il fallait tout faire *avec* les gens, nous eûmes du mal à nous plier à cette discipline communautaire ; nous avions notre vie spirituelle propre et nous pensions trouver notre compte dans les préparations aux messes et dans notre participation aux groupes bibliques ; nous n'eûmes pas forcément raison mais ce fut ainsi !

---

[43] On conservera ce mode de vie jusqu'à l'arrivée de David, un quatrième Mill Hill, à la fin de mon séjour. Ce dernier questionnera tout, y compris notre sens de la pauvreté ; il revendiquera même, sans scrupule, d'avoir une télévision, alors que pendant quatre ans nous nous en étions passés.

Des communautés de vie

Tous, prêtres ou religieuses, nous n'étions pas seulement vulnérables aux sentiments, nous l'étions aussi à la réalité concrète, à l'oppression et même à l'opinion que les gens se faisaient de nous. Et il fallait constamment se justifier. Si nous recevions certains signes de reconnaissance de la part des habitants, en réalité notre situation n'était pas confortable ; et, paradoxalement, nous n'étions pas toujours bien compris ! Nous étions perçus comme des occidentaux, des gens aisés parmi les pauvres et ils nous disaient souvent : « *Vous êtes riches ! Pourquoi venez-vous vous enfermer ici* ? » Ce qu'ils voulaient, eux, c'était partir le plus loin possible de leur *población*, monter dans l'échelle sociale ; et nous, à l'opposé, on faisait le choix de venir vivre dans ce quartier peu reluisant. Nous n'avions pas vocation de servir de tremplin à la promotion de quelques-uns ; nous voulions qu'ils s'assument ensemble et que, là où ils habitaient, ils s'organisent pour changer la situation sans qu'une partie d'entre eux s'en aille. Une anecdote illustre bien cette contradiction. Nous étions dans l'obligation de jongler avec l'argent et tout ce que nous pouvions faire par nous-mêmes, nous le faisions. Un jour, j'étais en train de laver mes draps, à la main, au bord de la route. Plusieurs personnes s'arrêtèrent et m'interpellèrent ; « *Pourquoi faites-vous cela ? Laissez ce travail aux femmes !* » En frottant avec ma brosse, je n'avais pas le sentiment de faire de la provocation, mon linge était sale et pour me coucher dans des draps propres, je le lavais, point final. Mais nos sentiments ne sont jamais simples : peut-être avais-je aussi, dans un coin de ma tête, envie de donner un signe : *Je ne suis pas venu m'installer ici pour vivre sur le dos des pauvres, sur votre dos* ! Chemin faisant, nous avons mesuré peu à peu que la multiplicité de ces gestes prenait beaucoup de temps et notre radicalité a cessé ; nous avons confié nos chemises sales à des dames pour qu'elles les lavent. D'ailleurs, les femmes travaillaient mieux que nous et étaient bien sûr contentes de gagner quelques pesos.

Notre grande idée était de mettre en place des communautés de vie et non des communautés d'Église avec célébration de la messe comme dans une paroisse traditionnelle. Au début de notre séjour, toujours par idéologie, nous eûmes des discussions interminables au sujet du rôle du prêtre, affirmant haut et fort que nous n'étions pas des distributeurs de sacrements. Nous résistâmes notamment aux demandes de religieuses d'une petite communauté qui, ayant ouvert une école, nous suppliaient : *« Nos supérieures exigent qu'on ait la messe tous les jours, sinon nous ne pourrons pas rester dans la* población*. »* Nous restions fermes : *« Pourquoi, voulez-vous imposer vos obligations, vos lois ? On n'est pas obligé de célébrer tous les jours* ! » Je me souviens de cette pauvre Sœur Maria ; dès qu'il la voyait arriver de loin, en vélo, Enrique ouvrait la porte et lui criait : *« No, Maria* ! » *« Mais je n'ai encore rien demandé* ! » s'exclamait-elle, toute essoufflée. *« De toute façon, ce sera non* ![44] » Nous étions assurés d'avoir raison et toutes les demandes de messe ou de confessions que nous considérions magiques, nous les refusions. Notre problématique n'était pas d'inviter la population à nos rencontres sacramentelles mais de nous insérer au milieu des gens. Il nous semblait que les sacrements, au lieu d'être une libération, risquaient d'être une aliénation, rajoutant une forme d'obligation supplémentaire dans leur vie. Si, au bout d'un processus, nous devions célébrer, il fallait que cet acte les aide à se libérer, à se prendre en mains, que ce soit non un point de départ mais l'aboutissement d'une démarche.

Ce discours, partagé par la plupart des prêtres, et même par l'évêque, n'était pas satisfaisant. Après quelques mois, nous avons mesuré l'ambiguïté dans laquelle nous nous mettions. Nous pensions à la place des gens, décidions ce qui était bien et bon pour eux. Ces femmes et ces hommes réclamaient des sacrements et nous les leur refusions ; en échange, nous ne leur offrions que de partager leur pauvreté. Ils attendaient quelque chose de l'ordre du spirituel qui les élève et nous, en leur disant que c'est dans la réalité que les choses se changent quand on se prend en main, nous les renfermions dans leur situation de dépendance. Finalement, notre présence n'était pas si amicale que cela. Avec le recul, je

---

[44] La semaine de mon arrivée, cette même religieuse me demanda de venir confesser, dans son école. Je parlais à peine *chilien* ; elle me dit : *« Ce n'est pas grave, il suffira d'écouter et de faire un signe de croix. Le Bon Dieu comprendra, lui* ! » Je n'ai cédé qu'une fois à sa demande.

pense qu'ils repéraient bien la générosité de notre démarche mais ne comprenaient pas que, hommes de Dieu, nous refusions de faire notre travail. Comme d'habitude, il y avait le discours et la réalité. Et dans le concret de notre vie, nous célébrions la messe régulièrement, notamment un soir de semaine, chez les religieuses d'une *población* voisine. Nous nous retrouvions à cinq ou six pour vivre un temps de prière et, au cours d'un repas assez joyeux, nous finissions la bouteille de vin de messe, ce qui était notre seul luxe. Le dimanche, je célébrais pour une trentaine de pratiquants ; car, là-bas comme ailleurs, la foule ne venait que lors des grandes fêtes.

Chaque quartier avait son lieu de culte, une petite chapelle[45] en bois, construite par les gens eux-mêmes. Dans cette maison comme les autres, ornementée d'une simple croix, nous essayions d'organiser des communautés ecclésiales de base. La transmission de la foi se faisait sous la forme d'un maillage pédagogique serré. Les catéchistes réunissaient les parents et leur donnaient un enseignement qu'ils auraient à retransmettre à leurs enfants. Grâce à un échelon intermédiaire, des jeunes, animateurs de catéchèse, encadraient les enfants en leur faisant réaliser des jeux ou remplir des textes dans leurs cahiers ; ces moniteurs en profitaient aussi pour repérer si les parents avaient des soucis de quelque ordre que ce soit et faisaient remonter l'information pour qu'on aille visiter la famille. Après quatre ans de catéchisme, les enfants faisaient leur première communion puis pouvaient entrer dans un groupe de jeunes pour se préparer à la confirmation à l'âge de seize ans. Dans mon secteur, Desmond et surtout des religieuses étaient impliqués dans cette démarche.

La réunion de toutes les chapelles des *poblaciones* constituait un doyenné. Nous faisions partie de la paroisse *Plaza Garin* dont l'église, construite en dur, était tenue par des Nord-Américains. Celle-ci, fréquentée par les gens *installés*, était située à moins d'un quart d'heure à pied des *poblaciones* mais était boudée par les habitants qui sortaient peu de leur quartier. Cependant, la coupure entre les prêtres de la paroisse et les quartiers pauvres n'était pas totale. L'un d'entre eux passait chaque semaine dans les chapelles,

---

[45] Chaque chapelle avait un référent en la personne d'un prêtre ou d'une sœur, ce qui donne une idée de la densité de religieux.

avec sa guitare, pour apprendre les derniers chants religieux à la mode et avait un certain succès. Un autre, aidé d'une religieuse, s'occupait de la santé et épaulait les responsables locaux, à l'aide d'une médecine traditionnelle à base de plantes. Chaque vendredi à midi, nous allions déjeuner avec les prêtres de cette paroisse centrale ; ce rassemblement, essentiel pour faire le point sur nos engagements, était aussi une façon d'échapper à la préparation des repas qui nous pesait.

Punta de Tralca

En plus des jeunes dont je m'occupais dans mon quartier, je fus chargé par le père Enrique Alvear de la pastorale des jeunes[46] de treize à vingt ans, sur toute la zone qui s'étendait de la Station Centrale jusqu'à la campagne[47] et comptait près d'un million d'habitants. Cette mission que j'ai conduite avec Miguel Ortega, vicaire épiscopal, me plaisait bien. A notre demande, les *groupes de jeunes* élisaient leurs responsables ; la sélection se faisait lors de soirées organisées dans les six doyennés de notre zone. Avec quelques membres responsables, on interviewait les candidats qui devaient être, à la fois, volontaires et choisis par la communauté ; de notre côté, nous présentions nos exigences et, si les jeunes étaient disposés à les accepter, nous les retenions. Cette double démarche évitait d'introduire des taupes à l'intérieur des groupes, ce qui, à cette époque troublée, était toujours possible. Nous organisions des réunions d'animateurs qui étaient à la fois des formations religieuses et des entraînements au leadership. Mon quartier servait de base arrière et avec une mobylette, achetée grâce à l'argent donné lors de mon ordination, je circulais dans les trente-quatre paroisses des différents quartiers pour rencontrer les jeunes responsables ; quand j'allais chez des gens, je rentrais mon engin à roulettes dans la salle à manger et, le soir, chez nous, je faisais de même.

Pour plus d'efficacité, plusieurs fois par an, nous faisions sortir ces jeunes responsables de leurs *poblaciones* et les emmenions au

---

[46] Il s'agissait des jeunes non scolarisés dans les écoles religieuses.
[47] La communauté urbaine de Santiago était divisée en cinq zones.

nord de San Antonio, à Punta de Tralca, dans une propriété du diocèse, ancienne maison de vacances du séminaire de Santiago, à une centaine de kilomètres de la capitale. Ce bâtiment, au bord de l'océan, était équipé de vastes salles de réunion et d'une grande chapelle ; les sœurs du Sacré-Cœur avaient reçu du cardinal la mission de gérer cette maison pour y recevoir des groupes. Pendant trois ou quatre jours, les jeunes prenaient de la distance par rapport à ce qu'ils vivaient et nous les aidions à analyser leur réalité dans un contexte plus *neutre*. La réalisation concrète de ces grands rassemblements était complexe et même si ces sessions ne coûtaient pas extrêmement cher, il fallait réunir les sommes nécessaires à l'infrastructure. La communauté locale payait une petite participation pour l'inscription de chaque participant et le reste était couvert par une ONG[48]. On imagine aussi toute la logistique et l'intendance nécessaires pour organiser chaque année et, pour plusieurs zones, sept sessions de trois jours, comprenant chacune cent quatre-vingt participants qu'il fallait déplacer en autocars. Les sœurs avaient, de surcroît, le souci de préparer des repas abondants pour que, nourris de façon équilibrée, les jeunes soient réceptifs et participatifs.

Au début de chaque formation, on négociait les droits et devoirs de chacun ; on fixait, notamment, de façon drastique, les horaires. Chaque participant savait que le manque de respect à la discipline était sanctionné par un retour immédiat à Santiago. Au cours des journées, si la Bible était au cœur de nos réflexions, on actualisait la parole de Dieu dans le monde actuel. Quelques conférences étaient proposées mais les jeunes étaient surtout confrontés à des travaux de groupe et la restitution se traduisait à travers de grandes célébrations avec chants et expressions théâtrales. Sur scène, face à l'assistance, garçons et filles représentaient, en la scénarisant, leur vie confrontée aux difficultés familiales, économiques et sociales. La situation politique et l'oppression policière étaient souvent abordées de façon indirecte, à travers des saynètes et des chants de *Protesta*. Avec un simple chapeau et une botte de cow-boy, ils

---

[48] AMA en Hollande ou Caritas en Allemagne. Il fallait pour cela faire un projet ; au cours de vacances, je suis allé en Allemagne défendre ma proposition.

figuraient l'oncle Sam[49]; et quand le Caïman faisait mine de croquer le pauvre, allongé par terre, chacun décodait une critique du capitalisme et voyait représentée la lutte des classes. L'humour était la défense suprême de ces jeunes[50] et les blagues fusaient en permanence sur Pinochet, la junte et surtout sur Mendoza, le chef des *carabiñeros*. Assis à côté de moi, le père Enrique Alvear assistait à ces grandes représentations ; fatigué, il me disait parfois : « *Felipe, tu me réveilleras juste avant la fin.* » Quand il le fallait, je le poussais du coude, il ouvrait un œil et applaudissait à tout rompre.

Revenus dans leurs *poblaciones*, sachant qu'ils étaient en mesure de changer la réalité, les jeunes mettaient en pratique ce qu'ils avaient appris, en organisant des actions de solidarité avec d'autres et en participant aux mouvements caritatifs ; les filles, aussi dynamiques que les garçons, travaillaient auprès des enfants et faisaient du soutien scolaire. Au cœur de leur environnement, devenus actifs et critiques, ils agissaient et prenaient même des risques. Dès cette époque, je suis allé plus d'une fois dans des commissariats de police pour en sortir ceux qui avaient commis des excès de zèle dans l'expression de la liberté.

Pour le folklore, je me dois d'évoquer un autre grand rassemblement que nous organisions sur l'ensemble du diocèse. Des manifestations mi-culturelles, mi-religieuses réunissaient plus de trois mille jeunes dans le grand théâtre de Santiago qu'après de multiples négociations Miguel Ortega, beau-frère des Frei[51], arrivait à retenir pour une après-midi. Ce dernier, poète, écrivain de multiples chansons et de nombreux ouvrages était aussi le fils spirituel du cardinal[52] qui salésien, n'avait pas oublié sa vocation

---

[49] Les jeunes étaient d'ailleurs très ambivalents face aux USA ; les Américains et leur style de vie les attiraient, comme modèle de société, et en même temps, ils faisaient un rejet très fort du *Caïman*.
[50] Et d'ailleurs du peuple chilien tout entier.
[51] Les Frei font partie de la famille des deux présidents de la République (le prédécesseur d'Allende et Alwyn, le successeur de Pinochet). Miguel Ortega fut par la suite nommé recteur d'un collège ; il s'occupera des messes télévisées qu'il m'invitera à célébrer par deux fois sur le canal propre à l'Église et sur une des chaînes nationales. Il sera plus tard aumônier de la Moneda, palais présidentiel, puis aumônier de la chapelle du Carmel avec sa Vierge qui surplombe Santiago.
[52] Miguel Ortega récrivait une partie de ses discours. Lorsque ce dernier sera malade et diminué, il rédigera son testament spirituel.

première de donner une priorité à la jeunesse. Ces matinées théâtrales, étaient organisées autour d'un concours de chants, baptisé la *canción para Jesus* dont beaucoup exprimaient une critique du régime ou une revendication de liberté. Un jour, Miguel insista pour que je me produise en vedette *américaine* et me propulsa sur scène. Après avoir expliqué en espagnol le sens des paroles, je chantai *Potemkine,* la chanson de Jean Ferrat qui narre la fameuse révolte des marins. Au premier rang, je fus applaudi par le cardinal et par Don Enrique. Derrière eux, ce fut du délire ; j'ose à peine évoquer la *standing ovation* que me firent les jeunes de Pudahuel qui, debout, hurlaient *Felipe, Felipe.* Au-delà de cette anecdote qui dut flatter mon ego, ces rencontres étaient importantes car elles manifestaient la présence de jeunes chrétiens dans la situation d'oppression.

Quel bilan peut-on tirer de toutes ces actions ? Notre présence dans les *poblaciones* a été authentique, je puis l'affirmer. Mais contrairement à notre discours un peu idéologique, qui voulait que tous les pauvres se prennent en charge, s'en sortent ensemble, notre pratique auprès de ceux que nous considérions comme les plus motivés, voire les meilleurs, a servi bel et bien d'ascenseur social ! A l'époque, ces jeunes, plutôt que de jouer les gros bras devant leurs copains, étaient attirés par nous, comme par la lumière et ils sentaient qu'on pouvait les accompagner. Même si nous n'avions pas le sentiment de former les leaders et les élites de demain, ces temps de formation, d'échange et d'expression, marquant profondément leurs options de vie, auront été un marchepied pour les aider à entrer dans la vie professionnelle et à changer de statut social. La majorité trouva du travail en dehors de la *población* ; ils sont aujourd'hui technicien supérieur en électronique, sociologue, dirigeant politique de gauche, prêtre ou religieuse et même supérieur d'une communauté jésuite. Nombre de dirigeants sociaux et politiques, même du temps de Pinochet et aujourd'hui encore, ont été formés dans les communautés de base. Quant à la mixité, vécue de façon saine et normale, elle aida plusieurs couples à se former et il est difficile de compter tous les mariages qui furent célébrés.

Il m'arrive parfois de feuilleter un album de photographies de cette époque. Je me vois dans la grande salle de Punta de Tralca, debout à la droite d'Enrique Alvear ; ma silhouette longiligne tranche sur celle plus enveloppée de l'évêque. Nous faisons tous deux face à un groupe conséquent de jeunes. Suis-je en train de les exhorter ou de les faire chanter ? Je ne sais pas mais il semble que mon visage et mon sourire expriment une certaine fierté. Je me sens, sans doute, *Grand Felipe* à ce moment-là et pas seulement à cause de la taille. Je suis face à ces pauvres, je sais qu'ils se forment, préparent leur avenir, celle du pays et de l'Église ; je suis persuadé qu'ils opèrent une véritable réflexion *libérationniste*. J'ai conscience que le fait de participer à cette organisation va leur permettre de sortir de leur individualité et de leur marginalisation, pour entrer dans un processus de responsabilité et d'expression : ils sont en train d'acquérir un droit à la parole. Un d'entre eux, Edouardo, en paiera malheureusement le prix fort. Capturé par la police, il sera torturé et ses blessures aux parties génitales engendreront, plus tard, un cancer dont il mourra.

Punta de Tralca, ce coin de paradis, aurait été idéal pour nous baigner si l'eau avait été moins froide ou si nous avions été plus téméraires ; il nous est cependant arrivé de faire un plongeon dans le Pacifique, lors de récollections organisées pour les prêtres et religieuses du Grand Santiago. Nous aimions nous retrouver ensemble, parfois en compagnie de l'archevêque qui venait nous rejoindre. Nous faisions le point sur les travaux de l'année ou préparions de grands évènements, comme la rencontre des évêques de Puebla qui a suivi celle de Medellin. Des représentants de toute l'Amérique latine, Brésiliens, Argentins, Chiliens vinrent travailler dans cette ville mexicaine pour aider les évêques à définir les grands axes de la pastorale à venir.

Ces moments de rupture et de convivialité nous permettaient de nous détendre et de décompresser. Venus des quatre continents, nous étions réunis autour d'un même projet où foi et développement se mêlaient. Je garde au creux de ma mémoire ces soirées, formidablement chaleureuses, consacrées aux échanges et aux chants. Au milieu de nos rires, nous entendions, au bout du parc, le bruit que faisait l'océan, pas si *Pacifique* que cela, avec ses vagues parfois violentes qui venaient claquer la plage de sable jaune. Un jour, beaucoup plus tard, le bruit de ces vagues hurlera dans mes oreilles.

6

Les sirènes du politique

Nous sommes en 1979, je n'ai pas pris de vacances depuis longtemps et un moment de rupture parait nécessaire. Après ces quatre années intensives, j'ai envie de revoir ma famille, mes parents, mes amis et simplement de souffler un peu. Avant de quitter Santiago, l'évêque me propose de suivre, à mon retour, un cours de théologie pastorale, au Brésil. Je trouve cette idée très bonne si cela doit m'aider dans mon travail auprès des jeunes et je m'inscris. Je dis au revoir à mes amis prêtres et aux gens de *Amor Uno* car, après cette pause, je reviendrai vivre parmi eux. Pendant ce séjour de quelques semaines, le contact avec la vieille Europe va me laisser un sentiment d'étrangeté. Je suis bien dans ma tête, bien dans ma *vocation* auprès des pauvres mais sans m'en rendre compte j'ai changé. Le jeune homme a pris de l'assurance ; il ose témoigner, même si mes interlocuteurs, en m'écoutant, ont parfois le sentiment que je reviens d'une autre planète.

J'atterris en Hollande : direction Tilburg. Mes parents ont un peu vieilli mais je les retrouve en bonne forme. Ils vont passer du temps à écouter le récit du voyageur. Mon père est surtout sensible aux anecdotes et il s'en amuse ; j'ai encore dans l'oreille son rire, lorsque je raconte que, pour changer la table de la salle à manger, on a dû enlever les tôles du toit. Maman est plus réservée mais attentive. En réalité, elle se fait du souci pour moi et cherche à se rassurer. Elle craint que je ne tienne pas le coup physiquement, elle imagine des risques politiques, elle a peur aussi que, dans le contexte trouble dans lequel je vis, je prenne une autre voie ; elle sait bien que nombre de mes amis ont abandonné le sacerdoce. Elle me redit, sans trop y croire, qu'elle m'aurait si bien vu prêtre dans une paroisse rurale de la vallée de Chevreuse.

Au cours de ces deux mois, je vais être sollicité pour témoigner de ce que je vis à Santiago. Deux rencontres sont organisées auprès de religieuses. La première a lieu en Belgique chez ma tante. Pour la première fois de ma vie, je suis autorisé à franchir les limites de clôture de la Trappe, pour rencontrer les soeurs. Prêtre venu du bout du monde, j'ai une aura naturelle ; assis au centre d'un grand cercle, je sens que toutes sont admiratives même si elles baissent les yeux et ne me posent aucune question. J'aurai eu le sentiment de parler dans le désert si une des religieuses que je vois prendre des notes ne me paraissait pas plus attentive que les autres ; inconsciemment, je m'adresse à elle. A la fin, toutes se lèvent, mon auditrice privilégiée aussi ; avant de refermer son petit cahier, elle en arrache une feuille et me la tend, en souriant. J'y jette un œil ; en réalité, elle a dessiné mon portrait.

Devant un autre Cénacle, à Frileuse[53], je me revois à nouveau au milieu d'un cercle de femmes, assises sur de petites chaises ; elles m'en ont dévolu une, un peu plus haute. Cette fois, je suis assailli de questions sur l'Amérique latine, le régime de Pinochet, la position de l'Église. Leur niveau de conscience et d'information sur tout ce qui se passe dans le monde et, au Chili particulièrement, est très grand ; elles suivent l'actualité avec attention et intérêt. L'une d'entre elles restera longtemps en contact épistolaire régulier avec moi.

Je passe un bon moment dans la vallée de Chevreuse pour voir mes amis prêtres, Netty et Sophie, ma filleule que je ne connais pas. Je reçois d'autres sollicitations pour témoigner. On me demande de rencontrer les élèves du collège Blanche de Castille, à Versailles. Etrangement, quelques jours avant la date, je reçois une lettre de la femme de l'attaché militaire du Chili, en France, qui se réjouit de cette rencontre avec les jeunes mais m'exhorte vivement à donner de son pays une image *positive*. Comment cette personne a-t-elle eu vent de ma venue dans l'établissement ? Suis-je si libre que cela dans mes allées et venues ? A ces demoiselles, je fais part de mon expérience mais prends garde à ne pas *en rajouter* sur la situation politique.

---

[53] Carmel, situé près de Briis sous Forges (91).

Autre étonnement ! Le curé de Chevreuse ayant appris mon passage dans la vallée, me demande de dire un mot, après la lecture de l'Évangile. Je m'adresse donc aux paroissiens et, en quelques mots, je raconte ce que je vis dans la *población* : je décris l'option préférentielle pour les pauvres, la vie en communauté restreinte, la place des laïcs. Avant d'avoir achevé mon petit discours, le curé s'approche, me laisse à peine finir ma phrase et m'arrache le micro des mains. Je me retourne vers lui et il me fait signe que cela suffit, j'en ai dit suffisamment. Un peu désemparé, je vais m'asseoir. Avais-je dérangé les certitudes de ce saint homme ? Mes paroles risquaient-elles de troubler la sérénité de ses paroissiens ? Parler des pauvres, dans la vallée de Chevreuse, cela ne se faisait-il pas ? Je ne fis pas de cette histoire, une affaire d'État. Je ne m'étais pas donné l'objectif de convertir tous les braves gens que je rencontrais. J'étais d'abord en vacances ; à Santiago m'attendait un poste de responsabilité ! Je me sentais en lien avec les habitants de ma *población*, en communion avec les prêtres, avec l'évêque du lieu donc avec l'Église. Une forme de paix intérieure me donnait l'impression qu'il était possible de continuer à être prophétique.

La théologie de la libération

C'est justement l'apprentissage du prophétique qu'à mon retour, à peine débarqué de l'avion, on va tenter de m'inculquer. J'atterris à Pôrto Alegre, au sud du Brésil, et le car nous conduit à Caxias do Sul. Dans cette région d'immigration allemande, à la fois ancienne et *régénérée* après 1945 ; certains ne parlent ni portugais, ni espagnol mais seulement la langue de Goethe et il est parfois difficile de trouver son chemin. Je n'aurai guère le temps de faire du tourisme mais j'apprécierai néanmoins ce pays très verdoyant, avec ses collines boisées. Pendant notre court séjour, quelques-uns d'entre nous, venus du lointain Nordeste, découvriront la neige et en danseront de joie.

Nous étions une quarantaine de participants, prêtres, religieuses, laïcs, locaux et étrangers, venus de toute l'Amérique latine. A la fois volontaires et choisis pour suivre ce séminaire, nous étions habités par l'enthousiasme. La réputation de cette session était bonne et certains attendaient ce rendez-vous depuis plusieurs mois.

Entre nous, nous parlions espagnol ou portugais, ou une espèce de sabir, mélange des deux, le *portugnol*. Nous ne mîmes pas longtemps à comprendre que notre vie allait être mise sous le signe de l'austérité. Nous logions, hommes et femmes séparés, bien sûr, dans des baraquements et dormions sur des lits superposés. *Il n'y a pas de raison,* nous dit-on, *que nos conditions de vie, d'hébergement et de nourriture, soient meilleures que celles des pauvres : la théorie est dans la pratique et vice versa.* Les organisateurs vivaient d'ailleurs avec le même style de vie *spartiate*. La plupart d'entre nous accepta cette discipline ; seule une minorité ressentit le besoin de s'échapper, chaque fin d'après-midi, pour aller en ville, dîner dans un restaurant.

Dans ce centre de retraite, les enseignements reposaient entre autres sur l'hypothèse fondatrice du prêtre péruvien Gustavo Gutierrez, exprimée dans un livre paru en 1971, *Théologie de la libération, Perspectives*[54]. La formation était marquée par une volonté de solidarité avec les pauvres, grâce à des pratiques de conscientisation et à la participation à des mouvements sociaux et populaires[55]. Il était affirmé l'idée que seul un changement radical des structures politiques, économiques et sociales, mené par les pauvres eux-mêmes, peut venir à bout de la pauvreté[56]. La journée était ponctuée par la méditation personnelle et collective. Nous vivions nos eucharisties tous égaux devant Dieu. Sans volonté de transgression mais avec souci d'équité, nous faisions attention qu'il n'y ait aucune différence entre hommes et femmes et les paroles de

---

[54] « *Une spiritualité mal comprise nous a souvent fait oublier la charge d'humanité et le pouvoir de transformation des structures sociales injustes que possèdent les promesses eschatologiques. La suppression de la misère et de l'exploitation est un signe de la venue du Royaume.* » « *Le Royaume ne se confond pas avec l'établissement d'une société juste* ». Mais il n'empêche que « *la lutte pour une société juste s'inscrit de plein droit dans l'histoire du salut.* » Gutierrez G., *Théologie de la libération,* Perspectives, Bruxelles, Lumen Vitae, 1971.
[55] Certains iront jusqu'à accepter l'action dans les mouvements politiques d'obédience marxiste.
[56] La formation était assurée par des théologiens et des pastoralistes comme Leonardo Boff, franciscain brésilien, et José Marins. Bien plus tard, de 1997 à 1999, je travaillerai dans un groupe de formation, itinérant, mis en place par ce prêtre. Voir chapitre 14.

consécration étaient prononcées par tous, d'une même voix, chacun alternant une phrase. Néanmoins, quand un évêque venait nous visiter, pour ne pas le choquer et pour ne pas prendre de risque, les célébrations étaient vécues sur un mode plus traditionnel et plus orthodoxe.

A l'aide de sociologues, de politiciens, de *pastoralistes* mais aussi à partir de notre expérience, en groupes, nous nous exercions à *l'analyse de la réalité*. On insistait sur une lecture marxiste des évènements, avec la lutte des classes et la dialectique comme outils d'interprétation. Dès notre arrivée, les animateurs commencèrent à nous faire comprendre que nous étions, sans le vouloir sans doute, des néo-colonialistes qui exercions notre pouvoir sur le peuple. Quoique nous fassions, nous étions coincés : si nous amenions de l'argent dans nos missions, c'était une forme d'oppression et une expression de notre pouvoir ; si nous n'en amenions pas, nous vivions au crochet des communautés, des pauvres.

Nous étions mis en demeure de rompre avec les structures anciennes et d'inventer un nouveau modèle d'Église. Devant ces discours sans concession, nous nous sentions culpabilisés et cette stratégie était volontaire de la part des organisateurs : ils voulaient que nous inversions la pyramide du pouvoir pour donner la parole à la base. Ce renversement devait se faire à la fois au plan social et ecclésial, de façon à mettre tout le monde, y compris la hiérarchie, au service de cette base. Sur de grands panneaux, nos idéologues montraient une image avec, au sommet, un bonhomme oppresseur ; plus on descendait, plus l'oppression s'amplifiait. La représentation montrait les derniers, tout en bas, écrasés qui assumaient tout le poids de la structure, sans pouvoir se retourner contre quiconque. « *Et le dernier opprime le chien* ! »

Le problème du pouvoir était au cœur de toutes nos réflexions : « *Vous qui avez si bien analysé le pouvoir politique, économique, social*, nous disait-on, *eh bien, allez plus loin, maintenant ! Au cœur de votre situation, de votre mission, de vos actions, n'avez-vous pas, vous-mêmes du pouvoir ?* » Et là, nous étions touchés ! Il fallait entrer dans une dynamique révolutionnaire. « *Jusqu'où ?* » nous demandions-nous. « *Jusqu'aux ultimes conséquences !* » Si le martyr n'était pas un but en soi, l'idéal était la radicalité de l'engagement pour les pauvres, sans compromission.

Pour comprendre l'importance de ces choix, il faut se remettre en mémoire l'histoire de cette époque troublée. De nombreux pays - Chili, Argentine, Paraguay, Salvador et même Brésil pendant mon séjour - étaient dirigés par des dictatures militaires, brutales. L'Église souffrait et les figures emblématiques ne manquaient pas[57]. Torres, prêtre de Bolivie, avait été tué, les armes à la main, en allant au bout de ses choix ; Mgr Angelelli, évêque de La Rioja en Argentine avait été assassiné[58] ; Monseigneur Proaño, évêque de Riobamba, en Équateur, fervent défenseur des Indiens, était en permanence soupçonné et menacé ; quatre prêtres Chiliens avaient été tués au moment du coup d'État et après. *« Tous ces martyrs sont semences de vie et de chrétienté »*, disions-nous. A Caxias do Sul, on parlait beaucoup de ces hommes, on faisait de leur histoire un chemin de croix et de vie ; on décorait les salles avec leurs photographies, on représentait par terre les endroits où ils avaient été assassinés et une espèce de liturgie permettait à tous de passer en procession sur le sentier de leur destin. Les grands témoins de ces luttes étaient également présents dans nos réflexions : on méditait sur les paroles de ces grands prophètes et on gravait dans nos cœurs cette phrase de Don Helder : *« Il n'y aura pas d'eucharistie complète, tant qu'un seul pauvre mourra de faim. »*

La théologie de la libération était un système élaboré, permettant de vivre sa foi avec une claire vision du monde. Même si ce n'est pas si simple de confronter Histoire et Eternité, Dieu intervient dans l'histoire et se fait Histoire ! Cette approche permet de poser les questions : *Où va le monde ? Et dans ce monde quelle est notre place ? L'essentiel est-il d'y avoir une situation confortable ou de lui donner une orientation* ? Cette théologie, inscrite dans le temps, reprenait les visions communistes des *lendemains qui chantent* notamment pour les pauvres ! Après Vatican II, à Medellin, les évêques avaient bien identifié que les pauvres étaient les premiers à souffrir de l'injustice. Ils avaient alors affirmé l'importance de la *bonne nouvelle* pour eux. Celle-ci devait passer non seulement par la parole mais par la prise de conscience de la

---

[57] Entre 1969 et 1983, 94 prêtres, religieux et laïcs ont été tués dont 13 femmes : 21 en Argentine, 4 en Bolivie, 11 au Brésil, 4 au Chili, 1 en Colombie, 23 au Salvador et 30 au Guatemala.
[58] Officiellement, il est mort, le 4 août 1976, d'un accident de la route.

situation d'oppression, par la volonté de se redresser, de se mettre ensemble, de combattre pour plus de justice et... par la charité aussi : organisation de collectes, redistribution de nourriture aux plus démunis. Toute la dynamique de la libération passait par l'histoire de l'Exode comme *Mise en marche du peuple de Dieu*. Nous apprenions à travailler à partir de cette approche pastorale repérant que, comme du temps des hébreux, le joug qui opprimait le peuple était à la fois politique, économique, social et même religieux. La bible des communautés latino-américaines[59] aidait à décoder les processus complexes des rapports maître-esclave. Faire *prendre conscience* aux pauvres qu'ils étaient pauvres serait la première, difficile et incontournable étape ! Nous savions que nous aurions beaucoup de mal à faire accepter aux gens l'idée qu'ils étaient opprimés. Certains la refuseraient absolument car voir cette vérité en face leur serait insupportable. Pour sortir un peuple de l'esclavage, il faut d'abord lui ouvrir les yeux, le *conscientiser*. Un gros livre d'animation mettait en évidence les critères objectifs d'aliénation. On partait de la nourriture puis de l'habitat ; on réfléchissait ensuite sur la place et le rôle des militaires qui apparaissaient à tous comme les oppresseurs : qui paie les militaires, d'où vient l'argent ? La conclusion s'imposait : « *Cet argent qu'on vous soutire sert à les payer ; votre misère sert à enrichir les riches qui vous oppriment, en se servant des militaires.* »

Le livre de l'Exode devenait ainsi un véritable modèle politique. Les juifs n'étaient pas sortis de l'esclavage par n'importe quel moyen. Ils s'étaient organisés pour se libérer et tout le texte faisait *signe* : la marque du sang sur les montants et le linteau de la porte montrait l'enjeu de la préparation ; les réunions donnaient des leçons pour apprendre à se mettre en route, sous la bannière de chefs, à la fois charismatiques et bons stratèges ; le repas pris *reins ceints, sandales aux pieds, bâton à la main* indiquait l'importance de prendre des forces pour se préparer à la traversée de la mer puis du désert. Nous devions trouver ces forces dans l'approfondissement de notre foi, persuadés que le Christ nous aimait et qu'il avait pris, lui aussi, une option privilégiée pour les pauvres : « *Il*

---

[59] Dans la traduction de Bernardo Hurault avec ses fameuses notes qui choquaient tant la DINA.

est notre Dieu et Il veut qu'on soit son peuple ! Par conséquent, vous, dans cette dynamique, vous n'êtes plus des esclaves, vous êtes les élus. » La lecture de la Bible n'était pas que sociale ou révolutionnaire, c'était une authentique *théologie* qui conjuguait libération humaine et foi car tout était politique, tout était économique, tout était religieux.

On lisait le texte sacré dans sa globalité, dans ses trois aspects : le texte lui-même, le contexte dans lequel il avait été écrit et était lu et le prétexte ou le *pré-texte* qui donnait des indications sur ce que l'on allait faire du texte. Si on omettait le contexte, la lecture devenait purement spirituelle et éthérée ; si on enlevait le *pré-texte*, la lecture ne donnait pas une dynamique et n'appelait pas à changer les choses ; si on ôtait le texte, on pouvait faire une analyse simplement politique de la situation mais celle-ci ne prenait pas en compte la foi comme dynamique du changement. Recherchée par les militaires, la Bible n'en prenait que plus de prix et servait non seulement de repère mais d'arme de combat. On en découperait de petites phrases, on les écrirait sur des panneaux et, quand on irait manifester dans la rue, on les dresserait à bout de bras, le plus haut possible.

Inculturer *l'Évangile*

Je mesure le lavage de cerveau dont, au cours de ce long psychodrame d'un mois, nous avons été, d'une certaine façon, victimes. Les célébrations de pénitence au cours desquelles il nous était demandé de battre notre coulpe et de reconnaître en public nos fautes étaient un peu *limite*. Sans nous en rendre compte, nous approchions-nous des grandes confessions exigées des ennemis du peuple ? Sans doute pas car tous ces aveux étaient vécus fraternellement mais il me revient en mémoire ce cri d'un des participants, dressé debout comme un diable et déclarant : « *Mais alors, tout ce que j'ai fait pendant vingt-cinq ans, cela ne vaut donc rien !* » Il arriva que d'autres se mettent à pleurer ; et, pendant le séjour, un brave prêtre a carrément *pété les plombs,* jusqu'à l'hospitalisation. Quelques rares participants questionnaient et récusaient cette analyse trop manichéenne avec, d'un côté les bons et de l'autre les mauvais, les pauvres et les riches, les saints et les exclus : cette problématique, protestaient-ils, ne crée-t-elle pas, en définitive, de l'exclusion ? Il leur était répondu que, question exclusion, les champions n'étaient pas ceux auxquels on pensait.

A cette époque-là, cette façon de voir le monde et de se remettre en question ne me choquait pas trop ; et, comme d'habitude, au cours de ce mois, je fus partagé. J'avais déjà été au contact de confrères bien plus radicaux que moi et j'étais ouvert à toute cette approche. Je pris conscience que n'étant pas Chilien, j'exerçais forcément du pouvoir sur des Chiliens ! Et au nom de quoi ? Je me suis senti interpellé en profondeur sur ma position dans l'Église de ce pays. J'étais une sorte de vicaire général pour les jeunes à Santiago, bras droit de l'évêque pour la pastorale des jeunes mais, en réalité, je n'étais qu'un étranger. Je vivais dans un bidonville mais je n'étais pas pauvre ; j'étais riche de mes études, de ma famille, de ma culture ! Quelle parole de vérité pouvais-je prononcer ? Et au nom de quelle autorité ?

J'avais pourtant du mal à faire le grand plongeon révolutionnaire. J'avais conscience du caractère excessif de ces leçons et je mesurais que nous étions, nous aussi, sous le *pouvoir* quelque peu oppressant de ces *théologues des pauvres* qui nous enseignaient[60]. Et, par nature, j'ai toujours conservé une certaine distance par rapport à tout fanatisme. John qui, comme moi, vivait dans une *población* de Santiago, m'a aidé à porter un regard un peu lucide sur ce que nous vivions. De temps en temps, le soir, cet artiste me disait : « *Viens, on va aller en ville et respirer !* » On n'hésitait pas, nous non plus, à entrer dans un café pour com-

---

[60] Une fois la théologie de la libération remise en question par Rome que sont devenus ces prophètes ?
Après une rencontre avec le cardinal Ratzinger, Leornado Boff devra en 1985 se soumettre à l'ex Saint-Office qui le condamna au silence et à la privation de toutes ses charges. Il quittera le ministère et son ordre en 1992 pour s'engager dans un service d'aide aux mères et enfants des rues.
Gustavo Guttierez, obligé de *réviser* ses œuvres, deviendra prêtre dominicain, pour continuer à écrire et se mettre en partie à l'abri des foudres romaines.
En Amérique latine, les nonces s'invitèrent bientôt aux réunions des évêques ; ils intervinrent dans les évêchés et dans les conférences épiscopales. N'encourageant pas les communautés ecclésiales de base, ils appelèrent à revenir à la pratique sacramentelle et dévotionnelle. Au Chili, le cardinal Sodano, Secrétaire d'État aujourd'hui, veillera au grain. Les évêques libérationnistes seront souvent interdits de déplacements.

mander un Bloody Mary et, en sirotant notre cocktail, on reprenait tout ce qu'on avait travaillé pendant la journée et on se posait des questions à partir d'autres points de vue, notamment esthétiques : « *Que font-ils du beau ?* » La beauté est-elle pauvre ou riche ? Le bon sens irlandais de John se mêlait au mien plus terrien et, à deux, nous tentions de faire le tri dans toute cette marmite à idées et de prendre ce qui nous convenait.

Personnellement, j'étais interpellé par une autre question, celle de la lecture de la Bible. Le Livre sacré était-il *réservé* aux pauvres ? Peut-être pensions-nous, de façon un peu primaire, que les riches, se satisfaisant des messes, s'enfermaient dans des rituels et ne lisaient pas autant la Bible que les pauvres. Cette instrumentation, sûrement efficace pour l'action, m'apparaissait par trop simpliste. Ce fut peut-être cela, le grain de sable qui, pour ma part, grippa cette belle machine à penser et à fabriquer de la libération. Cette séparation des chrétiens en deux mondes, radicalement différents et franchement antagonistes, m'était finalement difficilement supportable.

A la fin du séjour, je finis par intégrer quelques certitudes : même si, depuis mon arrivée au Chili, j'avais vécu l'*inculturation*, même si je connaissais bien les dictons, l'argot, le langage populaire, même si ma présence était plutôt bien acceptée, je resterai un étranger dans ce pays ; je ne ressemblerai jamais à un indien Mapuche, quand bien même vivrais-je à ses côtés, pendant vingt ans, dans la même *población*. Je devais assumer le fait d'être *autre,* avec mon éducation, ma culture, mes différences et de ne jamais être complètement un *pauvre*. Bien conscient de ces limites, il me fallait continuer à m'efforcer *d'inculturer* l'Évangile et d'évangéliser la culture. J'essaierai d'être un parmi eux et de conquérir une légitimité là où je serai !

Devais-je aller plus loin ? Parmi tous mes amis étrangers, religieux, qui se sont mis en politique, beaucoup ont abandonné le sacerdoce et sont repartis chez eux. Quant à certains prêtres chiliens, entrés *en pauvreté,* ils en sont parfois sortis, en faisant un virage bizarre à 180° vers un certain traditionalisme d'Église que je n'ai pas toujours bien compris. Ils avaient voulu vivre l'insertion *maximale* avec les pauvres et, un beau jour, on les a retrouvés dans le Barrio Alto, curés des quartiers chics de Santiago. D'autres ont pris le risque de dire des paroles *fortes* mais le paradoxe fut qu'ils étaient souvent d'origine aisée. Ces prêtres, dits d'avant-garde, parce qu'ils étaient Chiliens et avaient des appuis familiaux très puissants, étaient intouchables alors que ceux qui étaient d'un milieu plus populaire ne s'autorisaient pas à parler si haut. Fallait-il avoir des origines riches pour oser dénoncer la richesse ? La parole était-elle un luxe inné ?

En ce qui me concerne, il m'est arrivé d'entendre siffler à mes oreilles les sirènes du politique. Des prêtres ou des laïcs sont venus me demander, *d'être cohérent jusqu'au bout, jusqu'aux dernières conséquences* mais j'ai toujours été mis en garde ; si je n'ai pas fait le saut, je le dois à mes origines et à ma culture terriennes, aux conseils de prudence de mes pères, Don Enrique et l'archevêque, et enfin aux responsabilités de pasteur que j'assumais. *L'ultime conséquence* n'était pas de consacrer ma vie à un parti, ni même à un ordre religieux ou à une hiérarchie, c'était bien de prendre une option fondamentale pour les pauvres et j'ai toujours essayé, comme j'ai pu, de maintenir ce cap.

L'Église locale m'a paru une valeur plus forte que la justice poussée jusqu'à la lutte armée. J'ai toujours été fidèle à cette Église-là, tissant des amitiés avec les prêtres, les jésuites, l'évêque et tout le réseau d'amis avec lequel on réfléchissait. Du coup, quand j'entendais siffler une autre sirène aussi pernicieuse qui me disait : « *En fais-tu assez ?* » j'étais persuadé que les changements de société, ce n'était pas à moi, un étranger, de les provoquer mais aux prêtres locaux et aux laïcs ; il fallait que je sois simplement dans la mouvance, avec eux. Dans la grande problématique du changement sociétal, je n'avais pas à être leader ; je le serai déjà suffisamment avec mes différentes fonctions d'Église. Déjà, à *Taillis Bourderie*, j'avais toujours été quelque peu en marge des aspects politiques ou sociaux franco-français et, comme *étranger,* il y avait des choses que je ne m'autorisais pas à faire. En revanche, comme prêtre, j'avais une totale légitimité. Mon vrai pays, ma terre, c'était l'Église où nous étions tous frères, partout ailleurs, j'étais exilé. Dans l'Église, je n'étais pas étranger, et à partir de ce territoire, c'était mon devoir de parler, de dire la justice, la paix.

Dans l'avion qui me ramenait à Santiago, je gardai de ce mois d'échanges le souvenir d'une ambiance fraternelle. Nous avions travaillé *en profondeur* et creusé *large,* au niveau des problèmes de toute l'Amérique latine et des Caraïbes et si toute la démarche ne m'avait pas convaincu, j'étais reconnaissant du fait que nous avions cherché ensemble, à la lumière de l'Évangile, des stratégies libératrices. A ce moment précis de mon parcours, j'étais décidé à aller plus loin dans mon engagement. L'approche, sans concession ni nuance, que j'avais entendue m'avait marqué et déstabilisé et je voulais appréhender la réalité chilienne d'une autre façon, en radicalisant ma présence. A Santiago, je vivais bien ma mission mais je sentais que, dans mes actions auprès des jeunes, je m'étais donné de l'importance. Sorte de grand chef de la jeunesse chrétienne, j'avais été trop mis en avant par la hiérarchie elle-même ; il fallait me défaire de *mon* pouvoir, cheminer avec les gens, les mettre eux en avant et me placer moi en retrait.

Par ailleurs, je ne pouvais me contenter d'un discours abstrait et idéologique comme celui que j'avais trop souvent entendu qui découpait et séparait riches et pauvres. Je savais que la réalité était autre, que la société n'était pas faite comme cela et - qu'on le veuille ou non - la vie mêlait ces deux mondes. Je me disais qu'on pouvait indéfiniment parler des riches, entre nous, mais que pour faire avancer les choses, il fallait oser et prendre le risque de la rencontre concrète. Il me restait donc à sortir de ma *población* pour aller voir leurs visages. Je n'avais pas la prétention de les faire changer, je voulais saisir les mécanismes qui faisaient qu'ils opprimaient ; je voulais comprendre aussi quel était le mode d'expression de leur foi. Après tout, l'option préférentielle pour les pauvres était le devoir de toute l'Église, de tous les chrétiens et même des riches. Même si ma décision allait exiger de me tenir en équilibre sur un fil pour ne pas tomber, je souhaitais changer de mission et ouvrir un autre champ d'expérience. Entreprenant cette démarche, j'avais bien le sentiment de m'éloigner quelque peu de l'idéologie de Caxias do Sul qui y verrait une façon de pactiser avec l'ennemi.

7

La Mercedes blanche

J'avais profité de mon séjour à Caxias do Sul, pour changer d'apparence ; je m'étais laissé pousser la moustache, et pas discrètement ; carrément, à la Napoléon III ! Était-ce pour signifier que je n'étais plus le même homme ? A la longue, je m'aperçus qu'en la frisant, je saurai lui donner des expressions particulières : la relever signifierait que j'étais de bonne humeur, la rabaisser dirait à quel point j'étais de mauvais poil. Pendant mon absence de Santiago, il n'y avait pas que mon look qui avait changé, j'observai les modifications survenues dans les *poblaciones*. Deux nouveaux prêtres Mill Hill avaient rejoint Pudahuel ainsi que deux jeunes femmes, laïques, associées à notre congrégation. Tout ce petit monde s'était redistribué dans différentes maisons. Je dialoguai avec mes frères et leur fis part de ma décision ; ils m'encouragèrent dans mon choix. Très vite, je demandai à rencontrer Don Enrique et lui rendis compte de mon stage. Je lui expliquai qu'à Caxias do Sul, on avait beaucoup travaillé sur les mécanismes politiques et économiques qui étaient des *machines à fabriquer du pauvre* mais qu'étrangement ma demande de changement ne visait pas à me mettre encore plus à fond dans une dynamique de gauche mais à essayer de comprendre par moi-même ce qui se passait dans la réalité : on parle des riches, comme des pires oppresseurs, on parle des pauvres comme des victimes, j'aimerai vivre cette confrontation et entrer en contact avec les deux mondes. Pour que l'option *pour les pauvres* soit plus cohérente, je voulais être plus proche des gens, plus *inculturé* encore dans la société chilienne. Comme à son habitude, l'évêque m'écouta attentivement. Et, pour mettre en application ce que je désirais, il me proposa d'exercer un ministère dans la zone Rural Costa. Auparavant, il me demanda de passer mes consignes à Espéranza, une religieuse espagnole qui reprendrait la mission auprès des jeunes. Le relais se fit facilement avec cette femme efficace et brillante.

Curé de campagne

Je me mis rapidement en contact avec le vicaire épiscopal de la zone. Celui-ci habitait à Melipilla, petite ville nichée dans la Cordillère de la mer, et était chargé de toute la région depuis les faubourgs de Santiago, jusqu'à San Antonio, sur la côte. Je visitai avec lui plusieurs paroisses disponibles et il me laissa le choix. Je proposai le groupement paroissial de Puange et Cuncumen[61] et je m'installai dans le presbytère de Puange, à soixante kilomètres de la capitale, au cœur de collines verdoyantes. Le village avait l'avantage d'être situé au bord de la route goudronnée qui menait de la côte à Santiago, ce qui me permettrait de rejoindre ma communauté, sans trop de difficultés. J'avais acquis une moto, 180 cm³ cube, qui faciliterait mes allées et venues vers la capitale.

En septembre 1980, je changeai donc de décor et m'installai curé de campagne, dans une paroisse construite grâce à la générosité d'un ancien ambassadeur d'Espagne. Sa fille habitait encore le village et logeait dans une superbe maison avec un toit en cuivre qui brillait au soleil. Loin de la pollution de Santiago, je pouvais, de la fenêtre de mon presbytère, admirer une petite rivière qui coulait dans la vallée et la petite église pimpante, blanchie à la chaux. La maison, plus grande que celle que j'avais habitée dans la *población*, était construite en pisé ; si elle n'était guère plus confortable, elle avait le mérite d'être équipée et je n'eus pas à acheter de meubles. Elle trônait au milieu d'un jardin couvert d'arbres fruitiers ; un système d'irrigation avec des vannes permettait de produire des légumes en abondance. Retrouvant mes instincts de cultivateur, j'eus le plaisir de travailler la terre et, au printemps, de charger, sur le porte-bagages de ma moto, des cagettes de tomates que je livrai à mes camarades de Pudahuel. Je me souviens d'avoir

---

[61] De Puange, on atteignait Cuncumen, distant de 15 kilomètres, par des chemins de terre. En 1984, le village subira un tremblement de terre, et sera presque totalement détruit.

accueilli deux cars remplis d'agents pastoraux, en route vers la côte ; en quelques minutes, ils envahirent le verger, les pruniers furent vite secoués et ce fut la razzia. L'évêque lui-même et ses vicaires épiscopaux s'arrêtaient aussi quand ils allaient à Punta de Tralca et je me tenais informé de la vie de l'Église.

Trois religieuses chiliennes de la congrégation de Notre Dame de Lourdes, assez âgées, habitaient à Cuncumen. Elles animaient les communautés rurales et, avec leur camionnette, sillonnaient la région ; elles s'occupaient aussi du catéchisme et des équipes de santé sur toute la paroisse. Une fois par semaine, nous nous retrouvions pour célébrer la messe, chez moi ou chez elles, et on se mettait d'accord sur le programme de la semaine. Je remplaçais un prêtre - disons - riche en traditions. Le jour de mon arrivée, le 13 septembre, le drapeau national était dressé sur le toit de l'église, en l'honneur de la *reprise en mains* du pays et dans le bureau du presbytère, au dessus du fauteuil, trônait la photo de la junte militaire. Mon premier acte fut d'éliminer ces deux marques de nationalisme, un peu voyantes à mon goût. Lorsque l'ancien curé revint pour signer les registres, il me fit comme un reproche : « *Vous avez retiré nos gouvernants* ». Je lui répondis humblement : « *Oh, vous savez, je ne fais pas de politique.* » A dire vrai, le vicaire épiscopal était content que ce brave augustinien de soixante ans, qui avait la réputation de passer une bonne partie de son temps avec les grands propriétaires, soit remplacé par un homme plus jeune.

La première messe est toujours, pour un prêtre, un moment privilégié de contact et, d'une certaine façon, il se doit de ne pas la rater. Le dimanche arriva et, si je n'étais pas particulièrement stressé, j'avais hâte de connaître ces hommes et ces femmes, mes paroissiens. Dans l'église, je découvris, sur la gauche, les bancs des propriétaires terriens et de l'autre côté, mais un peu en arrière, ceux des *peones*, les travailleurs de la terre ; sur le côté du choeur, près de l'autel, deux chaises accueillaient les bienfaiteurs de l'église. Pour ne pas prêcher dans le chœur et éviter d'avoir ces personnalités en permanence sous les yeux, j'arpentai l'allée centrale de l'église, ce qui me permit de m'adresser à *tous* mes paroissiens. Le hasard voulut que le premier évangile que j'eus à commenter proclamait : *Malheur à vous, les riches...* ! Mon homélie porta sur ce texte, bien sûr, et je parlai avec sincérité, en faisant, malgré tout, un peu attention. Je me fis reprendre, néanmoins, par un des propriétaires qui me lança à la sortie de l'église : « *Alors, père, pour nous, il n'y a donc pas de salut !* » Avant que je ne réponde, il rajouta : « *Venez donc, demain, dîner chez nous et on reparlera de tout cela !* » C'est volontiers que je me suis rendu à cette invitation ; j'ai d'ailleurs trouvé cette famille distinguée et plutôt ouverte. Néanmoins, ce qui m'importait avant tout, c'était de rencontrer les gens du village. Très rapidement, j'arpentai les rues et, partout, je fus accueilli généreusement, trop bien accueilli même, car dans chaque famille, il fallait manger. Au début de l'après-midi, ça allait mais, en fin de soirée, je me sentais un peu lourd.

La situation sociale que je rencontrais n'était pas très brillante. La réforme agraire qui eut été une façon de libérer les hommes, sans les enfermer dans une approche trop communautaire, pour ne pas dire communiste, n'avait pas fonctionné et les paysans, qui avaient reçu des terres, les avaient revendues aux mêmes anciens propriétaires pour redevenir leurs salariés. Ce qu'ils avaient gagné, avec la révolution, ils l'avaient perdu pour revenir à la situation antérieure à leur libération. C'était une régression totale et cela me fâchait. Quand je pouvais organiser des réunions de jeunes adultes, j'essayais bien de poser ce problème social mais je me sentais impuissant. Il n'y avait jamais eu beaucoup de leaders dans ces campagnes et, comme la répression ne s'était pas exercée qu'en ville, les rares qui existaient avaient été expulsés, emprisonnés ou réduits au silence ; et pour former de nouveaux leaders, il faut du temps ! Contrairement à ce qui se passait dans les *poblaciones*, les groupes de jeunes avaient du mal à se constituer ; les garçons, dés quatorze ans, étaient embauchés par leurs pères pour travailler la terre et quittaient l'école. Et les filles, tenues par leurs mères, n'étaient pas libres de leurs mouvements.

Nombre de paysans sans terre et sans maison étaient contraints de se regrouper dans des *campamentos*, sortes de bidonvilles que j'avais bien connus dans les banlieues de Santiago. Il y en avait un à côté de Puange qui abritait environ une centaine de personnes. J'y allais régulièrement pour aider à vivre cette petite communauté, en organisant le soutien scolaire aux enfants et la soupe populaire. Les sœurs étaient présentes, elles aussi ; elles animaient un atelier de couture et un jardin d'éveil pour les tout-petits. Un assistant technique de Melipilla venait parfois aider les femmes à reconnaître les plantes médicinales et à les faire pousser.

Certains paysans s'étaient malgré tout constitués en coopératives agricoles mais le fonctionnement n'en était pas idéal. Toute réunion, de plus de trois personnes, nécessitait une demande d'autorisation ; la présence des militaires, même si elle n'était pas très voyante, était bien présente et on se savait épiés. Dès les premiers jours, je fus mis, malgré moi, au cœur d'un conflit. Le syndicat des *peones* me demanda si les adhérents pouvaient se réunir dans la salle paroissiale[62] ; je donnais bien évidemment mon accord. Le lendemain, j'étais convoqué chez mon voisin, un riche propriétaire : « *Père, nous avions interdit la tenue d'une réunion mais vous avez accepté que celle-ci se déroule dans la paroisse ; nous ne pouvons accepter cette décision* ! » Je lui répondis : « *Si, vous, propriétaires, vous avez besoin d'une salle, celle-ci vous sera offerte bien volontiers. Je ne fais pas de différence entre les personnes. Je ne peux refuser au syndicat la possibilité de se réunir puisque, vous-mêmes, vous ne leur donnez pas de salle* ! » «*Eh bien*, me dit-il en me quittant, *soyez sûr que nous en référerons à vos supérieurs* ». Quelques jours plus tard, j'étais effectivement convoqué par le vicaire épiscopal qui me demandera de m'expliquer mais en définitive ne condamnera pas ma décision.

Riches et pauvres

Je n'ai rencontré qu'une famille de petits paysans qui avait tiré partie intelligemment de cette évolution. Le père, Romero, était devenu producteur de tomates ; propriétaire de sa terre, il avait construit sa maison ; une de ses filles était devenue infirmière et une autre faisait le catéchisme. Cette famille, véritable réussite de la réforme agraire, était pour moi modèle de ce qu'aurait pu être toute la région si beaucoup de gens comme eux s'étaient pris en main. Ce qui me rendait ces gens encore plus proches, je l'avoue, c'est que tous étaient passionnés de chevaux ! Le père faisait partie des *Huasos*, cavaliers traditionnels dont le jeu, lors de corridas,

---

[62] Dans les paroisses, les réunions étaient considérées comme des rencontres religieuses donc autorisées.

était de coincer de jeunes bovins contre les parois d'arènes, construites en demi-lune. Tandis qu'un des chevaux bloquait l'animal avec son encolure, l'autre le poussait par derrière pour l'immobiliser. Ce spectacle pacifique était extrêmement prisé ; un jury accordait des points aux cavaliers, en fonction de la rapidité et de l'agilité avec lesquelles ils arrivaient à dominer l'animal. Je crois que j'aurais aimé être compétiteur moi-même mais ce n'était pas ma place, malheureusement. Je m'autorisai seulement, avant une compétition, à entrer à cheval dans l'arène pour la bénir, et ce devant tous les spectateurs. Je ne sais pas si, debout sur ma monture, je m'étais frisé la moustache mais elle devait être levée et triomphante.

Une de mes satisfactions personnelles était donc de refaire du cheval. On m'avait prêté un bel animal et je n'hésitais pas à chevaucher, en pleine liberté, pour aller voir mes paroissiens. Ils habitaient dans des maisons qui se ressemblaient toutes : on franchissait une entrée, décorée d'une vigne ; on montait cinq ou six marches, élevées pour se prémunir contre une inondation potentielle, et on rentrait dans la salle commune, entourée d'une chambre de chaque côté. En général, plus pauvres que les habitants des *poblaciones*, les paysans avaient quelques avantages en nature ; ils avaient droit de posséder une vachette qui broutait sur le terrain du propriétaire ; ils avaient l'usufruit d'un hectare de terre que le patron changeait tous les ans, pour en garder le contrôle et éviter qu'ils ne s'approprient le terrain. Avec quelques lapins et des poulets, ils ne mourraient pas de faim. En revanche, ils ne recevaient qu'un salaire de misère et cette somme dérisoire ne leur permettait pas d'acheter des vêtements ou des chaussures aux enfants, ni même de payer régulièrement les tickets de bus. Ils n'étaient propriétaires d'aucun bien et, le jour où le patron vendait la terre, ils étaient expulsés, devenant travailleurs saisonniers, bons pour rejoindre un *campamento* de village, ou pour s'exiler dans un autre, à Santiago ou Valparaiso. Si l'un d'entre eux mourrait ou déplaisait au patron, il n'était pas remplacé ; la famille devait partir, la maison était rasée et un tracteur passait pour labourer le terrain. Cette épée de Damoclès, en permanence suspendue au-dessus de leur tête, engendrant fragilité et injustice, coupait toute envie de se réunir et de constituer un syndicat.

Je célébrais des messes, alternativement, dans des fermes ou sur le perron des familles riches. Dans les maisons les plus nobles, certaines terrasses s'ouvraient en effet sur une chapelle privée. Les propriétaires assistaient à l'office à l'intérieur, tandis que les ouvriers se tenaient à l'extérieur. Je continuais ainsi la tradition et, en même temps, j'observais la capacité que les riches avaient de tisser des relations à la fois subtiles et troubles avec leurs employés. Les femmes travaillaient comme lavandières ou cuisinières et les hommes comme journaliers sur les terres. Tous étaient mal payés mais en donnant des vêtements ou des meubles, en s'offrant pour être les parrains des enfants, en aidant l'un ou l'autre des fils à étudier à la ville, les maîtres savaient s'attacher l'affection de tous ces gens qui étaient à leur service. Et les pauvres flattés, voyaient dans ces gestes des témoignages de gentillesse et d'attention à leurs égards. La dépendance était totale : « *Ah, madame, elle est tellement gentille avec moi !* » *Merci, not'seigneur, merci not'bon maître,* comme dit la chanson.

Le système si bien décrit à Caxias do Sul, fonctionnait à plein. Conscientiser, dénoncer ce processus aurait été un bel objectif mais cette culture d'oppression remontait à la colonisation espagnole et il était très difficile de mettre le doigt sur toutes ces aliénations. Timidement, j'ai essayé d'organiser des réunions auprès de petits groupes d'ouvriers agricoles pour réfléchir sur les situations concrètes qui étaient les leurs mais il fallait faire cette éducation avec beaucoup de précaution : on était observé, on savait que des *sapos,* crapauds, croassaient et rapportaient nos faits et gestes. Le chemin était très étroit entre le fait d'accepter la réalité, parce qu'elle était fruit de la tradition, et le fait de prononcer une parole prophétique qui la fasse bouger, au risque de faire tomber le feu de la colère sur soi et sur ces pauvres gens.

Dans mes rapports avec les propriétaires terriens, je ne cherchais jamais à jouer à l'agent provocateur car c'eut été contreproductif. En revanche, j'essayais de rester moi-même, le plus vrai possible, en soulignant mon option pastorale. Le jour, par exemple, où je fus invité, dans la demeure de l'ambassadeur, sa fille me reçut dans la grande salle à manger ; nous n'étions que tous les deux et, comme dans les films, elle m'indiqua ma place, au bout d'une longue table, tandis qu'elle s'installa de l'autre côté. Le maître d'hôtel, vêtu de blanc et cravaté comme il se doit, arriva avec la soupière. Or l'homme était membre du conseil paroissial et je le connaissais bien ; je me levai d'instinct pour le saluer et lui faire l'accolade à la chilienne. Face à cette rupture grave des conventions, je sentis peser sur moi le jugement de la dame qui me fit les gros yeux et, dans le regard de mon ami, je perçus un mélange de malaise et d'émotion. Pendant ce séjour, j'ai bien compris comment se construisait la dépendance des pauvres envers les riches et comment ces derniers, intelligemment, arrivaient à tout tenir en main, sans forcer leur talent ; je n'ai trouvé en revanche, ni les moyens d'accompagner les premiers en les aidant à se libérer, ni la façon d'aider les seconds à analyser la situation d'oppression qu'avec le temps ils avaient échafaudée. Lorsque, avec eux, je tentais cette réflexion, je me faisais toujours envoyer sur les roses : « *Mais monsieur le curé, on a toujours fait comme cela, ici dans ce pays ! Vous, vous êtes européen, vous ne pouvez pas comprendre ! Ne vous occupez pas de nos traditions mais plutôt de votre mission !* » Faisant état des évènements, encore bien présents dans les mémoires, ils répétaient sans cesse : « *N'acceptons pas que se reconstituent les syndicats, cela a toujours été une source de problèmes. On ne veut pas de cela dans la région.* » Même les jeunes, les plus positifs, ceux qui avaient fait des études à l'université soupiraient : « *On a évité le communisme, c'est un bon point ! Il faudrait maintenant qu'on revienne à la démocratie ; nous sommes dans une étape de transition, il faut que cela se passe !* » Tous me faisaient clairement comprendre que réfléchir sur la situation actuelle n'était pas mes oignons et, à la longue, je finissais par me demander quelles étaient ma place et ma parole dans ce village ?

Lors des cérémonies religieuses, c'était là, sur ce territoire, que j'étais le plus libre même si je devais encore mesurer le poids de mes mots. Dans ces moments, une frêle espérance passait ; les pauvres se reconnaissaient : « *Il est plutôt des nôtres !* » devaient-ils se dire. Quant aux plus ouverts des riches, ils gardaient vis-à-vis de cette parole une grande déférence comme si elle leur servait de poil à gratter. Ceux que je gênais trop avaient depuis longtemps déserté l'église du village et allaient assister à la messe dans le collège de l'Opus Dei où ils avaient placé leurs enfants. D'ailleurs, pendant les vacances, la coutume voulait que ces têtes brunes, les plus observantes, vinssent à l'église, sur le coup de dix heures, quémander la communion, comme cela en passant. Je leur répondais qu'il n'en était pas question. « *Mais pourtant, père, au collège pendant la récréation, on a le droit de communier !* »

Au début de ma mission, j'espérais que, lors des réunions du vicariat rural, on tiendrait une parole forte et que l'option pour les pauvres serait partagée, au moins par la majorité d'entre eux ; en réalité, j'aurais voulu retrouver l'ambiance et l'esprit que j'avais connus dans la zone ouest. Or, cette situation sociale qui m'interpellait, mes confrères s'en accommodaient très bien et les rencontres de zone, rares il est vrai, n'étaient pas l'occasion de véritables échanges. Beaucoup avaient vécu le coup d'État ; ils avaient apprécié le changement politique et, jamais, ils ne me considérèrent comme un des leurs. Etiqueté comme *rouge*, je ne reçus aucune aide de leur part pour mener des actions concertées. Ces hommes me semblaient d'ailleurs plus préoccupés de tirer parti de ce que les riches feraient pour eux - aider à remplacer les pneus de leur voiture - que de faire une réflexion sur la situation politique et économique de leurs fidèles. Ils étaient, comme les *peones*, achetés et dépendants de gestes généreux.

La théologie de la libération n'était pas, c'est le moins qu'on puisse dire, la problématique du vicaire épiscopal. En revanche, il était sensible à la religiosité populaire qui, elle, ne questionnait en rien le système. D'ailleurs les grands propriétaires, eux aussi, étaient très bienveillants à ces modes d'expression. Ils acceptaient volontiers que tous leurs gens, le 8 décembre, jour de la fête de l'Immaculée Conception, se rendent à la procession de Notre-Dame du Carmen, à Lo Vasquez, mi-chemin entre Valaparaiso et Santiago ; ils les libéraient même deux jours pour qu'ils marchent en pèlerinage, de façon à payer leurs *mandas*, promesses faites à la Vierge. Et des *mandas*, les pauvres en prononçaient souvent, que ce soit pour demander la guérison de leur fille ou faire tomber la pluie. Je me souviens d'une famille qui avait promis, si tel ou tel vœu se réalisait, d'habiller leur gamine en Santa Rosa de Lima ou en Santa Rita de Cacia, le jour de sa première communion. Le jour de la fête, le père était venu me voir, avec sa fille et une grande boite. « *On a acheté les habits mais ma femme ne sait pas comment on les met !* » Je lui ai répondu que moi non plus je n'avais jamais habillé une petite bonne sœur et qu'il devrait se débrouiller tout seul. Cette religiosité me paraissait excessive mais je ne la rejetais pas fondamentalement. J'essayais de rentrer à l'intérieur et d'en tirer des richesses : le jour de Noël, ce moment de fête fantastique, avec ses chants populaires ou le dimanche après Pâques, consacré à la visite des malades, lorsqu'à cheval les membres de la communauté se rendaient à leur chevet. En revanche, quand leurs demandes m'agaçaient trop, courageusement, je fuyais. Je ne faisais pas de processions, laissant les sœurs les faire à ma place et prétextais la tenue d'une réunion, quelque part ailleurs ; je ne participais guère aux bénédictions de maison ni surtout à la chasse aux Esprits mauvais. Les religieuses, quant à elles, croyaient très fort à la puissance de la sorcellerie et elles essayaient de me faire peur : « *Surtout n'allez pas manger de la soupe* [63] *chez une telle, me disaient-elles, elle va vous jeter un sort* ! » Comme dans la *población*, mon statut d'étranger et le fait que je sois jeune poussaient l'une ou l'autre à *tirar el dulce*, proposer leurs douceurs. Les religieuses connaissaient le manège ; elles avaient bien repéré que certaines femmes couraient après le jeune homme moustachu que j'étais à l'époque. Alors, sur leurs conseils, j'avais fini par me méfier et par ne pas accepter de manger chez n'importe qui et surtout n'importe quoi.

Je continuais à m'appliquer à connaître la langue, les dictons, les histoires locales, les chants et, au fil des jours, en vivant la situation concrète des villageois, je devenais un peu moins étranger, un peu plus Chilien. Au point de vue communautaire en revanche, le résultat était maigre et frustrant. Le fait de ne pas partager, avec mes confrères, les mêmes idées, ne m'avait pas trop pesé au début car l'enthousiasme des changements aide toujours à chercher de nouveaux repères ; mais au fur et à mesure des mois qui passaient, cela devenait insupportable. Très vite cet isolement me fit ressentir la solitude, sentiment qui aura toujours été, au long de ma vie, un handicap ; j'en venais presque à désirer une aventure sentimentale pour rompre cette souffrance. Si dans mon presbytère, je recevais le plus de monde possible, je me rendais compte que je vivais un combat dans un monde finalement hostile et, pour la

---

[63] Une rumeur disait que certaines jeunes femmes, pour séduire leur proie et se faire aimer, jetaient leurs menstrues dans le potage.

première fois depuis mon arrivée au Chili, je me retrouvais en porte à faux, n'ayant plus la possibilité de m'épanouir, ni sur le plan pastoral, ni sur le plan personnel. Les relations que je tissais avec les gens simples étaient vraies mais limitées et, avec les gens riches, si elles étaient agréables, nos intérêts n'en étaient pas moins trop divergents. Je m'aperçus que j'avais besoin, de plus en plus souvent, de prendre ma moto et de filer à Santiago pour retrouver mes collègues Mill Hill et passer un moment avec eux.

Nouvelle vague de doutes

Après les grandes décisions prises à Caxias do Sul, je tombais donc de haut. Ce que je vivais à Puange ne correspondait pas à l'idée que je m'étais fait de ma mission et je commençais à me poser des questions sur mon avenir. Sans appui, trop seul, je n'avançais pas. Je continuais à faire mon travail de prêtre mais j'étais désemparé et même déprimé. Je n'arrivais plus à supporter la fille de l'ambassadeur qui, chaque matin ou presque, demandait à son chauffeur d'arrêter sa Mercedes blanche devant l'église ; ce dernier tenait la portière de la dame, et avec sa clef personnelle, elle ouvrait la porte de *son* église, pour y aller réciter son chapelet. Elle avait tous les droits : n'était-ce pas son père qui avait donné les fonds pour la construction ; je n'étais qu'un serviteur de plus qui devait dire la messe et être à son service. Ces matins-là, je devais avoir la moustache en berne.

Une autre chose me troublait plus que je ne voulais l'admettre : les nouveaux collègues de Mill Hill qui venaient d'arriver, Liam l'Irlandais, David de Birmingham, Raimundo de Liverpool, Alfonso du Tyrol italien menaient une vie plus libre que celle que nous avions menée, nous les anciens. Nous avions été attachés à nous insérer le plus possible dans le peuple, à manger comme lui, à nous identifier à lui. Cet enracinement, ce fait *d'être avec* ne comportait pas pour nous un simple caractère social, il correspondait à une valeur authentique, oserais-je dire, évangélique. Eux, quand ils arrivèrent, déclarèrent que toutes ces options n'étaient que balivernes. Il n'était pas question par exemple qu'ils mangent mal et qu'ils se privent de regarder la télévision. Leur priorité était avant tout d'être libres et d'avoir le maximum de moyens pour être efficaces et organiser les gens en vue de leur libération. Ils s'installèrent, donc, le mieux possible, sans que rien ne leur manque avec pour objectif la lutte et la participation concrète à un parti politique. Même si leurs options étaient plus idéologiques qu'autre chose et si, dans le concret de la vie, ils vivaient dans un confort finalement relatif, je fus surpris par l'intransigeance de leur position. David avait constitué son propre parti au sein d'un groupuscule de dissidents du parti communiste *Le Pouvoir Populaire,* avec une option dirigée vers la lutte armée et la violence ; Liam s'était glissé dans la *Gauche Chrétienne,* plus à gauche que la Démocratie Chrétienne ; Alfonso était entré dans le MIR[64], Mouvement de la gauche révolutionnaire. Aucun ne militera dans le même parti, ce qui ne sera finalement pas plus mal. Il est clair que même si l'ambiance que je retrouvais en allant les voir était fraternelle, leur vision de la mission et de la présence pastorale n'était pas la mienne. Il n'était donc pas pensable que je me réinsère au milieu d'eux.

Je trouvais d'une certaine façon plus d'équilibre et de soutien chez les jésuites ; leur approche me paraissait plus sensée et, l'espace d'un instant, j'envisageais même de rejoindre la Compagnie mais, par fidélité à mes options, je décidais de rester chez les Mill Hill. Pourtant, malgré une visite, à Puange, d'un des supérieurs du Conseil Général, je ne trouvais pas grand appui auprès de ma société missionnaire ; je ne savais pas d'ailleurs s'ils comprenaient bien quelle était la situation et les enjeux de l'Église au Chili. Pour eux, notre présence était trop marquée par la contestation et la politique ; ils étaient plus à l'aise avec l'Afrique ou même l'Asie où les actions étaient plus directement caritatives et traditionnellement missionnaires.

Je n'ai jamais eu l'habitude de regretter mes choix mais il fallut me rendre à l'évidence : cette étape de ma vie me conduisait à une impasse ; je ne voyais plus le sens de ma mission ; cela ne pouvait donc plus durer. D'ailleurs, je ne m'étais pas engagé à Puange pour un contrat à durée indéterminée et je savais que quitter la paroisse

---

[64] En 2005, Pinochet sera inculpé dans le cadre de l'*Opération Colombo* pour le massacre de 119 militants du MIR, commis en juillet 1975, présenté à l'époque comme un règlement de comptes entre opposants.

ne serait pas ressenti par le vicaire épiscopal comme un abandon de poste. Je demandais à mon évêque de venir me voir et, comme à son habitude, il répondit à cet appel. Je lui dis que je me sentais mal, que je ne voyais pas d'ouverture du côté du vicariat de la Rural Costa et que je ne me voyais pas non plus revenir dans ma *población*. Je lui signifiai que j'avais besoin de mettre à plat les expériences récentes : la secousse intellectuelle et émotionnelle du séjour à Caxias do Sul et ces neuf mois de ministère à Puange. La seule issue était que je fasse le point : il me fallait rentrer en Europe pour réfléchir à tout cela. J'ai toujours trouvé auprès de Don Enrique, compréhension et humanité ; très à l'écoute, comme à son habitude, il approuva ma proposition. Avec émotion, sur le pas de ma porte, je lui dis au revoir ; je ne savais pas, à ce moment-là, que ce serait pour la dernière fois. J'écrivis au supérieur général de ma congrégation pour l'informer que je souhaitais prendre une année sabbatique ; il accepta.

8

Vue sur la tour Montparnasse

Fin du Printemps 1980, je pris le temps d'embrasser mes parents. Ceux-ci ne se rendirent pas compte que je traversais une période ni confortable, ni propice au repos tranquille. J'assumais ma propre vie ; il me fallait y voir clair rapidement et je pris immédiatement le bateau pour aller voir mon supérieur à Londres. Il me posa la question traditionnelle : *« Que veux-tu faire ? »* J'eus envie de lui répondre : *« Si je savais ! »* Dans sa grande sagesse, il ajouta : *« Prends une année sabbatique ! »* *Oui, mais pour quoi faire ?* Nous nous quittâmes sur cette interrogation et je repartis, avec en prime, l'adresse d'une organisation en charge d'aider les prêtres et les religieuses en difficulté.

De retour en Hollande, à Utrecht, je pris rendez-vous dans ce centre. Un psychologue me reçut. La première fois, on discuta ou plutôt il m'écouta ; il me fallut exprimer mes interrogations en hollandais, dans cette langue qui n'a jamais été tout à fait la mienne, et la séance fut très difficile. La deuxième rencontre fut pire encore : toutes mes difficultés depuis l'enfance remontaient, j'avais le sentiment d'être un nœud de problèmes et de m'enfoncer dans un puits. L'idée, tout en continuant à vivre chez mes parents, de prendre un temps long pour fouiller dans mon inconscient me devint insupportable. Il fallait arrêter cette introspection qui ne débouchait que sur un vide vertigineux. A ce moment précis, je savais que Mill Hill ne pouvait rien pour moi et que je ne pouvais compter que sur mes propres forces. Au milieu du troisième entretien, au bord de la crise de nerf, j'en eus marre, j'arrêtai tout. Pour sortir de ce mal-être, je me levai, saluai mon coach et décidai d'aller de l'avant. En sortant du bureau, ma décision était prise : j'allai reprendre des études, qu'importe lesquelles !

Je débarquai à Paris ou plutôt chez Netty à Chevreuse. Même si, ce n'est pas à elle que je confiai mes grandes interrogations sur l'orientation de ma vie, son accueil et celui de son mari étaient toujours aussi chaleureux. J'appelai Olivier, mon vieux complice, et nous déjeunâmes ensemble. Au milieu du repas, il m'invita à aller voir ce qui se passait à la Catho : « *Tu pourrais suivre une année de sociologie, cela te permettrait de prendre de la distance par rapport à tout ce que tu as vécu !* » Toute idée était bonne pour sortir de l'ornière, alors pourquoi pas, la sociologie ! Quelques jours après, je rencontrai le supérieur de l'Institut d'Etudes Sociales. Le bon jésuite m'écouta : « *Dans votre cas, un an à l'IES[65] ce sera bien ; vous découvrirez des façons nouvelles d'appréhender la réalité, cela va vous enthousiasmer ; mais je vous conseille de faire une deuxième année pour devenir plus critique et puis, il faudra que vous en suiviez une troisième pour produire un écrit personnel.* » Je l'écoutai, un peu troublé par cette perspective d'engagement à long terme et conclus : « *Je signe pour un an, ensuite on verra !* » Après cette décision, le calme revint en moi ; il ne me restait plus qu'à régler les problèmes de vie pratique. Nous étions début juillet et je devais trouver un endroit pour vivre, à partir de la rentrée universitaire. Une paroisse fera l'affaire. Il n'est jamais difficile à un prêtre de se loger si, en contrepartie, il propose d'assurer quelques services. Le curé de Notre-Dame de Lourdes, dans le vingtième arrondissement, pas loin du parc des Buttes-Chaumont, m'accueillera et je prendrai mon tour, comme c'est normal, pour les célébrations.

Je passai l'été dans une paroisse du midi à La Valette-du-Var et rencontrai Patrice, un jeune danseur classique qui m'emmena avec un petit groupe sur une plage. Entre deux séances de natation, nous fîmes des exercices de développement corporel, ce qu'on appellerait aujourd'hui du stretching. Je découvrais sur le tard que toute communication ne passait pas forcément par l'intellect et que le corps était un mode d'expression spécifique. Pendant mes années d'études universitaires, je prendrai le temps de m'échapper pour pratiquer l'aviron, en ramant sur le canal de l'Ourcq.

---

[65] IES : Institut d'Etudes Sociales. Aujourd'hui : FASSE, Facultés des Sciences Sociales et Economiques.

Des études de sciences sociales

Début septembre, je revins à Paris, bronzé et la tête légère. L'IES réunissait une quarantaine d'étudiants par promotion, mélange de prêtres et de laïcs, d'hommes et de femmes venus de tous les continents et notamment d'Afrique. Dès les premières semaines, je fus en capacité de faire des liens entre le discours théorique et mon expérience. Tous les devoirs qui m'étaient demandés, en économie ou en sociologie, permettaient de repenser ma mission au Chili, à la lumière des différentes disciplines. Lecteur assidu de la bibliothèque de Beaubourg, j'y trouvais tous les livres que je voulais en espagnol et mon énergie intellectuelle restait concentrée sur l'Amérique latine. J'en apprendrai infiniment plus sur l'histoire et la politique du pays que là-bas, scotché comme je l'étais sur l'actualité immédiate.

A la fin de la première année, il me parut logique de continuer jusqu'à la maîtrise et j'en informai les autorités parisiennes et londoniennes. Je m'intéressais toujours à l'Amérique latine à travers le prisme des relations internationales ; grâce à la géopolitique, je tentais d'analyser les causes de l'émergence de tant de dictatures dans le sous-continent ; j'essayais de comprendre les rapports Nord-Sud et Est-Ouest. Je n'étais pas insensible non plus à l'ethnologie : je découvrais le structuralisme et les ouvrages de Lévi-Strauss ; je travaillais la question religieuse sous l'angle de la sociologie et de l'anthropologie et notamment des mythes. J'étais, en plus, assistant du professeur d'économie ; je corrigeai des copies d'étudiants de première année et cette fonction, si elle ne me rapportait pas d'argent, me donnait quelques crédits en plus. Sans rien demander à personne, je fus élu responsable du bureau des étudiants de la section sociologie. Avec tous les représentants de la faculté de Théologie, de l'école de traduction, de l'IES et des autres entités, nous nous retrouvions régulièrement, autour du recteur, pour gérer les problèmes de fonctionnement des différents instituts.

Je gardais quelques liens avec le Chili. Pas trop avec les paroissiens de Puange : les pauvres n'écrivent pas et les riches n'avaient guère envie d'avoir de mes nouvelles[66]. Avec l'un ou l'autre des Mill Hill, je conservai un mince fil épistolaire. Pendant mon séjour en France, j'ai longtemps espéré que Don Enrique passerait à Paris et que nous nous reverrions mais nous avions eu, devant mon presbytère de campagne, notre dernière conversation. Atteint d'une maladie grave, il mourra, emporté en quelques mois.

Noël 1981, en deuxième année, je remerciai le curé de Notre Dame de Lourdes et j'emménageai dans un immeuble du septième arrondissement. Quand, par l'escalier de service, le seul ouvert au petit personnel, j'arrivais un peu essoufflé au septième étage sans ascenseur, depuis la lucarne de ma chambre de bonne je découvrais une vue fantastique sur tous les toits de Paris et sur la tour Montparnasse, le mont des poètes. Prêtre, je représentais aux yeux de mon propriétaire une valeur sure et le confort que ce dernier m'offrait me suffisait. Avec le téléphone, une kitchenette pour préparer mes repas et recevoir, une douche et même une cheminée qui me chauffait deux fois, une première quand je montais les bûches et une deuxième quand je les brûlais, ma liberté était totale. Je vivais les charmes d'une vie estudiantine, disponible pour aller au cinéma ou au théâtre et pour tout ce qui relevait de la culture. Au milieu de jeunes, plus jeunes que moi, je cultivais des liens qui durent encore aujourd'hui, notamment avec Carole, une étudiante qui n'avait alors que dix-neuf ans. Mes amitiés féminines inquièteront souvent ceux ou plutôt celles qui m'étaient proches. Un soir, où j'avais invité cette jeune fille chez Netty, celle-ci me déclara tout de go : « *Mais enfin Kees, ouvre les yeux...* ! »

Je n'avais plus d'obligations pastorales ; le dimanche, j'assistais à la messe, rue de Sèvres, chez les jésuites, comme simple paroissien. De temps à autre, avec ma 2 CV verte, achetée en Hollande, je m'échappai pour célébrer la messe à Chevreuse et voir ma sœur. Pendant les vacances, je retournais à Tilburg auprès de mes parents ; une fois ou l'autre, j'y emmenai des amis pour leur faire découvrir les charmes du Brabant-Septentrional.

---

[66] Quand en 1984, je retournerai à Puange en simple visite, des bruits courront que le père Philippe revenait. Des lettres arriveront auprès du cardinal pour contrecarrer cette éventualité. Je pris cette information comme un *signe honorable*.

Pendant l'été, en plus du séjour à La Valette du Var, j'eus le plaisir d'aller aux USA pour découvrir ce monde qui faisait tant fantasmer mes amis chiliens, qu'ils le craignissent ou qu'ils le considèrent comme un pays de cocagne. L'occasion de ce voyage me fut donnée par une demande pour exercer des *Missions appeals*, quêtes qui permettaient à la congrégation de vivre. En compagnie d'autres prêtres, venant d'Afrique ou du Pakistan et des locaux qui travaillaient dans les hôpitaux ou les communautés noires, je fus envoyé près de New York, dans l'État du Maine. Nous partîmes à quatre missionnaires, en voiture. Nous prêchions la bonne parole, chacun en fonction de notre expérience et récoltons des dollars. J'alternais les prêches, tantôt en espagnol dans une communauté hispanisante, tantôt en anglais dans une communauté d'origine irlandaise faisant, bien sûr, attention à la teneur politique de mes sermons car les américains avaient beau être généreux, il ne fallait pas les prendre à rebrousse-poil. Toute l'opération était naturellement organisée et programmée à l'avance par la maison locale des Mill Hill. Le reste de la semaine, nous étions disponibles pour nous promener dans la région, visiter New York et voir des spectacles.

Lors de la troisième année, il me fallut rédiger un mémoire. Je décidai de faire une recherche sur le problème de l'intégration des migrants de la seconde génération. J'étais moi-même fils d'immigré et l'immigration touchait un grand nombre de latino-américains. J'aurais pu travailler sur les fils d'Espagnols ou de Portugais en France mais je choisis d'étudier les Mexicains Américains, vivant à Los Angeles. L'idée me vint, à l'occasion de la rencontre Enrique Ortiz, avec qui je m'étais lié d'amitié ; ce dernier promit de me mettre en relation avec des personnes de son quartier que je pourrai interroger. Comme nous avions une maison Mill Hill à LA, je n'aurai aucune difficulté d'hébergement. Ma maîtrise des langues anglaise et espagnole facilitera les interviews.
Les exodes de Mexicains[67] vers les USA commencèrent, dès les années 1850, et se renouvelèrent sans cesse, malgré quelques périodes de tensions, d'une violence extrême, et leurs cortèges d'expulsions, après la crise de 1929, par exemple. De décennie en

---

[67] Les Mexicains Américains étaient 2 100 000 en 1983.

décennie, il semblait que se reproduisait le même cycle. La première génération de migrants était préoccupée par les problèmes d'existence, travail, habitat, nourriture ; leur désir était de retourner au pays pour y finir leur vie. Les migrants de la deuxième génération avaient besoin d'un dynamisme aussi fort que celui de leurs parents s'ils voulaient pénétrer à l'intérieur du *melting pot* américain ; ils étaient en recherche d'identité et, malgré les difficultés, les rejets, le sentiment d'être perçus comme étrangers, voire descendants d'Indiens, ils avaient souvent une volonté farouche d'intégration. Quant aux enfants de la troisième génération, si leurs parents avaient réussi leur pari, ils n'avaient plus l'élan de la *conquête* ; *inculturés* à la société dominante, ils mettaient parfois leur énergie à rechercher leurs racines et à renouer avec la langue et la culture de leurs ancêtres. Ce cycle étrange pouvait se résumer ainsi : *Les premières générations arrivent, les secondes s'insèrent et les troisièmes questionnent*[68]. Certains migrants mexicains, notamment dans les États du Nouveau-Mexique, du Texas et de la Californie, avaient le sentiment, de reconquérir leur terre ; après tout, autrefois, cette région n'était-elle pas la leur, avant que les Américains ne la conquièrent par les armes et que le traité de Guadalupe Hidalgo, en 1848, ne les en dépossède[69].

Lorsque les migrants mexicains de la seconde génération rentraient au pays, pendant leurs vacances, ils étaient un peu perdus et n'avaient plus de repères ; ils étaient comme moi quand je rentrais en Hollande. On est toujours plus à l'aise là où on naît, là où on grandit, là où on fait sa vie. Mes parents sont toujours restés en phase avec le pays natal, avec l'idée d'y revenir un jour, souhait qu'ils ont réalisé au soir de leur vie. Pour moi, c'est une autre affaire ; l'idée du retour en Hollande ne me tente pas[70].

Restait à envisager l'avenir ! Je partis à Londres pour rencontrer mon nouveau supérieur. Je fus reçu par un évêque, un Hollandais,

---

[68] *Acculturation de la seconde génération de Mexicains Américains à Los Angeles*. Mémoire de Maîtrise (IES), 156 pages. Philippe Van Den Bogaard M.H.M. juin 1983, Paris. Citation page 138.
[69] Certains iront jusqu'à dire qu'à LA, les Mexicains étaient chez eux et les Américains, les *Anglos* y étaient des étrangers.
[70] Même si, paradoxalement, je devrai m'y plier, un jour : la maison de retraite de ma communauté se trouve là-bas !

imposant, Mgr Cornelius De Wit qui avait fait sa carrière aux Philippines et était plus à l'aise dans un monde anglophone, africain ou indien, qu'avec l'Amérique latine à laquelle, comme la plupart de ses prédécesseurs, il ne comprenait rien. Il ne rentrait pas dans les problématiques de communautés ecclésiales de base ; il critiquait violemment les positions politiques, prises dans le sous-continent, et Don Helder Camara n'était manifestement pas sa référence. De notre groupe de Mill Hill, il n'avait vu que les abandons successifs et cette impression se confirmera, chaque fois que j'aurai par la suite un entretien avec lui. Malgré tout, je lui dis tout de go mon désir de repartir au Chili. Cette idée toute simple de retour m'était venue comme une évidence, pendant ma dernière année d'études. J'avais eu beau avoir reçu des sollicitations pour aller au Zaïre ou au Cameroun, il était clair que mon destin n'était pas en Afrique. Le père de Wit ne comprit pas le sens de ma mission mais accepta ma demande. Après ces trois années studieuses et heureuses, les choses étaient redevenues simples. Je ne savais pas, avec précision, ce que j'irai faire au Chili : je savais simplement que je ne voulais pas repartir dans la campagne et que la grande ville m'attendait. Et, après cette rupture plus que sabbatique, la mission avait de nouveau du sens pour moi.

9

Le temps des *protestas*

Ma mère m'avait prévenu : « *Si tu pars à nouveau en mission, c'est que tu l'auras choisi et nous approuverons tes choix ; mais ne nous demande pas d'aller te voir, là-bas au diable vauvert ! Si tu veux nous revoir, ce sera à toi de revenir* ! » J'embrassai mes parents une nouvelle fois, décollai de l'aéroport d'Amsterdam et partis *au diable* mais heureux.

A Santiago, ma première visite fut pour le cardinal, Monseigneur Fresno, qui me demanda : « *Qu'avez-vous étudié en France ?* » « *La sociologie !* » Il me regarda avec un soupçon de perplexité : « *La sociologie, c'est bien mais j'espère que vous n'avez pas oublié votre théologie !* » Je rencontrai ensuite Olivier d'Argouge, un Assomptionniste français, remplaçant de Don Enrique, qui me proposa une paroisse près de la gare de Santiago, *Jesus Maestro*. Pendant cette décennie, j'allais cumuler les charges : je serai curé de paroisse, doyen du secteur, pro-vicaire épiscopal et, sans doute pour l'expiation de mes péchés, supérieur de la communauté Mill Hill. Mais autant le dire tout de suite, ces années furent vraiment les plus denses, les plus pleines de ma vie de prêtre.

Villa Portales

De ce quartier, construit une quinzaine d'années auparavant, on dira qu'il était un cran au dessus des *poblaciones*. Constitué de cinq grandes barres à la *Le Corbusier*, l'ensemble comprenait dix-neuf grands immeubles de sept étages au maximum avec, à l'intérieur de chaque bloc, de trente à deux cents appartements. Pour se rendre d'un bâtiment à l'autre, on empruntait de grands couloirs ouverts, au niveau du deuxième étage ; de grands escaliers vous faisaient descendre ou monter et parfois passer, au-dessus des toits de maisons plus petites. En se penchant, on découvrait des placettes avec des espaces verts et des jeux pour enfants. Les gens étaient plutôt heureux de vivre dans ces grands appartements, même si les gardiens et les jardiniers du début avaient disparu et si les problèmes de voisinage ne manquaient pas. Chaque bloc, par exemple, avait un seul compteur d'eau et le syndic n'arrivait pas toujours à faire payer les locataires, ce qui entraînait parfois une coupure généralisée et des querelles à n'en plus finir. Les habitants faisaient partie de l'ancienne classe moyenne chilienne que le pays se targuait de posséder du temps d'Eduardo Frei : fonctionnaires, instituteurs, chauffeurs de taxi. En réalité, ces gens avaient parfois du mal à joindre les deux bouts : « *On vit la faim mais en col blanc et cravate* », avaient-ils coutume de dire.

Lorsque je pris ma charge, je remplaçai deux jésuites et la transition se fit bien. L'église paroissiale n'existait pas encore et la messe était célébrée dans une école des frères. Une vieille église, située à la périphérie du quartier et équipée de quelques salles paroissiales, venait d'être récupérée et on put y célébrer les offices. Un appartement permettait de faire des réunions de jeunes et j'emménageai dans un F3 plutôt confortable. Je ne vivrai que deux ans dans ce logement, le temps de mettre en œuvre un projet, vieux de vingt ans, la construction d'une église, sur un grand espace réservé mais jamais utilisé, sinon pour y faire du foot. Les jésuites avaient planté une grande croix, au milieu de ce terrain, mais des *drogadictos*, des drogués étaient montés au sommet et en avaient cassé les bras. S'offrait pour moi, dès mon arrivée, l'occasion de marquer cet espace et d'inscrire symboliquement ce Christ, au cœur même de la place qui accueillerait la nouvelle église. Avec des jeunes, nous sommes allés chercher du bois de chêne dur et, dans le grenier de l'ancienne église, nous avons récupéré un *Jésus Maestro* en plâtre. Un petit groupe de paroissiens écrivit une lettre à tous les habitants du quartier et, pour planter le nouveau monument, nous organisâmes une grande procession depuis l'ancienne église jusqu'au terrain. La religiosité populaire donna peu à peu à ce calvaire des pouvoirs miraculeux. Je ne peux me remémorer ce Christ, sans revoir une scène plus tardive qui s'y est déroulée. Un soir, je trouvai un jeune, accroupi au pied du *Flaco inri*[71]. Il me raconta qu'il était monté du sud du pays, sur les recommandations d'un monsieur *bien* qui lui avait promis du travail ; mais, arrivé à Santiago, le monsieur en question s'était évaporé et il s'était retrouvé seul, sans un peso en poche. Je lui demandai ce qu'il attendait à présent : « *Le Flaco m'a toujours aidé, alors j'attends ! Quelqu'un m'a déjà donné 50 pesos, j'ai acheté un pain pour moi et deux cierges pour lui.* » J'ai prêté à ce garçon une couverture pour passer la nuit et, le lendemain, la communauté lui a payé le voyage de retour vers le sud d'où il était venu : le miracle de la solidarité avait opéré.

Jusque-là, il existait dans la paroisse des services d'église et mon premier souci fut de former des communautés ecclésiales de base (CEB). Fallait-il les mettre en place, en fonction des blocs d'habitation ? Sociologiquement, les gens qui vivent la mitoyenneté n'ont pas forcément envie de s'inscrire au sein d'une même communauté ; à cause du bruit, des impayés ou simplement parce qu'ils reçoivent sur la tête la poussière du tapis du voisin, les conflits sont nombreux. J'ai proposé que la structuration se fasse à partir de la réorganisation de tout ce qui se passait déjà dans la paroisse. Une rencontre d'une centaine de personnes, réunissant tous les responsables, jeunes ou adultes, se tint au bord de la mer, dans ce lieu magique qu'était Punta de Tralca. Sur un grand tableau, on afficha les services : solidarité, liturgie, préparation aux mariages, aux baptêmes, catéchèse, groupes de jeunes ; par groupes de huit à dix personnes, les CEB se constituèrent autour de quelques leaders : elles se donnèrent ensuite un nom et des enjeux. Je participais, de temps à autre, à leurs rencontres qui, tous les quinze jours, se déroulaient dans une des salles paroissiales ou dans un appartement et j'assurais les liaisons entre les différentes communautés. Personne ne menait une action - préparation à un baptême par exemple - en son nom propre mais au nom de *sa* communauté. Chaque CEB, de jeunes ou d'adultes, élisait son représentant qui siégeait au conseil paroissial. Le niveau d'exigence que l'on demandait était élevé mais c'était le moyen de constituer un réseau d'entraide, libérateur et ouvert sur la société.

---

[71] Littéralement, le mot est adressé à tous les hommes *maigres*, pourquoi pas au Christ ! De là à l'appeler *Flaco Inri*, il n'y avait qu'un pas. Le sigle INRI, inscrit en haut d'une croix signifie : *Jesus Nazarenus Rex Judæorum*

Sans doute, parce que le moment était favorable, le lancement de ce mouvement communautaire a plutôt bien fonctionné. J'ai pu appliquer les bons principes de conscientisation que j'avais appris à Caxias do Sul : analyse de la réalité, réflexion à partir de l'Exode et des Prophètes puis action. Chacun devenait témoin de la vie d'Église dans son lieu d'habitation et l'un ou l'autre avait des responsabilités plus particulières. C'était plus l'amour du Christ qui nous réunissait que les tâches à accomplir.

L'équipe de solidarité était attentive aux besoins concrets des gens en difficulté, elle organisait des actions prophétiques qui montraient un chemin ; elle était soucieuse de tout ce qui relevait des droits de l'homme. Elle aida, par exemple, trois familles à se regrouper pour fabriquer du pain. Les hommes construisirent, dans le jardin qui entourait l'église, un four *solidaire* en terre, comme il en existait dans les *poblaciones*. On réutilisait deux gros bidons d'essence, enveloppés de glaise : un gros pour l'extérieur et un plus petit pour l'intérieur, avec un espace entre les deux ; cette structure reposait sur deux petits murets de briques, au milieu desquels on faisait du feu de bois et la chaleur de cuisson passait ainsi entre les deux bidons. Les gens venaient acheter leurs pains sur place et le reste était vendu dans les immeubles, au cri de : *Pan amasado*. Ce petit artisanat dura un peu plus de deux ans.

Je fis en sorte que la construction de l'église ne fut pas le but principal de l'organisation paroissiale et ne prit pas le pas sur le souci pastoral mais cette affaire occupa beaucoup la communauté. Il fallut déposer les plans, obtenir les autorisations pour construire le mur d'enceinte, se bagarrer avec les administrations, défendre les propositions de l'architecte ou s'opposer à lui. La première phase consista à construire une maison de gardien qui deviendra plus tard le presbytère puis furent édifiées trois salles en bois, équipées d'une petite cuisine et de toilettes. Ces lieux de réunions étaient primordiaux pour faciliter les échanges des CEB. Un membre de la communauté, Salvador, jeune chef de travaux, pour qui ce fut le premier gros chantier de sa carrière, fut chargé de la construction ; tout fut fait avec des professionnels du bâtiment mais en fonction de nos rentrées d'argent. La gestion était conduite par Lucia, une jeune femme qui m'a libéré de toutes les tâches matérielles : démarches administratives, règlement de factures, fiches de paye. Je n'ai eu qu'à m'occuper de faire rentrer l'argent. Celui-ci venait de sommes collectées auprès d'amis, d'aides internationales, venues d'Allemagne, de Hollande ou de France et bien sûr de l'effort des paroissiens eux-mêmes avec lesquels nous avons organisé de multiples campagnes, *dites de la brique ou du toit*. Pour recouvrir l'édifice, on avait calculé combien il fallait de plaques de fibrociment ; au fond de l'église, on installa un grand plan de la toiture et les gens inscrivirent leur nom sur un petit carré, signe qu'ils achetaient une plaque : le toit fut ainsi entièrement payé par les fidèles. Au lieu de dépenser de l'argent pour fêter un anniversaire, les familles apportaient une charrette de briques. Au bout de quatre ans d'efforts, l'église fut inaugurée. Même si je ne suis pas de ces curés qui ont la *maladie de la pierre* et si je ne tirai pas de cette entreprise une fierté particulière, j'ai été content de conduire le projet jusqu'au bout. Et les paroissiens qui avaient attendu ce moment, depuis vingt ans, étaient encore plus fiers que moi.

L'église, d'une capacité de deux cent cinquante personnes assises, était une grande structure octogonale, bâtie avec du béton armé, selon des procédés asismiques. Les matériaux des murs, peints en blanc, à l'extérieur comme à l'intérieur, étaient de briques. Quatre grands vitraux en fer, récupérés sur une église de Valparaiso détruite par un récent séisme, avaient été donnés à la paroisse par le cardinal. Je dus batailler avec l'architecte pour que l'esthétique cède le pas devant le pastoral. Une large ouverture donnait sur la *villa* : de l'extérieur, on nous voyait et pourtant, à l'intérieur, il y avait une intimité communautaire forte. A travers les vitraux transparents, *le monde* pénétrait dans l'église et nous pouvions prier pour lui. Derrière l'autel, une dame avait réalisé une grande fresque en patchwork qui représentait au loin la Cordillère des Andes et, au premier plan, les immeubles du quartier et l'église. *Le Maître est ici et il t'appelle* était brodé en bas de la tapisserie : cette citation de l'évangile selon Saint-Jean renvoyait à Jesus Maestro. Le jour de l'inauguration, les discours abondèrent dont celui de l'entrepreneur qui adressa quelques mots à *Frère cardinal*.

La terre tremble

Le fait de construire l'église selon des procédés qui résistent aux tremblements de terre n'était pas un luxe dans ce pays régulièrement meurtri par les séismes de toute amplitude. Nous venions, en 1985, de subir l'un d'entre eux, placé haut sur la fameuse échelle de Richter, qui avait détruit une partie de Santiago, ravagé bien des villes et villages du centre du pays et réduit à l'état de ruines une bonne cinquantaine d'églises[72]. Je me souviens de ce 3 mars ; il était dix-neuf heures, j'étais au quatrième étage de mon immeuble, en compagnie d'une Américaine, fiancée avec un ami Péruvien qui avait étudié avec moi à Paris. Le sol s'est mis à trembler ; rapidement je rassurai ma visiteuse : *« Ne t'inquiète pas ; au Chili, la terre bouge souvent !»* Mes paroles ne la rassurèrent pas, d'autant que je lâchai : *« Mais, d'habitude, elle ne bouge pas autant que cela !»* Le réfrigérateur venait de basculer en avant, le lustre se balançait comme un trapéziste au dessus de nos têtes et les placards de la cuisine avaient vomi leurs piles d'assiettes qui s'étaient toutes brisées au sol. Nous nous levâmes, angoissés, et nous nous dirigeâmes dans l'embrasure de la porte, là où je pensais que les murs porteurs allaient le mieux résister. Nous nous serrâmes l'un contre l'autre, comme si deux corps étaient plus solides qu'un seul pour amortir l'effondrement du bâtiment, le poids des trois autres étages sur nos têtes et la chute vertigineuse vers le bas ; nous imaginions le pire bien sûr. Elle criait : *« My God, my God !»* Et je crois bien que je m'associai silencieusement à sa prière. Le bruit sourd de la terre qui se révolte dura une éternité, mêlé qu'il était aux cris des femmes qui montaient de tout l'immeuble et peut-être même du dehors ; le grondement dura plus d'une minute et demie et puis la terre fit mine de se calmer, au moins temporairement, le temps en tout cas pour nos cœurs de retrouver un peu de calme. Un nuage de poussière recouvrait à présent l'atmosphère et nous respirions avec difficulté ; au milieu des bouts de plâtre et des objets divers qui jonchaient le sol, je trouvai sans trop de difficulté la porte de l'escalier et nous descendîmes. La nuit était tombée et dehors des scènes de panique et d'hystérie nous attendaient. Une foule de gens

---

[72] L'église de Cuncumen avait été rasée.

s'agitait dans tous les sens ; les sanglots des femmes relevaient sans doute plus de la peur que d'une souffrance physique. De nouvelles secousses firent trembler le sol épisodiquement et nous tremblâmes avec lui. L'électricité était bien sûr coupée ; les réservoirs d'eau, au sommet des immeubles, n'ayant pas résisté aux chocs, s'étaient fissurés et se vidaient sur les murs, dans les appartements et jusque dans la rue. Et pourtant, miraculeusement sans doute, aucune maison n'était à terre, il n'y avait pas de morts à déplorer, seulement quelques blessés légers. Je confiais la jeune femme qui, dans ce chaos avait perdu ses chaussures, à une famille amie, vivant dans une maison basse et n'ayant pas souffert du séisme.

Après un temps d'attente anxieuse, je demandai l'assistance de deux jeunes et, munis d'une lampe électrique, les invitai à m'accompagner pour faire le tour d'un maximum de logements, afin de prévenir tout risque d'explosion et de contrôler si des habitants n'étaient pas restés bloqués chez eux. Par les portes souvent défoncées, nous nous glissâmes dans les cuisines pour fermer les robinets d'arrivée de gaz. Ce que nous vîmes, ce soir-là, de la souffrance n'eut pas toujours grand rapport avec le tremblement de terre mais fut pour nous une autre forme de séisme, social celui-ci. Nous découvrîmes des personnes que nous n'avions jamais vues dans la cité : des enfants autistes ou maltraités, des malades laissés pour compte, des hommes ou des femmes pénalisés par leur obésité au point qu'ils ne pouvaient plus passer par la porte de leur logement. Dehors, comme d'habitude, une forme de solidarité fonctionna, faite de partage entre tous ; et l'aide de l'Église ne manqua pas. D'une caserne de la marine nationale toute proche, les militaires apportèrent aussi de l'eau et de la nourriture chaude sur les placettes. Ce ne fut pas encore la grande réconciliation du peuple chilien avec son armée, il ne fallait pas rêver !

Au mois de mars, c'est encore l'été au Chili et de nombreuses personnes préférèrent dormir dehors, même si les étoiles n'étaient pas très belles, ce soir-là. Moi, tout compte fait, je préférai mon lit et, à trois heures, je me glissai dans des draps un peu fripés et gris de poussière. Le téléphona sonna ; une de mes sœurs, inquiète, m'appelait d'Europe. J'eus à peine le temps de la rassurer que la tonalité disparût et ce, pour quinze jours. Le lendemain, j'allai faire un tour dans le quartier. Comme dans le centre de Santiago, plusieurs maisons en terre s'étaient écroulées ; je poussai la porte de la vieille église avec un secret espoir. Toutes les vieilles statues de saintes et de saints étaient debout vaillantes dans leur plâtre et, *malheureusement*, aucune d'entre elles ne s'était cassée !

Pro-vicaire épiscopal

Depuis ses origines, l'Église est terre de contrastes ; au Chili, elle n'échappe pas à ce mélange des opinions, des courants et des traditions. A Santiago, se côtoyaient, à la fois, nos efforts pour construire des communautés de base et des modes plus traditionnels d'expression de la foi. A Maipu, par exemple, dans la banlieue de la capitale, était dressée, sur une immense place encadrée de colonnades en demi-cercle, la basilique de Notre-Dame du Carmel, patronne du Chili. Cet immense temple, en l'honneur de la Vierge, terminé, fin des années 1970, était entretenu par les religieux de Schoenstatt, congrégation née en Suisse, autour de *la Vierge, trois fois Sainte*. Ce lieu de piété drainait une expression religieuse populaire qui n'avait d'égale que celle qu'on trouvait dans un autre sanctuaire, au cœur même de Santiago. Dans un *Lourdes,* reconstitué, tout près de la Station Centrale, s'élevait, sur une grande esplanade en plein air, une grotte grandeur nature ; au fond, trônait la statue de la Vierge, entourée de vraies béquilles, et une source qui coulait avec de la bonne eau du robinet, homologuée *véritable eau de la grotte* ; celle-ci remplissait chaque jour les multiples bouteilles des dévots. Ceux qui trompaient les fidèles sur la marchandise étaient les Assomptionnistes français.

Même si, prêtres des *poblaciones* ou des quartiers populaires, nous n'organisions pas des processions dans ces lieux trop *marqués* à notre goût, *Lourdes* était le point de ralliement de toute la zone ouest de Santiago. Nous avions l'occasion, lors de réunions de zone, de rencontrer les responsables de ces lieux saints ; les confrontations théologiques et pastorales allaient bon train entre ceux qui étaient adeptes des communautés ecclésiales de base et ceux qui préféraient des approches plus traditionnelles, basées sur la piété populaire. Mais, à cette époque, au moins dans la zone ouest, ces derniers étaient marginaux. Quant aux habitants des *poblaciones*, peu fervents, leur participation ecclésiale était limitée. Généralement sécularisés, ils n'étaient piétistes que lorsque l'opportunité s'en présentait. Une fois par an, comme les *peones* de Puange, certains n'hésitaient pas à marcher jusqu'au grand temple de Notre-Dame du Carmel et finissaient leur pèlerinage sur les genoux.

En 1987, je fus nommé pro-vicaire épiscopal de la zone ouest et chargé de piloter les cinquante-six membres du personnel, tous laïcs salariés. Les uns travaillaient dans la solidarité (organisation des soupes populaires), d'autres s'occupaient des questions de santé (infirmières, médecins, sages-femmes), d'autres étaient impliqués dans l'amélioration de l'habitat, dans l'animation des CEB ou des mouvements de jeunes, dans la récupération du denier de l'église ; enfin une petite équipe produisait les projets qu'il fallait défendre devant les représentants d'*Aveniat* ou de *Misereor* pour obtenir des subsides et qu'il fallait évaluer après coup devant ces mêmes représentants, venus contrôler si l'argent avait été bien utilisé. Toutes ces tâches étaient à la fois administratives et relationnelles car il fallait motiver et salarier ce petit monde de laïcs. Ce travail de DRH n'excluait pas la gestion des conflits ; comme le vicaire n'aimait pas trop faire ces besognes difficiles, il s'en déchargeait volontiers sur moi. J'ai dû licencier sept personnes pour vols caractérisés ou incompétence. En dehors du caractère parfois un peu ingrat de cette fonction, cette casquette de manager me convenait, notamment quand il fallait réunir chaque mois la centaine d'agents pastoraux, leur trouver des intervenants et fixer des objectifs à leur action.

Cellule de soins d'urgence

On ne peut évoquer la vie de la paroisse ou du vicariat sans expliquer ce qui s'est passé, pendant toutes ces années, avec le double phénomène de la répression et des *protestas*. Pendant les dix-sept années que durera la dictature militaire, même si elles s'atténueront au fil des années, les disparitions et les exactions continuèrent. Quatre mille chiliens en furent victimes et la caserne Tacna ou la villa Grimaldi restent encore des lieux sensibles dans nombre de mémoires ; c'est là que furent commis la plupart des actes de torture : emprisonnements dans des lieux exigus et insalubres, pendaisons par les pieds, séances d'électricité, sévices sexuels, pressions psychologiques.

Après le coup d'État de 1973, les gens étaient trop sonnés pour manifester ; les leaders de l'opposition, sociaux ou politiques avaient été éliminés et le quadrillage policier était tel qu'il rendait tout rassemblement impossible. Seules, les familles des disparus, dans un mouvement antérieur à celui des Folles de mai argentines, manifestèrent très tôt ; Mariano Puga fut l'un des initiateurs de ce mouvement. Les mères, avec la photo de leur mari ou de leur fils accrochée sur la poitrine, défilaient en une longue marche silencieuse et s'approchaient le plus près possible de La Moneda où habitait Pinochet[73]. Les actes barbares qui continuaient à être commis par la DINA n'étaient pas toujours connus à l'époque puisque qu'aucune information n'était donnée sur le sort des victimes mais les souffrances engendrées par leur disparition pesaient sur toute une partie de la population qui commença à réagir avec ses propres armes. Et celles-ci prirent la forme des *protestas* ! Cette opposition au pouvoir aura une grande importance pour la vie de la communauté et ses choix.

Après le coup d'Etat, sous l'influence d'experts américains monétaristes, le Chili devint le laboratoire du libéralisme sauvage avec des privatisations massives, des licenciements et le désengagement de l'État des dépenses publiques. A partir de 1982, les indicateurs économiques et sociaux furent tous dans le rouge : la monnaie perdit la moitié de sa valeur et, si les riches vivaient bien ce changement libéral, près d'un tiers de la population était au chômage. Le 15 décembre se déroula la première grande manifestation contre les conséquences de cette politique ultra-libérale et liberticide. Les partis politiques, même s'ils restaient clandestins, reprirent du poil de la bête et commencèrent à s'affirmer : dix ans après le coup d'État, les gens osaient dire leur mécontentement. Le 11 mai 1983, une *protesta* fut organisée à l'initiative de la Confédération des travailleurs du cuivre. Paradoxalement, ce mouvement

---

[73] Il s'installa en 1981, dans le palais présidentiel, remis en état, après le deuxième referendum qui avait entériné la nouvelle constitution et l'avait désigné comme président.

s'inspira de ce qui s'était passé du temps d'Allende et qui avait été initié par les familles riches : la protestation par les casseroles[74]. Ce mode d'expression sonore resurgit, comme un boomerang, dans les quartiers populaires. Un jour donné, à une heure précise, tout le monde se mettait à son balcon et tapait qui, avec une cuillère en bois qui, avec une louche, sur marmites et couvercles, pour émettre le plus de bruit possible. Des slogans multiples accompagnaient cette musique populaire, notamment : *Pain, travail, justice et liberté*. Quatre mots, faciles à scander ! L'un des objectifs de la dictature, imposée par Pinochet, était de ramener l'ordre. Face à cette prétention, les *protestas* surgissaient, quelles soient organisées par des meneurs politiques plus ou moins clandestins, ou spontanés, opposant des jeunes qui avaient envie d'en découdre et la police. La fonction de ces manifestations était de remobiliser les gens pour défendre la liberté, la justice, les droits des pauvres.

Certaines protestas étaient de simples expressions contestataires pour dire le ras le bol, face à une politique sécuritaire. On peut citer par exemple les manifestations qui se déroulaient, sous forme de théâtre de rue, le samedi soir notamment. Différents groupes montaient des spectacles, plus ou moins improvisés, jusqu'à ce que la police les chasse et qu'ils aillent exprimer leur talent ailleurs. D'autres actions, préparées et ambitieuses, prenaient la forme de défilés encadrés, avec des objectifs précis et des mots d'ordre pour s'opposer au chômage, aux bas salaires ou à l'absence de liberté. Une fois par an, le Premier Mai, se déroulait la *protesta* par excellence : les différentes branches du défilé se formaient dans les quartiers populaires et convergeaient vers le centre-ville et les grands ministères. Là, se tenaient les confrontations classiques avec les *Guanacos*, camions militaires équipés de pompes à eau, qui crachaient de l'eau à la façon des lamas.

Les habitants des *poblaciones* ou des villas organisaient des manifestations locales, modestes. Sans la moindre autorisation, les jeunes du quartier se réunissaient sur les petites places pour des rencontres qu'ils appelaient *culturelles*. Ils installaient une sonorisation de fortune et invitaient les gens à venir s'exprimer et à chanter de belles chansons, composées du temps d'Allende mais

---

[74] Les dames de la bourgeoisie avaient pris l'habitude de faire un concert métallique pour manifester leur opposition aux restrictions alimentaires.

interdites. Doués pour la musique, ils se faisaient plaisir et donnaient en plus le sentiment de ne pas rester, bras croisés. Cette expression populaire plaisait bien aux habitants. Souvent, le concert tournait court car, en moins d'une demi-heure, sur dénonciation d'une bonne âme qui, de sa fenêtre, avait repéré la manifestation, les *carabiñeros* étaient sur place, embarquaient tous les *artistes* qui n'étaient pas arrivés à se sauver et confisquaient, quand ils le pouvaient, amplis et hauts parleurs. Parmi les jeunes, seuls ceux qui étaient les plus forts en gueule dérouillaient dans le panier à salade ou étaient molestés au commissariat.

Au cours de ces *intifadas* de quartier qui opposaient régulièrement jeunes lanceurs de cailloux et policiers armés de fusils, le jeu était, comme d'habitude, inégal et se terminait souvent par des drames. Mais dans la villa Portales, avec l'architecture qui était la sienne, les gendarmes n'étaient pas très à l'aise quand il leur fallait poursuivre leur proie dans ces sortes de traboules ; et si la situation n'avait pas été si dramatique, c'eut été un régal d'assister au spectacle de ces hommes casqués et bottés en train de courser les adolescents légers et rapides dans leurs baskets. Dans ce jeu de chats et de souris, ils ne pouvaient qu'être perdants car les rongeurs connaissaient bien mieux l'intérieur du fromage.

La peur des jeunes était pour ainsi dire graduée. Quand ils avaient face à eux des *carabiñeros*, la police en uniforme, cela allait, ils savaient que la confrontation ne dépasserait pas un certain seuil ; quand ces mêmes policiers surgissaient, avec les pantalons rentrés dans leurs rangers, une étape était franchie et ils avaient intérêt à ne pas se faire prendre ; quand, au coin de la rue, on ne voyait plus arriver des policiers mais les militaires, alors le pire était à craindre et la répression souvent brutale causait des blessés, parfois des morts, souvent des disparitions définitives.

On ne peut pas comparer ce mouvement de colère avec ceux qui surgissent de temps à autres dans les banlieues des villes européennes ou américaines ; les enjeux face à la reconquête de la démocratie n'étaient pas les mêmes. Néanmoins, dans les quartiers pauvres de Santiago, il régnait la même frustration de jeunes sans travail, ni futur, pour lesquels l'horizon était bouché et qui criaient leur haine. Même si la couverture médiatique était inexistante et si les mots d'ordre ne se transmettaient pas par Internet, la contagion entre quartiers existait, voire l'émulation d'une *población* à l'autre.

En revanche, il n'y avait jamais de destruction urbaine : ni voiture de voisin brûlée, ni école endommagée, ni biens de pauvres détériorés. Pourtant, pour mettre le feu à tout un quartier, il n'y aurait pas eu besoin d'un cocktail Molotov, une allumette aurait suffi ! En dehors de cette confrontation collective avec la police, les actions les plus violentes consistaient à mettre une charge de dynamite au pied d'un pylône électrique ou à jeter une grosse chaîne dans les câbles à haute tension ; les coupures de courant, pour un ou plusieurs quartiers, créaient du désordre et de la tension, si l'on peut dire. S'ils n'avaient pas d'avenir, les jeunes Chiliens avaient du moins un projet : «*Va caer!*[75]» était leur grand cri de résistance. Et quand *Il* sera tombé, bien des choses s'arrangeraient : *Comment* ? Personne ne le savait mais cela s'arrangerait. Au début des années 1980, les manifestations furent timides et peu nombreuses ; au fil des mois et des années, de mieux en mieux préparées et organisées par les partis politiques, elles prirent de l'ampleur. Le mécontentement populaire fut tellement bien canalisé que, lorsque Pinochet organisera un referendum en 1990, en pensant le gagner, leur nombre se multiplia au point de faire plier le pouvoir.

Quand une *protesta* était décidée par des leaders, un poste de secourisme était prévu. Et il a été demandé, plusieurs fois, à la paroisse, de mettre en place une cellule de soins d'urgence. La première fois, elle se tint dans l'appartement de la communauté et, les fois suivantes, dans la nouvelle cure. J'ai un souvenir mémorable d'une femme médecin arrivée, à dix-huit heures, mains nues sans aucun instrument de chirurgie particulier, ni médicament. Je fis parler cette femme admirable, formée à Cuba ; et, la soirée avançant, nous finîmes par entamer une partie de cartes ; bientôt, les premiers coups de feu résonnèrent au milieu des cris. L'odeur et la fumée des pneus qui brûlent, entrèrent dans la pièce. On entendit les jeunes qui cherchaient le contact avec les *pacos*, les *carabineros* ; les pierres volaient, les bombes lacrymogènes explosaient. Tout à coup, Pecho Palo[76], un jeune, enjamba le mur,

---

[75] « *Qu'Il tombe !* »
[76] Beaucoup de jeunes s'étaient donnés des noms de guerre ; lui, il était dur comme du bois : *Pecho* poitrine et *palo* bout de bois.

frappa au carreau et cria : « *La police a tiré ; il y a trois blessés.* » Pendant que je préparais un lit, des serviettes et de l'eau chaude, la femme partit avec notre messager. Quelques minutes plus tard, elle revint avec trois jeunes ; le premier avait reçu une balle dans le ventre ; le second était blessé au bras mais la balle était ressortie ; le troisième était moins sérieusement atteint, au pied. Le médecin s'occupa surtout du premier ; avec mon rasoir dont elle avait récupéré la lame, elle fit l'incision pour retirer le projectile qui n'avait pas atteint de zone vitale. J'eus pour mission d'éponger le sang qui coulait en abondance ; la vue d'une plaie me fait généralement tourner de l'œil et j'essayai de tenir le coup car notre docteur n'aurait pas eu le temps de s'occuper de moi. Sur ses ordres, j'allai chercher ma boite à couture et, avec mes aiguilles et mon fil à repriser les boutons, elle recousit à vif le pauvre garçon, sans lui donner le moindre calmant. On se serait cru dans un hôpital de campagne, en pleine sierra.

Une autre fois, toujours en compagnie de la femme médecin, il était déjà tard, la *protesta* était terminée ; nous avions vécu une soirée calme, sans incident et nous entendions les manifestants rentrer chez eux. Une voiture passa à côté d'un petit groupe et un passager tira plusieurs coups de feu. Deux jeunes tombèrent. La première réaction d'un compagnon des personnes à terre fut de courir au presbytère, de sonner à ma porte et de crier : « *Ils ont tué, ils ont tué !* » La police secrète, dans une volonté de provocation et pour jeter le trouble, avait dû intervenir. Le docteur reconnut tout de suite qu'on ne pouvait rien faire sur place et qu'il fallait aller sur les lieux du drame. Je sortis ma voiture, elle prit la sienne. Aucun des jeunes n'était mort mais l'un d'entre eux, gravement atteint, avait reçu une première balle dans la cuisse et une autre dans le dos, ressortie par le thorax. Nous avons réparti les blessés dans les deux voitures et sommes allés directement à l'hôpital. Arrivés sur place, les militaires nous attendaient. Avec autorité, j'ai bousculé l'officier qui voulait interroger les garçons avant de leur donner l'autorisation de pénétrer. « *Laissez nous passer, on a des blessés ; on répondra après !* » lui criai-je. Il y aurait eu face à moi le ministre de l'intérieur ou Pinochet en personne, j'aurais hurlé de la même façon. L'essentiel était de confier les jeunes aux médecins qui finirent par les prendre en charge. Après cela, on me posa de multiples questions auxquelles je fus d'ailleurs incapable de répondre : je n'étais pas sur les lieux, je n'avais rien vu, je ne connaissais pas ces garçons. Le plus atteint, mettra trois semaines à se remettre de sa blessure. La balle, avant de ressortir, avait perforé le poumon. L'autre devra se reposer quelques temps à la campagne. Je revis plus tard les jeunes venus pour me remercier.

Un autre soir, il était dix-neuf heures, quand une bombe explosa, à cinquante mètres de chez moi. J'entendis des objets qui retombaient sur le toit et je sortis pour voir ce qui se passait. Une dame me dit : « Ça vient de là-haut ! » Je vis que la déflagration provenait du bloc 13, tout près ; je m'y dirigeai. Avec deux jeunes, je montai par l'escalier. Au quatrième étage, les murs étaient défoncés et les portes soufflées ; le haut de l'appartement en duplex s'était affaissé sur une partie de l'immeuble et le bas sur l'autre partie. Entre les objets et les gravats, apparaissaient des membres humains tandis que d'autres avaient été projetés, dehors, jusque dans les buissons. C'était épouvantable ! On apprendra plus tard que les corps de trois garçons avaient été déchiquetés par l'explosion qu'ils avaient eux-mêmes produite, en manipulant ou en confectionnant une bombe. Les habitants de l'immeuble étaient naturellement terrorisés et certains furent relogés ailleurs. J'accueillis chez moi une famille de deux enfants, de façon à ce qu'ils passent une nuit calme. Le lendemain, désemparé, sans trop savoir pourquoi, je me suis retrouvé au cinéma ; je ne me rappelle plus du titre du film mais je me souviens qu'au milieu de la projection, j'ai eu une illumination. J'ai quitté la séance, je suis rentré à la *villa*. Là, j'ai revêtu mon aube, j'ai mis une étole rouge, j'ai pris la Bible et je me suis dirigé vers le bâtiment où s'était produit l'explosion. Les gens intrigués m'ont vu sortir et ils se sont approchés ; nous avons organisé une procession spontanée et nous avons prié pour les jeunes. J'ai senti que toute la communauté se mobilisait pour être présente, notamment auprès des familles. Un journaliste est arrivé par hasard ou a été appelé par téléphone et un long article est paru dans la presse. Le lendemain, les gens sont venus m'apporter des petits sacs en plastique ; ils y avaient mis les morceaux de chair qu'ils avaient récupérés un peu partout. J'ai réuni tous ces restes dans une sorte de reliquaire qui a été enterré au pied du *Flaco inri*.

Fais attention !

Chaque fois que se passaient des évènements douloureux et forts, la cohésion et l'unité de la paroisse s'en trouvaient renforcées. Une chaîne de solidarité s'organisait pour aider les familles dans la peine, notamment celles qui avaient un fils en prison. J'irai de multiples fois rendre visite, dans des parloirs, à des jeunes ou à des adultes. Je ne citerai qu'un exemple, peut-être le plus fort. Mercedes, une mère de prisonnier, m'avait demandé de l'accompagner pour rendre visite à son fils, condamné à mort. Après avoir obtenu toutes les autorisations nécessaires et avoir été fouillés à corps, nous arrivâmes, dans le parloir du carré réservé aux condamnés à la peine capitale ; dans ce lieu minuscule, une dizaine de prisonniers étaient censés recevoir leurs familles. Nous étions tous coincés les uns contre les autres, sans la moindre intimité. Je vis arriver le jeune homme qui prit sa pauvre mère dans les bras, déjà en train de pleurer, puis me serra la main ; il me regarda droit dans les yeux et, en quelques secondes, un contact d'une grande force s'établit entre nous. Il nous informa qu'il était certes condamné à mort mais que la situation n'était pas perdue et qu'il y avait de nombreux recours et appels possibles. A la fin de l'entretien, il s'adressa à moi et me dit : « *Père, moi ça va, je tiens le coup mais, s'il vous plait, accompagnez ma mère ; elle souffre beaucoup.* » La visite se termina et dans la voiture, la femme s'effondra : « *Mais, père, qu'est-ce que j'ai fait, pour qu'il en soit arrivé là ? Dans mon éducation, je lui ai toujours appris à ne pas accepter l'injustice, à partager avec ceux qui ont besoin ; à la maison, il y avait toujours une assiette pour le pauvre ! Alors dites-moi, père, ai-je eu raison ?* » Voulait-elle me dire qu'une éducation moins altruiste n'aurait pas entraîné son fils dans ces engagements ultimes et risqués ? Je ne pouvais répondre à ces questions ; je l'ai simplement écoutée, entourée, visitée plusieurs fois. Quelques semaines après, se déroula une supposée mutinerie dans la prison : les prisonniers se seraient révoltés et auraient été invités à sortir de leurs cellules ; la police ou l'armée aurait tiré : ils ont été assassinés !

Depuis les appartements qui entouraient le mien, tout le monde observait ce qui se passait dans la maison du curé. Les sympathisants de la lutte mais les autres aussi : les *momios*[77], pro-Pinochet, avec lesquels on devait compter. Car il fallait exercer du discernement dans nos prises de position et nos actes. Si nous secourions, il n'y avait pas de souci : que le blessé soit de droite ou de gauche, il avait le droit de trouver de l'aide dans la paroisse. Mais si nous entreprenions d'autres actions, attention ! Au milieu de toute cette agitation politique, la position du prêtre et celle de la communauté chrétienne n'étaient pas simples. Ou bien, on se réfugiait dans la neutralité absolue « *d'homme de Dieu* », éloigné de toute agitation, mais alors on apparaissait comme un personnage éthéré, sans souci de partager les aspirations du peuple, ou alors, en s'engageant, on devenait le parapluie de certains groupements extrémistes qui essayaient d'infiltrer la communauté en disant : « *Si vous êtes chrétiens, soyez conséquents avec vous-mêmes, allez jusqu'au bout de vos convictions* ! » Il n'était d'ailleurs pas très facile de voir clair dans ce maquis des opposants : communistes, socialistes, MIR, Gauche chrétienne et Chrétiens démocrates etc. Tous menaient la lutte mais les clivages idéologiques et les moyens pour arriver à leurs fins divergeaient. Je veillais discrètement à ce que la communauté ne soit pas trop partisane et ce combat-là était quotidien. Un jour, des slogans, reprochant la mollesse de mes actions, furent diffusés contre moi et affichés sur le mur de la paroisse. En mon absence[78], le conseil de la communauté réagit et somma le parti communiste de participer à une réunion. Le représentant des CEB déclara : « *Le père Felipe est notre curé, il doit être respecté comme tel.* » La contestation s'arrêta net et la communauté se vit reconnue. Mis au courant plus tard, je fus heureux de cette démarche transparente et responsable.

Lorsqu'à la suite d'une manifestation, les militaires qui passaient dans la rue avaient envoyé une rafale de mitraillette dans des appartements et cassé tous les carreaux, on nous demandait de venir constater les dégâts. On contactait alors les radios chrétiennes pour qu'elles acceptent de faire un reportage et on rapportait, nous-

---

[77] Les momies.
[78] Après trois ans de présence à Jesus Maestro, j'avais pris quelques semaines de vacances.

mêmes, les faits devant un avocat du Vicariat de la Solidarité qui notifiait l'ensemble des dénonciations[79].
Prêtres, nous avions un rôle de médiateurs reconnu et attendu[80].

Lorsque sur ma paroisse, il arrivait que ce soient des jeunes du quartier qui soient embarqués par la police, j'étais rapidement informé par une autre bonne âme ; je laissais tomber toutes mes activités et allais immédiatement là où les manifestants avaient été conduits, pour y rester jusqu'à ce qu'on me rende *mes jeunes*. Tous les captifs étaient photographiés, de face et de profil, puis interrogés, fichés, classés et mis en cellule, un bon moment *pour leur apprendre* ... à eux et à moi car les policiers aimaient bien me faire attendre, quatre heures, cinq, parfois. *Cela va donner une bonne leçon à ce curé* - pensaient-ils - *qui ferait mieux de s'occuper de faire le catéchisme* ! En ce qui me concerne, je ne pensais pas que je pouvais faire mieux que ce que je faisais même si je n'étais pas dupe de ce jeu de pouvoirs. Assis sur le banc de bois, scellé dans le mur gris du couloir, j'attendais !

Des artistes-animateurs qui se faisaient appeler la *Brigade latino-américaine*, mettaient l'art au service de la révolution et peignaient de magnifiques fresques murales, sortes de tags géants qui dénonçaient l'oppression policière. Plusieurs fois, ils invitèrent les habitants de la *villa* pour une création collective ; ils firent des esquisses et donnèrent des pots de couleur aux gens pour qu'ils badigeonnent les murs et les palissades, selon leurs directives. Un beau jour, les *carabiñeros* intervinrent en pleine création ; comme des moineaux, les peintres amateurs laissèrent tomber les pinceaux et se volatilisèrent. Les policiers prirent alors les pots de peinture et les jetèrent contre le mur de l'église. Furieux, je sortis de chez moi et devant ma colère, je fus interpellé à mon tour, accusé de laxisme

---

[79] Le Vicariat de la Solidarité ne réussira pas dans l'immédiat à *sauver* beaucoup de personnes enlevées ou torturées mais plus tard, en 1998, ses archives seront une source considérable d'informations, pour le juge Garcon, notamment, quand ce dernier montera un dossier d'accusation contre Pinochet.

[80] Certains prêtres paieront un lourd tribu à ce mouvement. En 1984, André Jarlan, prêtre aveyronnais de la Mission de France sera tué lors d'une *protestas*. Une balle, perdue, entrée au deuxième étage de sa petite maison en bois, l'atteindra au cou et il tombera, la tête sur sa bible. Sa maison de bois est encore un lieu de pèlerinage dans le quartier de la Victoria. En septembre 1986, à la suite d'un attentat raté contre Pinochet, trois prêtres français seront expulsés.

vis-à-vis d'opposants notoires. Une image assez surréaliste me revient : devant le mur maculé de peintures mélangées, je discute avec l'officier de police, lui explique que s'ils reçoivent des pierres, c'est qu'ils ont une attitude trop provocatrice, avec leurs armes et leurs boucliers et, au même moment, une bande de gamins passe au milieu de nous ; deux ou trois se collent contre moi, en criant : « *Père Felipe* ». Je me suis rarement senti autant en syntonie avec la communauté que ce jour-là : en jean et en pull rouge, je faisais face à l'homme botté, tout en vert, et des gosses venaient me faire des bisous.

Il m'est arrivé d'avoir maille à partir avec un tout autre type de gradés. Une nuit, j'attendais des jeunes au commissariat et un colonel passa par là. Il me fit entrer dans le bureau du commandant local, me fit apporter du thé et des gâteaux et me sermonna. La situation était cocasse ; pendant que les jeunes étaient mis en fiches, je partageais une *cup of tea* avec le grand chef de la police. Je n'ai pas grand souvenir de la leçon de morale que tenta de me faire ce haut personnage, en revanche, je me souviens bien de sa confidence : « *Je suis croyant, mon père ! D'ailleurs, sur mon bureau, j'ai la photo de Jean-Paul II.* » Dernier souvenir, moins réjouissant et moins papal, celui-là : au début de mon ministère à Jesus Maestro, je revenais de la vieille église et me dirigeais au milieu d'un groupe vers la villa Portales ; nous longions le stade et il faisait nuit noire. Passa alors à côté de nous, tout doucement, une voiture, qui nous frôla presque ; les glaces teintées se baissèrent et j'entendis : « *Padre Felipe, cuidado*[81] » ! Ce soir-là, nous eûmes tous peur et, étant nommément mis en cause, je reconnais que moi aussi.

Qu'elle le veuille ou non, l'Église était donc impliquée. Dans le doyenné, à l'exception de quelques Hollandais en charge d'une grande paroisse, qui appréciaient l'ordre que faisait régner Pinochet et jugeaient cette agitation inutile voire dangereuse, la plupart des religieux et religieuses furent solidaires du ras le bol général. Dans cette instance, assez démocratique, sans être inféodés à un parti, nous avons accompagné le mouvement des *protestas* ; nous parlions à peu près tous de la même voix et je ne

---

[81] *Fais attention.*

connaissais pas l'isolement de Melipilla. Avions-nous conscience de faire de la politique ? Je ne sais pas mais nous attendions, nous aussi, que Pinochet tombe ; et nous criions, nous aussi : « *Va caer* ». En dehors de cette sorte de profession de foi dans *sa* chute, jamais, je ne me suis senti récupéré par une idéologie et jamais, je n'ai eu envie de rentrer dans un parti. Je voyais bien que notre action était plutôt de gauche mais je pensais que ce qui se faisait était d'abord évangélique et respectait le sens de la justice. Quant aux communautés de base, comme beaucoup, elles aspiraient à la liberté mais, en aucun cas, elles furent liées exclusivement à ce projet. Elles fonctionnaient dans une cohérence et une intelligence qui leur était propre pour se sentir d'Église.

Dans la suite du concile Vatican II, liberté avait été donnée d'aménager un certain nombre de prières à l'intérieur du canon de la liturgie. C'est ainsi que des prières eucharistiques avaient été élaborées en temps d'oppression. Plusieurs poètes espagnols et latino-américains avaient écrit près d'une centaine de ces textes ; il m'en revient quelques bribes à la mémoire : *Ceci est une table de la fraternité où l'oppresseur ne s'assoit pas aux côtés de l'opprimé ; la haine n'y a pas sa place ; la fraternité l'emporte sur les divisions ; la vraie place est celle qui est réservée aux pauvres.* Nous chantions également des prières écrites par des jeunes et mises en musique ; ces chants étaient repris par tous les fidèles et tout le monde était en larmes devant la beauté du texte et de son interprétation. La liturgie devenait ce qu'elle devrait toujours être : expression d'une communauté qui se rencontre.

De façon plus exceptionnelle, une fois par an, l'Église organisait ses propres *protestas*. Le vendredi Saint, le pouvoir ne pouvait pas prendre le risque d'interdire quelle que manifestation que ce fût. Un chemin de croix gigantesque était organisé par la fédération des CEB, le vicariat de la pastorale ouvrière et les agents pastoraux de la zone choisie. Il se déroulait, d'une année sur l'autre, dans un quartier populaire différent et les stations, choisies à l'avance, avaient toujours un caractère symbolique. L'une se tenait devant l'hôpital parce qu'on savait que les soins de qualité étaient réservés aux riches ; une autre devant une école pour dénoncer la mauvaise éducation délivrée aux pauvres ; une troisième devant la DINA, etc. Lors de cette longue marche, en forme de prière, nous rappelions que le Christ continuait de mourir aujourd'hui ; on continuait à le flageller, à lui infliger de mauvais traitements. C'était aussi l'occasion de faire appel à la générosité des gens et, lors de la dernière station, les pèlerins étaient appelés à donner un des vêtements qu'ils portaient sur eux. Ils le jetaient sur la croix qui bientôt disparaissait sous les habits ou les chaussures et rentraient souvent pieds nus chez eux.

Drame de l'océan

Je ne peux terminer l'évocation de ces années comme curé de Jésus Maestro, sans rappeler un évènement douloureux même s'il n'a rien à voir avec les *protestas*. Nous organisions avec le doyenné des camps d'été, à Longotoma, au nord de Valparaiso, le long du Pacifique. Si nous n'y avions vécu un drame épouvantable, je devrais ne garder de ces moments, au bord de l'océan, que des souvenirs agréables. C'était la fin du séjour ; le car qui devait venir nous chercher pour rentrer à Santiago se faisait désirer. Les jeunes me demandèrent s'ils pouvaient aller se baigner en attendant. Nous l'avions fait plusieurs fois, pendant la semaine, sur cette même plage et je leur accordai la permission. Quelques minutes plus tard, un petit groupe plongea dans l'océan. Tout à coup, on entendit un cri ; un des garçons était emporté. L'animateur, maître nageur, et moi, nous nous déshabillâmes et nous jetâmes à l'eau. Le courant était fort mais on avançait car une main était encore visible, au loin, dans les vagues. Nous nous sentîmes, tout à coup, embarqués par un courant trop puissant. Nous nageâmes comme des fous dans la bonne direction mais la main disparut. Pendant une minute peut-être, je continuais mon effort quand j'entendis, derrière moi, le hurlement du maître nageur : « *Felipe, arrête-toi.* » J'étais désespéré mais l'ordre était juste ! J'obéis et me retournai ! Sur la plage, tellement le courant nous avait éloignés, les gens n'étaient pas plus hauts que des allumettes. Malgré notre bonne forme physique, aller plus loin, aurait été prendre le risque de nous épuiser et de sombrer à notre tour. D'ailleurs, j'étais déjà fatigué et le retour dura une éternité ; heureusement, les jeunes avaient trouvé une corde, je ne sais où, et une grande chaîne humaine nous permit de traverser le passage le plus difficile, là où le courant le plus fort avait entraîné notre malheureux ami.

Nous prîmes le temps de faire une longue station à la chapelle pour prier. Entre temps, le bus était arrivé. Je dus rester au bord de l'eau pour attendre la police[82]. Je vis partir les garçons et les filles, traumatisés par ce qu'ils venaient de vivre. Lorsqu'ils arrivèrent à Santiago, les prêtres et les religieuses du doyenné étaient là pour les accueillir, tous en état de choc. De retour chez moi, seul, avec le contrecoup, j'ai pleuré, pendant plusieurs heures. Mais, comme toujours, on finit par se reprendre. Dans la semaine qui suivit, nous célébrâmes une messe dans la paroisse de la victime. Le vicaire épiscopal était là pour présider et j'ai tenu à prêcher devant les jeunes et les parents. Ce moment douloureux mais fort, en souvenir du garçon, a contribué, lui aussi, à souder le doyenné.

---

[82] Le garçon était majeur et je n'ai pas été impliqué pénalement.

10

De l'option pour les pauvres à l'option pour Jésus …

Dès mon premier séjour au Chili, à *Lo Amor*, j'avais vécu, à l'intérieur de ma communauté, un certain nombre d'évènements difficiles. J'avais été témoin de l'aventure sentimentale de Carlos qui avait fini par se marier avec son amie, religieuse. Plus tard, un autre de mes compagnons Enrique vécut lui aussi une relation affective, longue, avec une religieuse. Pendant tout un temps, nous en parlâmes ensemble, le matin au petit déjeuner. Il m'expliquait longuement ses états d'âme et moi, tout à son écoute, je me demandais comment il arrivait à vivre cette situation double, écartelée. Pendant mon voyage à Paris, son amie s'était ouverte de sa liaison à Don Enrique, son évêque. Le problème avait été discuté à l'intérieur de l'équipe Mill Hill et était même remonté jusqu'à Londres. Finalement une décision avait été prise : ils devaient se séparer. Enrique accepta courageusement de quitter le Chili et d'être muté ailleurs, au Brésil, et elle, une femme extraordinaire, resta religieuse, au Chili.

Sans vouloir faire la liste des problèmes rencontrés par la petite communauté, disons que la solitude, l'éloignement, les engagements divers et risqués ne furent pas sans conséquences sur les équilibres psychologiques des prêtres et des religieuses. Déjà, sans être demandeurs, nous avions bénéficié, à Lo Amor, des services assidus d'une ancienne supérieure générale de congrégation, qui, malade, vint faire la cuisine et laver notre linge ; elle n'avait jamais fait de lessive de sa vie et ne savait pas faire cuire deux œufs au plat. Heureusement, parce que c'était devenu ingérable, cette sainte femme partit, au bout de trois mois. Enfin, nous avons dû prendre en charge Willy, un prêtre de notre congrégation, après son opération du cerveau ; avant d'être rapatrié, jusqu'au Tyrol pour y mourir, il vécut avec nous, pendant quelques semaines, et sa maladie douloureuse bouscula la communauté. Des évènements extérieurs ne furent pas plus faciles à vivre. Pendant mon séjour à Paris, Desmond fut expulsé par le pouvoir. Pour se disculper lors d'un interrogatoire, des jeunes, pris par la police lors d'une banale manifestation, l'avaient dénoncé ainsi que deux autres prêtres comme meneurs. Reconduit immédiatement à l'aéroport, il avait bien assumé cette épreuve et était rentré en Irlande. Il se spécialisera par la suite dans la formation des séminaristes et sera responsable, pour la congrégation, de deux commissions spécialisées, l'une sur les problèmes de « Justice et paix » et l'autre sur l'écologie.

Vous avez dit Supérieur

Lors de mon retour au Chili, si l'on comptait les quatre missionnaires laïques qui avaient signé un contrat d'association[83] avec la congrégation et les sept prêtres, notre communauté de Mill Hill était composée d'une dizaine de personnes. Marlyse et Antonia avaient rejoint l'équipe, avant que je ne parte en France, et sur l'insistance de cette dernière, un peu isolée, la communauté avait accepté de recevoir Mary puis Gina. Parmi les prêtres, certains étaient là depuis plusieurs années, David, Liam, Alfonso, Raymondo (Ray) ; deux plus âgés, arrivèrent, juste après moi, Brian, un écossais et William (Wim), un hollandais. Il n'était plus possible d'éviter l'élection d'un supérieur et cette tâche tomba sur moi, de façon presque banale, sans que je ne m'y sois réellement préparé. Un chapitre général de la congrégation devait se tenir à Londres et les MHM, dans tous les pays, avaient obligation de se réunir pour le préparer. Chez nous, un représentant, David, avait été élu, avant mon arrivée, et devait participer aux travaux. Lors d'une réunion qui se tint, en décembre, deux mois environ après mon retour, ce fin stratège déclara : « *Il serait bon qu'il y ait parmi nous un supérieur ; cela permettrait d'avoir une autorité pour*

---

[83] Ce contrat est en général d'une durée de trois ans. Le célibat n'était pas obligatoire ; des couples mariés pouvaient aussi être associés.

discuter avec le cardinal à Santiago et avec les supérieurs généraux à Londres. » Il ne se proposa pas pour ce poste ; non, il ne serait que la voix du groupe ! Sans même m'en avoir parlé auparavant, il lança ma candidature. On discuta de cette proposition ; à la fin de la réunion, on vota et je me retrouvai supérieur, sans l'avoir cherché, ni voulu. On informa le supérieur général qui aurait pu éventuellement invalider le choix mais, par retour de courrier, me confirma dans le poste. A ce moment précis, je pensais que mon rôle consisterait à coordonner ce que nous faisions, à en informer Londres et que ce serait tout ! Je n'imaginais pas un instant tout ce qui allait m'arriver et surtout, je ne mesurais pas à quel point cette tâche allait être lourde. Responsable de ces hommes et de ces femmes, j'avais mis le doigt et même la main dans un engrenage complexe et allais avoir à assumer une série de problèmes tant politiques qu'affectifs.

Il faut d'abord rappeler que les prêtres vivaient tous dans des *poblaciones*. Raymondo, Liam et les deux anciens, Brian et Wym, travaillaient sur la paroisse de Plaza Garin ; David et Alfonso intervenaient à Maipu, dans cette ville champignon qui rejoindra peu à peu les faubourgs de Santiago. Tous étaient vicaires et travaillaient sur des questions de solidarité et de catéchèse. Ils participaient à de multiples réunions sur la zone, dans le doyenné, avec des jeunes, pour coordonner les activités ou, le soir, animer des groupes. Ils s'efforçaient par ailleurs de former des communautés de base, d'organiser des équipes de santé, des groupes d'action sociale, des soupes populaires ; tous assuraient des actions de formation. Si, à présent, je passe en revue les aventures des différents membres de l'équipe de prêtres et leur devenir, voici ce que cela donne.

Raymondo, un jeune Mill Hill, était vicaire avec Wim dans une grosse paroisse, Saint-Joseph, quartier de Plaza Garin. Il tomba assez vite amoureux d'Ita, une jeune Chilienne. Sa prise de décision, fut difficile, tant il voulait à la fois rester fidèle à son engagement de prêtre et vivre avec cette jeune fille. Ils vécurent une liaison, à Santiago, pendant sept ans puis il partit en Europe où il réfléchit pendant quatre ans. Il revint enfin au Chili pour rechercher son âme sœur, quitta définitivement la congrégation et retourna en Angleterre. Le couple se maria ; ils sont à présent entourés de trois enfants.

Alfonso était un modeste adhérent du MIR, mouvement de la gauche révolutionnaire. Il assurait un gros travail à Maipu, commune limitrophe de Santiago. Lui aussi tomba amoureux d'une jeune fille, Paty, une de ses catéchistes. Ce fut toute une affaire car s'il se voulait très discret, on se rendit bien compte qu'il y avait quelque chose qui ne tournait pas rond. Finalement, il se maria avec elle et ils s'installèrent à Maipu où ils vivent toujours avec deux charmantes petites filles et deux garçons adoptés. Les Mill Hill accompagnèrent sa sortie, lui payant des études de sociologie. Il se débrouilla au plan professionnel et, de militant révolutionnaire, avec un idéal de partage communiste, il devint propriétaire de deux maisons, dont l'une avec piscine ; il possède à présent, voitures, motos et tout ce qu'il faut pour être un capitaliste bon teint.

Trois autres eurent des parcours moins heurtés. Liam, très actif dans la Gauche Chrétienne, même si cette branche de la Démocratie Chrétienne était un mouvement révolutionnaire relativement *soft,* s'était engagé dans la non violence active. Un groupe constitué de différents prêtres et religieuses organisait des actions symboliques comme celle de s'enchaîner les uns au autres devant le palais de La Moneda ou devant la maison de la police secrète. Bryan et Wim, les vieux comme on disait, avec leurs soixante ans, arrivaient d'ailleurs. Après de multiples expériences malheureuses, Brian venait du Pérou ; son approche du ministère, un peu brouillonne, le conduisait souvent à l'échec ; il vint nous rejoindre pour renforcer notre groupe et ne plus être seul missionnaire Mill Hill dans ce pays. Quant à Wim, il arrivait d'une des îles d'Indonésie, où il avait eu le droit de vivre une dizaine d'années mais pas au-delà. Il fut vicaire à Saint-Joseph et, quand Raymondo rejoindra l'Angleterre, restera seul dans sa *población.*

Parmi tous les Mill Hill, c'est avec David que j'eus le plus de fil à retordre. Cet homme se présentait comme un pur et dur de l'action politique ; rhétoricien de talent, il développait des thèses extrémistes et se vantait d'être un homme d'action. Il affirmait ainsi que, la nuit, il ne s'endormait pas, sans avoir caché un pistolet sous son oreiller. Etait-il aussi actif et guérillero qu'il le disait ?

Nous n'en avions pas de preuves. En tous les cas, les positions extrêmes que prenait le Pouvoir Populaire, mouvement révolutionnaire auquel il appartenait, ne me plaisaient guère et étaient souvent l'occasion de discussions orageuses entre nous tous. Il m'avait demandé une salle dans la paroisse Jesus Maestro pour y tenir des réunions avec son groupe et j'avais eu la faiblesse d'accepter. Les militants arrivaient, à neuf heures et demie du matin, par le côté gauche de la rue ou par le droit ; ils observaient longuement si personne n'était caché derrière le gros arbre de la place à les épier et, en un clin d'œil, ils s'engouffraient dans la salle. L'un d'entre eux, enveloppé dans un grand manteau et coiffé d'un vaste chapeau, noirs tous les deux, semblait tout droit sorti d'un film sur la Gestapo. S'ils se rencontraient devant la porte, ces braves gens faisaient mine de ne pas se saluer, ni de se reconnaître. Ils fermaient ensuite les issues, calfeutraient les fenêtres et, pendant quatre heures, parlaient, s'engueulaient et fumaient. Et de la fumée, sortaient, semble-t-il, des éléments de doctrine, des plans d'action, des projets : pose de bombes sur les voies ferrées, dynamitages de pylônes électriques, manifestations la nuit contre Pinochet, tags de leur propre logo sur les affiches du pouvoir, enfin stratégies de propagande pour trouver de nouveaux adhérents. En tant qu'individu, je ne participais pas, bien sûr, aux rencontres que présidait David ; en tant que supérieur, je n'étais informé ni de son travail ni de son action politique. La présence de son groupe dans les salles paroissiales finit néanmoins par me peser et je n'étais pas le seul car mes paroissiens se posèrent aussi des questions sur la nature bizarre de ces réunions et sur ceux qui y participaient. Nous eûmes une explication orageuse à l'intérieur de la communauté et, un jour, je mis ce petit monde à la porte : cette décision n'arrangea pas mes relations avec David. Pour un temps, son groupe trouva asile chez Antonia.

Pour souder la communauté et passer un moment convivial, j'avais proposé que nous nous retrouvions, une fois par semaine ; nous nous donnâmes donc rendez-vous, chaque vendredi, dans un restaurant du centre de Santiago. La journée était à peine suffisante pour entreprendre nos démarches à l'archevêché, déjeuner et faire le point sur nos activités. On en profitait aussi pour préparer notre retraite et notre séminaire annuels pendant lequel, au bord de mer, nous évaluerions l'année et préparerions la suivante ; enfin, de temps à autre, nous prenions un moment de détente, en allant au cinéma. J'allais oublier : on partageait aussi l'argent que Londres nous envoyait, environ cent cinquante dollars par mois et par personne ; David, le trésorier, puis plus tard Alfonso, sortait les dollars de la banque, les fourrait dans sa poche et allait dans un appartement, un peu louche, pour rencontrer nos changeurs souvent différents d'une fois à l'autre et obtenir la monnaie locale, au meilleur taux. Ce système fonctionna tant bien que mal. Mais un beau jour, un de nos supérieurs, en visite à Santiago, nous imposa de trouver un lieu pour nous réunir et demanda que nous arrêtions ce *trafic de devises*. Je trouvai un appartement, au treizième étage d'une tour, facile d'accès par le métro ; et à partir de ce moment, nous nous retrouvâmes dans notre *maison,* équipée d'un lit permettant, le cas échéant, de venir nous reposer ou d'accueillir un visiteur. Lors de nos réunions, une dame de la paroisse vint même nous faire la cuisine. Ce local n'améliora pas malheureusement le côté *spirituel* de nos relations. Dans beaucoup de groupes de laïcs, auxquels je participais, il existait des temps de prières ; paradoxalement, entre nous, il était difficile de mettre en place des partages évangéliques. Y avait-il trop de pudeur, notamment de la part des Anglais qui voulaient bien lire l'Évangile mais avaient du mal à échanger ? Ce nouveau dispositif fonctionna jusqu'au jour où l'argent de la cagnotte qu'on laissait dans un tiroir pour faire les courses commença à s'envoler. Après l'argent, ce furent des vêtements qui disparurent. A partir de ce moment, il régna, entre nous, un déficit de confiance, particulièrement difficile à vivre.

Et aussi des laïcs

L'autre partie de ma tâche de supérieur consistait à gérer les actions des laïcs missionnaires. D'Angleterre, les grands supérieurs proposaient à toutes les missions du monde, qu'elles fussent africaines, indiennes ou d'Amérique latine, des laïcs associés. Pour être utiles, ces étrangers devaient apprendre la langue, s'imprégner de la culture du pays d'accueil, ce qui prenait une ou deux années, et, en règle générale, au bout de trois ans, ils s'en allaient ; leur présence créait souvent plus de problèmes que d'assistance. Pas assez préparées, ces personnes ne mesuraient pas facilement le facteur temps : on ne s'*inculture* pas en quelques mois, si tant est qu'on en ait vraiment le désir ! La réussite de leur mission était souvent aléatoire et entachée, dès leur arrivée, de lourds handicaps. Les évêques locaux étaient rarement en demande préférant l'assistance de prêtres célébrant la messe et apportant éventuellement de l'argent pour soutenir les projets, ou celle de religieuses, vivant en communauté de façon autosuffisante et apportant aussi de l'argent. Les laïcs, étrangers, eux, coûtaient cher ! Paradoxe supplémentaire, dans un certain nombre de pays d'Amérique latine, les diocèses avaient du personnel local à revendre ; rien que dans la zone Ouest, travaillaient près de soixante salariés, tous chiliens. Quant à la responsabilité de trouver une place à ces missionnaires, elle retombait sur nous ; et même si nous pensions que ce principe d'échange et de service comportait des avantages, sa mise en œuvre s'avérait souvent difficile. Quand ils arrivaient, nous nous demandions toujours quelles tâches ils allaient pouvoir accomplir que les locaux ne seraient pas en mesure de faire[84]. Il aurait fallu auparavant définir un projet : s'occuper des gamins de la rue ou des SDF, par exemple ; or nous n'étions pas venus au Chili pour entreprendre des *œuvres*, notre projet était de nous insérer dans l'église locale et *d'être avec les gens*.

Malgré les difficultés, nous avons réussi à intégrer deux laïques qui vivaient avec le même statut que nous, recevaient la même paye et avec qui nous avons fait communauté. La première, Antonia, une Hollandaise, arrivée au Chili en 1976, resta environ sept ans ; habitant dans une *población*, elle était en charge de toutes les actions de solidarité d'une paroisse ; elle travaillait avec des groupes d'évangélisation féminins, assurait des formations sur les droits des femmes et s'occupait des centres aérés[85]. Marlyse, de nationalité belge, devait la seconder. Toutes les deux vécurent ensemble, à Maipu, mais l'entente entre elles n'étant pas vraiment cordiale, elles se séparèrent pour aller vivre, chacune, avec des laïques chiliennes. Petit à petit, Marlyse prit ses distances avec le

---

[84] Cette situation était plus vraie dans un pays développé, comme le Chili, que dans un pays africain où les besoins en infirmiers et en enseignants étaient tels qu'il y avait toujours de quoi trouver une tâche utile.
[85] Antonia est encore aujourd'hui missionnaire Mill Hill ; elle travaille en Hollande et s'occupe des exilés de culture espagnole.

groupe Mill Hill et entra en contact avec une organisation belge où elle se sentit plus à l'aise.

Avec insistance, Londres nous invita à accueillir Mary, une nouvelle laïque. Cette jeune Anglaise avait été missionnaire au Cameroun où elle avait vécu pendant quatre ou cinq ans dans une petite communauté de religieuses, élaborant des programmes de catéchèse. Antonia, entre temps, tombée malade, avait dû repartir en Europe pour se faire soigner et, à son retour au Chili, elle avait rechuté. J'avais prévenu à nos supérieurs généraux que nous ne pouvions pas accepter cette nouvelle recrue, seule ; si elle devait venir, il était préférable qu'elle soit accompagnée de quelqu'un d'autre. Mill Hill avait déjà envoyé Mary au Pérou pour y suivre un cours d'espagnol et on nous assura qu'ils se mettaient en quête d'une nouvelle laïque. Finalement, un beau jour, notre Anglaise se retrouva devant notre porte, sans que nous le voulions, et... nous ne l'avons pas bien accueillie même si nous avons fini par lui trouver un endroit où vivre. Nous l'avons *casée* chez des religieuses, dans une población et les choses se sont finalement plutôt bien passées. Mais Londres m'avait écouté, si j'ose dire, et avait tenu sa promesse : il fallait nous attendre à la venue d'une nouvelle, Gina !

Cette grande fille anglaise, elle aussi, était charmante, poète, peintre à ses heures et écolo de surcroît. Elle est arrivée, un beau jour, cadeau de nos sages supérieurs. Trois religieuses équatoriennes acceptèrent de la loger et elle dut en principe travailler à Maipu ; en réalité, elle ne s'adapta jamais dans cette communauté. Chaque semaine, et cela ne nous dérangeait pas, cette artiste avait besoin de se retirer dans la campagne pour faire des croquis et des dessins en pleine nature. Les choses se compliquèrent le jour où elle se plaignit que de l'argent et des vêtements qui lui appartenaient avaient disparu. Finalement, après ma courte enquête, il s'avéra que la seule qui pouvait être responsable du vol, c'était elle. A peine eus-je découvert le pot aux roses que les religieuses m'appelèrent, un soir, pour m'annoncer, tremblantes, que Gina était devenue folle. Je les rejoignis en catastrophe et elles me conduisirent dans une maison de prostitution, située en face de la petite communauté. J'allai rechercher notre Gina dans ce lupanar, où elle était rentrée pas hasard en hurlant ; elle m'est apparue comme une sorcière, avec ses longs cheveux, hirsutes et décoiffés. Les petites religieuses, choquées, ne savaient plus quoi faire et avaient presque peur. A tous les quatre, nous finîmes par la calmer et elle s'endormit ; le lendemain, un psychiatre arriva et prit la décision de l'interner. On rassembla quelques-unes de ses affaires dans un sac et, le médecin à mes côtés, nous la conduisîmes en voiture dans une clinique, tenue par de grandes religieuses, taillées celles-ci, comme des armoires à glace. A peine arrivée, Gina, refusant d'entrer, se mit à hurler. Des infirmières musclées la prirent vigoureusement en mains et elle accepta de franchir la porte et d'accéder à sa chambre. Nous allions dire : « *ouf !* » quand une nouvelle crise apparut avec des cris et des gesticulations ; nous reçûmes ordre de partir.

La situation à la villa Portales était assez tendue car les communistes nous attaquaient sur nos engagements. Et je ne me sentais pas très disponible pour aider cette fille. Néanmoins, j'allais la voir tous les jours pendant les deux semaines de soin. J'avais consigne de lui parler *fort*. La fermeté était la seule façon de lui faire accepter de rentrer en Angleterre. Je ne sais si mes propos eurent une incidence sur elle, ce que je sais c'est qu'elle se mit à hurler qu'elle était amoureuse de moi et, de ces aveux, je ne fus pas très fier. Le corps médical décida que le placement dans cette clinique qui d'ailleurs nous coûtait cher, ne pouvait pas durer et qu'il fallait la ramener chez elle. Le psychiatre me demanda d'arranger le voyage : de la clinique, elle partirait directement à l'aéroport sans passer chercher ses affaires. Comme elle ne pouvait faire, seule, le voyage, il fallait que quelqu'un l'accompagne ! J'avais le projet de rentrer en Europe pour quelques semaines de vacances et, comme me le fit comprendre la communauté, cette responsabilité me revenait... de droit : *N'étais-je pas le supérieur* ! Je prendrai donc l'avion plus tôt que prévu. Le jour venu, je conduisis notre Gina à l'aéroport, avec quelques médicaments dans mon sac et quelques consignes en tête : « *Ni café, ni alcool : sinon, je ne réponds de rien* », m'avait dit le psychiatre.

A l'aéroport, malgré les papiers en règle, la compagnie fut prise de doutes et n'eut guère envie d'embarquer cette passagère ; il me fallut argumenter et négocier. Enfin, nous voilà dans l'avion pour dix-neuf heures de voyage ! Aux hôtesses, je fus obligé de refuser : vin, thé, café, tout ce dont Gina avait envie, évidemment ! Si bien que les autres passagers commencèrent à regarder la scène et nos rapports avec suspicion. A l'escale de Rio, dans une des boutiques de luxe du hall d'embarquement, elle remarqua de superbes papillons bleus, emprisonnés dans des tableaux de verre ! Mon écolo se révolta, se mit hurler et à donner des coups de pied dans la vitrine pour exprimer son mécontentement. Un petit coup de neuroleptique et j'arrivai à la calmer. Dans l'avion qui nous ramena à Londres, l'émotion et la fatigue furent telles que je me mis à saigner du nez, sans pouvoir m'arrêter ; c'est avec une chemise rouge mais de sang, ce coup-ci, que je descendis sur le tarmac et me débarrassai de ma compagne entre les mains du supérieur Mill Hill et de ses parents. Ces derniers me dirent : « *Oh, mon père, cela ne nous étonne pas, ce genre de crises lui est déjà arrivé.* » Dans la résidence Mill Hill, je piquai une grosse colère. Le supérieur m'affirma qu'on ne savait rien de son état mais plusieurs personnes m'affirmèrent qu'elles étaient parfaitement au courant. Je tombai des nues : « *Comment avez-vous osé laisser partir celle femme ?* »

Epuisé, j'allai rendre visite à mes parents et j'en profitai pour me reposer un peu. Ce sera d'ailleurs la dernière fois où je verrai maman en vie. Déjà malade, atteinte de la maladie d'Alzheimer, elle me reconnut. Je revois ses bras s'ouvrir, lorsque, heureuse de me voir, elle me vit entrer dans sa chambre. Face à son état qui empirait, mon père était désespéré et impuissant ; une fois ou l'autre, notre mère était tombée dans la cuisine ou l'escalier et il avait dû la prendre sur son dos pour la recoucher dans son lit. Avec mes trois sœurs et mon père, nous prîmes la décision de la placer dans une maison spécialisée. Nous en trouvâmes une dans Tilburg même, à quelques centaines de mètres de la maison, et papa, tous les jours, jusqu'à la fin, alla la voir en vélo et lui apporta ses fruits confits et son chocolat.

Si je reviens sur les lourdes responsabilités que j'eus à exercer au sein de ma communauté, je suis frappé par la banalité avec laquelle tout s'était décidé. J'étais entré, dans une réunion de prêtres, comme simple membre, égal aux autres, et en étais sorti leur supérieur. J'avais, ce matin-là, pris cette charge comme un service dont je n'avais mesuré ni les incidences, ni le poids de solitude. Certes, j'avais vécu, tout au long de la formation et pendant mes premières années de sacerdoce, des évènements difficiles ; j'avais tissé des amitiés multiples et nombre de mes amis, pour des raisons qui étaient les leurs, avaient choisi de changer de voie… et nous nous étions quittés ! Ces séparations ne s'étaient jamais déroulées sans un certain déchirement mais elles prendront une autre répercussion quand je les vivrai comme supérieur. Pendant tout ce temps, si je ne suis pas senti véritablement en danger, j'ai vécu ces crises dans le désarroi ; j'ai essayé de vivre conflits et ruptures dans l'honnêteté, en jouant la transparence mais j'ai souvent été touché, comme si je portais, sur tous ces évènements, une part de responsabilité. Si j'ai conservé un certain équilibre psychologique et spirituel, c'est à la communauté pastorale que j'accompagnais et à mes amis chiliens que je le dois. C'est là, que j'ai trouvé mes réels appuis. Membre actif de la structure diocésaine, j'étais par ailleurs en contact avec la hiérarchie, le cardinal et l'évêque local. Mes journées bien remplies m'occupaient l'esprit et tout ce que je vivais valait la peine d'être vécu.

En définitive, j'avais beaucoup de responsabilités mais peu de pouvoir pour aider certains de mes collègues à sortir de leurs problèmes. Je restais, il est vrai, en contact avec les supérieurs de Londres. Si Internet n'existait pas encore, on s'appelait régulièrement au téléphone et la communication passait plutôt bien. Je transmettais mes informations ou dialoguais avec le supérieur, en charge de l'Amérique latine et de l'Océanie[86] ! Ce dernier, est venu nous visiter, tous les deux ou trois ans : mais, à chaque Chapitre Général, un nouveau a été nommé[87].

Une façon particulière de vivre la mission

Je peux l'affirmer, les hommes qui traversaient ces situations difficiles, faites de doute, d'interrogation n'ont jamais été jugés ni par Londres ni par la communauté. Chacun était respecté pour les

---

[86] La région s'est appelée pendant longtemps *l'Asie etc.* et nous, peu nombreux, nous étions dans *l'etc.*
[87] J'en connus quatre. Le premier, homme ouvert, m'envoya à Lo Amor. Le second eut du mal à comprendre les problématiques de l'Amérique latine : lors de mes premières vacances, je me fis même accompagner d'Olivier D'Argouge, en congé lui aussi, pour défendre notre mission. Le troisième ne sera pas sensible, lui non plus, à l'Amérique latine. Quant au dernier, il fermera la mission du Chili.

options qu'il prenait au moment où il les prenait et on essayait de l'accompagner au mieux. Néanmoins, David et Liam ont été, l'un et l'autre, sources de réelles dissensions. Lors du passage d'un des supérieurs Mill Hill, David fut confronté à ses propres options révolutionnaires et ni le groupe ni moi ne l'avons soutenu. A partir de ce moment, il a refusé de participer à nos réunions, de nous adresser la parole, même à Liam avec lequel il vivait ; il ne communiqua plus avec lui que par des petits papiers déposés sur la table. Quand son propre groupe politique l'eut aussi désavoué, il quitta définitivement le Chili, fâché contre tous. Sans nous dire au revoir, après avoir devant son compagnon, secoué symboliquement la poussière de ses chaussures, il claqua la porte de la maison. Rentré en Europe, il quittera la congrégation et la prêtrise, fera des études en Ecosse où il rencontrera une Polonaise avec laquelle il se mariera. A ce moment-là, son passé le rattrapera ; la justice le mettra en prison pour abus sexuels, faits antérieurs à sa rentrée à Mill Hill, lorsqu'il était animateur dans une maison de jeunes. Heureusement, pendant son séjour en Chili, rien de cette perversion n'était apparu et je n'apprendrai son itinéraire et son triste aboutissement que bien plus tard.

Quant à Liam, il était devenu membre actif d'un groupe communiste, au sein duquel il trouvait une façon de vivre son sacerdoce. Avant de prendre ses vacances, en 1987, au cours d'une célébration, il prononça publiquement des paroles critiques contre l'Église locale qu'il considérait trop molle et pas assez engagée dans la lutte pour les pauvres. Des membres de sa communauté le dénoncèrent auprès de l'archevêque et le vicaire épiscopal vint le trouver ; Liam, à l'irlandaise, l'envoya balader. Le cardinal Carlos Oviedo, récemment nommé, me demanda de signifier à ce prêtre contestataire, son souhait de ne pas le revoir au Chili, à l'issue de ses vacances. Je lui écrivis une longue lettre d'explication, en lui exprimant néanmoins mon soutien ; il me semblait bon qu'il puisse revenir à Santiago, ne fût-ce que pour s'expliquer ! Sans charger mon compagnon, j'informai également mes supérieurs. Comme on parlait généralement de tous nos problèmes en équipe, son cas avait été analysé et j'avais lu à tous, laïques compris, une lettre que m'avait envoyée à son sujet le cardinal. Quelques jours plus tard, de son propre chef, Mary alla voir le haut dignitaire, pour désavouer sa décision et, en un mot, lui passer un savon. Quand ce dernier se vit confronté à une laïque, qui plus est, étrangère, révélant que j'avais donné lecture de son propre courrier, les choses se passèrent très mal. Je fus convoqué, à l'archevêché, séance tenante : sans avoir le temps de m'expliquer, j'eus bien celui de me faire remonter les bretelles. Avec Mary, l'explication fut orageuse et ce, d'autant plus qu'un petit clan, comprenant Wim, Brian et elle, s'opposait à moi depuis quelque temps ; j'apparaissais, à leurs yeux, comme une simple courroie de transmission de l'autorité, incapable de défendre une victime. Néanmoins, j'obtins gain de cause et Liam put rentrer au Chili.

Quel regard puis-je porter sur la façon dont nos supérieurs londoniens considéraient notre présence au Chili ? Je crois qu'au départ, et ce fut peut-être notre faute originelle, ils ne comprenaient pas notre apparente désorganisation interne, notre souci démocratique de refuser de nous donner un supérieur. Ils ne comprenaient pas non plus la situation du Chili, nos luttes pour un changement de gouvernement, sous forme d'accompagnement des protestas ou d'engagements plus politiques. Ils ne comprenaient pas la position de l'Église locale dans sa détermination vers plus de justice. Pourquoi, après tout, faisions-nous tant d'opposition au régime Pinochet ? Etait-ce notre mission de prêtres ? Habitués qu'ils étaient à travailler, en Afrique ou en Asie, dans des diocèses bien cadrés et organisés, nos pères étaient déstabilisés par notre façon de vivre, dans les *poblaciones*, *à la va comme je te pousse,* incarnés dans une réalité sociale, où l'essentiel était d'être parmi les gens, de témoigner de Jésus-Christ et de faire le choix des pauvres. Alors que nous voulions faire comprendre que nos eucharisties n'étaient pas seulement du rituel mais des prises de position et des façons de transformer la société, eux nous poussaient sans cesse à reprendre le flambeau classique qui consistait à être curés d'une paroisse structurée et à exercer un travail plus pastoral que social.

L'incompréhension de notre façon de vivre notre mission avait été renforcée par les interventions politiques et révolutionnaires de David, lors du chapitre général ; avec le recul, on peut dire qu'elles auront été catastrophiques. Sans prendre la moindre précaution, notre *délégué,* minoritaire parmi nous, avait accusé tous ces hommes *respectables* d'être du côté du pouvoir et de l'aliénation.

Et l'écoutant, nos supérieurs avaient eu le sentiment qu'à travers sa bouche, ils entendaient la voix de toute l'Amérique latine révolutionnaire.

Au retour, naturellement, David nous avait fait un compte-rendu très à son avantage ; il avait su, selon lui, leur administrer une vérité forte. En réalité, sa parole avait plombé notre mission et pour longtemps. Il avait donné de notre travail une image, tellement spéciale que, malgré nos efforts, nous ne pourrons jamais plus nous en défaire. Certes, les défections, les mariages n'aidèrent pas à non plus à rétablir une totale confiance. Mais je crois que son intervention fut, pour nos supérieurs, le premier signe qui, à terme, les poussera au retrait des Mill Hill du Chili. Lors de ce chapitre, il y eut de nouvelles élections, le supérieur en charge de l'Amérique latine fut évincé et remplacé par un Irlandais traditionaliste. Ce jour, nos pères, même s'ils continueront à respecter et accueillir les hommes, effacèrent ce continent de leurs têtes.

El amor es mas fuerte

Si la direction des Mill Hill ne comprit guère la position de la mission du Chili en faveur des pauvres, on peut se demander quelle fut la position de l'Église officielle de Rome face aux grands bouleversements que connut le sous-continent et à l'émergence de la théologie de la libération ? Le pape vint au Chili, en avril 1987, et fut très bien accueilli par le cardinal Fresno. Ce dernier ne représentait plus pour le peuple l'icône au service des droits de l'homme, qu'avait été son prédécesseur, le cardinal Enriquez ; il s'était donné, en revanche, comme mission d'être le grand réconciliateur du peuple chilien et avait tenté de multiples démarches pour apaiser les tensions avec le pouvoir. Mais les pauvres ne le percevaient pas toujours très bien, voyant en lui celui qui pactisait avec les riches ! Comme d'habitude, le pape, quant à lui, apparut comme le missionnaire qui passait au dessus des montagnes et arrivait, sans fatigue, jusqu'à son peuple.

Au cours de mon séjour au Chili, j'ai rencontré trois fois le souverain pontife. La première fois, ce fut dans une *población*. Le vicaire épiscopal de la zone sud avait organisé sa visite. Une estrade de deux mètres de haut avait été installée, sur laquelle avait été disposé un grand fauteuil en rotin, en guise de trône. Les prêtres étaient assis plus en retrait et une grande foule de pauvres entourait le pape dans une mise en scène impressionnante. C'est là qu'il prononça cette phrase : « *J'ai entendu dire qu'il y a des communautés ecclésiales de base...* » Son discours avait été préparé par plusieurs prêtres dont Philippe Barriga et soumis au cardinal Roberto Tucci qui avait orchestré sa visite. Perçu comme très positif, il insista sur l'importance d'être des témoins vivants dans la réalité sociale du pays. La deuxième fois, je l'ai vu arriver au milieu du grand stade, presque au pas de course. Malgré l'agression dont il avait été victime quelques années auparavant, il donnait l'image d'une énergie extraordinaire, notamment lorsqu'il se baissa à terre et embrassa le sol. Il alla s'installer sur son siège papal et surprit son monde. Ses premiers mots furent pour rappeler les exactions et les violences qui avaient été commises, dans ce lieu même, au moment du coup d'État. Assis au milieu d'un groupe de jeunes, j'étais étonné par la qualité du dialogue qu'il était en capacité d'instaurer. Il les interrogea sur la solidarité, sur le contrôle du pouvoir, sur l'argent et les milliers de jeunes répondirent : « *Oui* » à chacune de ses questions, en l'acclamant. Et puis, le ton changea : il les interpella sur l'abstinence sexuelle avant le mariage et les jeunes, toujours à l'écoute, ne répondirent que par des hésitations et se risquèrent même à crier : « *Non* » au point de le désarçonner. Il dut transformer son discours et formuler une nouvelle question sur la façon égoïste de vivre l'amour humain ; sa question fut entendue mais il y fut répondu sans enthousiasme. La troisième manifestation se déroula dans l'immense parc O'Higgins[88], au cœur de Santiago. Elle se tint au lendemain de la fameuse apparition du pape à la fenêtre du palais de la Moneda, au côté de Pinochet. Le général aurait, dit-on, piégé le pape en l'entraînant sur le balcon présidentiel. Cette présence non prévue mais largement diffusée par la presse et la télévision, avait déjà donné lieu à des interprétations fâcheuses, qui continueront par la suite, comme si le pape cautionnait le régime fasciste. Le lendemain donc, une dernière messe devait clore la visite et un grand nombre de prêtres, dont j'étais, concélébraient avec lui. Le pape arriva dans sa *papa mobile* et traversa la foule en

---

[88] Libérateur du Chili, vainqueur contre les Espagnols à la bataille de Maipo en 1818.

acclamation mais, très vite, à la marge du grand rassemblement, des attroupements, comme des espèces de *protestas*, se produisirent et perturbèrent la magnificence de la célébration. Le pape éleva plusieurs fois la voix pour réclamer le silence mais il n'y arriva pas. Les *carabiñeros* commencèrent alors à jeter des bombes lacrymogènes sur les éléments perturbateurs mais le vent, assez fort ce jour-là, renvoya les gaz sur l'autel et nous dûmes tous, pape compris, prendre nos mouchoirs pour protéger nos yeux. Des gens se mirent à courir partout. La voix forte du pape s'éleva une dernière fois : « *El amor es mas fuerte*[89] ». Mais son incantation se perdit au milieu du brouhaha. La cérémonie se termina enfin et tant bien que mal nous rentrâmes à pied, nous faufilant au milieu des pèlerins et des manifestants, mélangés.

Pendant son séjour, le pape prit une initiative qui déplut à la junte, celle de rencontrer, dans un lieu proche de la nonciature, tous les chefs des partis politiques qui n'avaient alors aucune légitimité ; il leur tint un discours sur la nécessité d'une réconciliation, sur les droits de l'homme et le respect des minorités. Et, on ne sut que plus tard, la teneur de l'entretien privé qu'il eut avec le général Pinochet lui signifiant, selon le cardinal Tucci que le temps était venu *de rendre le pouvoir aux autorités civiles*. Peut être cette intervention aida-t-elle à ouvrir une brèche ?

En définitive, la venue du pape fut bien perçue par les Chiliens qui ont vu dans sa présence un ensemble de signes d'amitié et d'amour. Le Saint Père a été bien accueilli par les cardinaux et les évêques qu'il connaissait tous par leurs noms. Quant à nous, nous avions préparé cette visite, en essayant de lui montrer la réalité et la souffrance du peuple. Lors de sa visite dans la *población*, il donna le sentiment de rentrer dans le jeu et de comprendre la dynamique de l'Église du Chili. Au cours de son séjour, en tout cas, il ne vivra pas l'humiliation de la Bolivie, quand les Indiens en procession vinrent lui dire : « *Rapportez cette bible à Rome car elle nous a causé cinq cent ans d'oppression.* » Il ne vivra pas non plus ce moment douloureux de totale incompréhension avec les habitants du Nicaragua[90]. Au contraire, il donna des signes forts de

---

[89] L'amour est plus fort.
[90] Lors de son pontificat, le pape se déplacera quinze fois en Amérique centrale et du sud. En 1983, au cours du même voyage, il aura des gestes forts et parfois

solidarité quand on lui présenta une jeune fille brûlée au troisième degré, lors d'une *protesta*, et qu'il la serra dans ses bras ou quand il reçut les familles des détenus disparus. Ce furent ces signes là, y compris, les premières paroles prononcées dans le grand stade, que le peuple conserva en mémoire ; on rejeta sur Pinochet et sa clique le fait qu'il ait été manipulé et aperçu en sa compagnie par la fenêtre ouverte. Quant à la théologie de la libération, le pape, avec habileté, déclara que *toute théologie devait être libératrice*.

Lorsqu'au cours de ces années de lutte, nous réfléchissions, entre prêtres, nous ne pouvions adhérer au discours que le pape tenait devant les évêques : « *La dictature d'un homme passe, celle d'un régime reste ! Accommodez-vous d'une dictature passagère, c'est moins dangereux !* » Il nous semblait qu'au nom de son histoire personnelle et de sa hantise de voir le communisme qu'il avait connu dans les pays de l'est s'infiltrer en Amérique latine[91], il portait une part de responsabilité dans la condamnation de la théologie de la libération. Alors qu'il n'y voyait qu'une émanation dangereuse du marxisme, cette dernière représentait pour nous plus un outil d'analyse qu'une idéologie et surtout elle portait hautes les valeurs de justice et de partage.

A cette époque, on percevait déjà les coups de boutoir de Rome[92]. Deux instructions de la Congrégation pour la Doctrine de la Foi condamnèrent la théologie de la libération : l'une en 1984, après la convocation de Leornado Boff à Rome et la publication de *Dix observations sur la théologie de Gustavo Gutierrez* ; l'autre, en 1986, en apparence plus sereine mais récusant dans le fond tout appel à une libération *humaine*. L'Église d'Amérique latine prenait un autre chemin que celui qui avait été tracé à Medellin. Paulo Evaristo Arns, le cardinal très prophétique de Sao Paulo, avait été

---

perçus comme contradictoires. Il obligera le pouvoir salvadorien à le laisser entrer dans la cathédrale où était enterré Monseigneur Oscar Romero et au Nicaragua, il admonestera les prêtres devenus ministres de Daniel Ortega et sa mésentente avec le peuple de Managua sera manifeste.

[91] Jean XXIII était déjà comme cela ; c'est pour ces raisons qu'il avait, à son époque, envoyé des prêtres *en mission* dans le sous-continent.

[92] Un premier avertissement a été donné par le pape lui-même, en visite à Puebla, au Mexique en 1979, dix ans après Medellin. Sa participation au CELAM (Conférence générale de l'Épiscopat Latino-AMéricain) lui donna l'occasion de condamner les tentations marxisantes des tenants de la TL.

évincé et remplacé par un nouvel archevêque. Celui-ci affirmera fortement que *l'option préférentielle pour les pauvres était terminée et qu'on devait lui préférer l'option pour Jésus*. C'était de Lui et non du peuple que venait le salut. Le souci de développer les communautés de base se faisait moins prégnant ; en revanche, les sacrements et la catéchèse revenaient en force pour accompagner la religiosité populaire. Rome faisait son travail de réorientation et cette évolution en douceur trouvait l'adhésion de nombreux Chiliens qui n'étaient pas révolutionnaires. A Santiago, le cardinal Fresno ne s'affichait plus pour la libération mais pour la réconciliation. Dans nos rencontres de zone, on choisissait mieux les intervenants ; Eugenio Pizzaro[93] par exemple n'eut plus l'occasion de s'exprimer. En revanche, les réunions portaient sur la façon de célébrer la *première communion*. Il y avait en même temps, un gros travail pour favoriser les vocations ; sous la férule des pères de Schoenstatt, le séminaire de Santiago débordait et on savait formater la majorité des jeunes dans la bonne direction ; quant aux autres, plus engagés mais plus minoritaires, ils abandonnaient leur projet. Les séminaristes accompagnés par Mariano Puga, par exemple, eurent beaucoup de mal à se faire accepter par le conseil de l'archevêque qui les suspectait.

On ne peut isoler cette inflexion de l'Église de tout ce qui se passait à l'aube des années 1990, dans le monde. En Europe, le communisme était sérieusement ébranlé et le mur de Berlin venait de s'écrouler. Il restait certes des dictatures en Amérique latine mais elles étaient moins dures, du moins militairement parlant. Au Chili, même, le danger, sournois, venait à présent du libéralisme : un capitalisme effréné, qui faisait plier les pauvres en silence, était mis en place par Pinochet et son équipe. La résistance, quant à elle, s'effritait et les syndicats disparaissaient ; même le Premier mai n'avait plus sa force de rassemblement. Dans nos communautés, ceux qui continuaient à maintenir le langage libérationniste, teinté de marxisme, n'étaient plus en phase avec l'ensemble de la société ni crédibles. Reste qu'on ne peut pas, aujourd'hui, balayer si

---

[93] Ce prêtre se présentera à la présidence de la République, sous la bannière communiste, en 1990. Il obtiendra moins de 5% des suffrages. Pendant la campagne électorale, il fut suspendu *a divinis* (interdit de célébrations eucharistiques) par le cardinal et par la suite réintégré.

facilement les enseignements de la théologie de la libération. Au-delà de son inscription dans une période politique difficile et de son caractère forcément contingent, elle a été et elle est peut-être toujours un effort courageux pour dire que le message de salut doit prendre en compte l'homme dans sa réalité sociale et économique, que ce message ne l'atteindra que s'il se met debout et s'il retrouve sa dignité. Cette théologie est aussi une façon risquée certes mais libératrice de confronter l'enseignement *classique* de l'Église aux exigences critiques du monde moderne[94].

---

[94] La nouveauté de la TL réside bien sûr du contexte latino-américain mais plus encore de celui de la modernité : *N'est-ce pas cette modernité, avec sa double composante de critique et d'insistance sur la pratique, sur le faire de l'homme et de l'histoire, sur le principe de vérification, qui rend inopérants, parce que décalés, les critères classiques de l'orthodoxie ?* Marlé R., Introduction à la théologie de la libération, Paris, Desclée de Brouwer, 1988 (page 153).

11

Par décret municipal

En octobre 1988, sur le boulevard qui traverse Santiago du nord au sud, de grandes manifestations réunirent sous des drapeaux arc-en-ciel toutes les forces du *No* contre la dictature. A 56%, le peuple chilien rejeta Pinochet, refusant de le voir président pendant sept nouvelles années et ce dernier fut remplacé par Patricio Alwin, un démocrate chrétien. Le soir du referendum, au milieu des cris de joie, tout le monde se retrouva dans la grande rue de l'Alameda : la démocratie commençait à reprendre ses droits.

Si les manifestations pour retrouver les détenus disparus continuèrent, les protestas cessèrent. Dans tout Santiago, l'ambiance changea, les *carabineros* se firent plus discrets et on respira mieux. Les journaux se libéralisèrent et des débats contradictoires eurent leur place à la télévision. Le socialisme eut de nouveau droit de cité et les disputes internes entre démocrates-chrétiens et socialistes réapparurent. Au plan macro-économique, le pays continua à s'enrichir ; il fallait disait-on que le sac se remplisse, pour que cela déborde et que cela retombe *un peu* sur les pauvres. En réalité, pour beaucoup, c'était très dur de joindre les deux bouts ; il aurait fallu donner un bon coup de pied dans le sac mais il n'y avait encore ni contestation organisée, ni syndicat. La pauvreté et l'injustice régnaient dans ce monde libéral et les gens continuaient à se plaindre de la lenteur du changement. A la fin de l'ère Pinochet, l'exode rural s'était même accéléré ; les nouveaux venaient loger dans des campements de fortune et de nouvelles *poblaciones* poussaient à Maipu et au sud, à Puente Alto et San Bernardo. On construisait aussi des logements sociaux à grande échelle : de petites maisons accolées et alignées comme des corons.

En dehors de moi, les seuls Mill Hill à rester au Chili, à la fin de ces années 1980, étaient Wim, Mary et Brian ; et l'ambiance dans la communauté n'était pas excellente. Mes compagnons, pensant toujours que je n'avais pas assez bien soutenu Liam, continuaient à me faire une vie difficile. Un prêtre arriva fort heureusement pour grossir la communauté mais, au bout d'un mois, il affirma qu'il n'y avait pas de pauvres au Chili et il partit pour Cocha Bamba dans une maison pour enfants, tenue par des religieuses de saint Vincent de Paul, analogue à celle où il avait travaillé en Inde. Bientôt, Wim et Brian trouveront l'Église chilienne trop structurée et le nombre de prêtres exerçant un ministère à Santiago suffisant. En réalité, n'ayant jamais bien appris la langue ni pénétré la culture, ils n'étaient pas entrés dans une relation existentielle avec le peuple chilien ; leur présence à Santiago n'avait pas de commune mesure avec ce qu'était devenu mon attachement viscéral avec ce pays et ce peuple. Ce départ et ces réactions seront perçus par nos supérieurs comme autant de signes que le Chili n'était plus une priorité pour la société missionnaire.

En attendant, Brian, toujours en recherche de ministère, avait émis le désir de me remplacer à Jesus Maestro. Je lui dis : « *Eh bien, si tu souhaites prendre en charge cette paroisse, je te la laisses !* » J'avais vécu des années passionnantes au plan pastoral ; Chilien parmi les Chiliens, je m'étais senti accueilli dans cette communauté. Cela me coûtait de quitter ces gens auprès de qui j'étais à l'aise mais, au bout de ces sept ans, n'avais-je pas donné tout ce que je pouvais et, en continuant, ne risquais-je pas de me scléroser ? Laisser ma paroisse aux soins de Bryan serait pour moi l'occasion d'un engagement sur une autre action pastorale. J'étais optimiste et en paix avec moi-même ; missionnaire, je trouverai une autre *mission* et ce changement, recréant de l'harmonie dans le groupe, pérenniserait peut-être notre présence au Chili.

Je quittais donc la petite maison, entourée de fleurs à chaque saison, avec le sentiment d'avoir bien travaillé à Jesus Maestro. La période avait été troublée mais les chrétiens avaient su *faire communauté* non seulement pour construire leur église mais pour être témoins. Brian fut bien accueilli mais la mayonnaise ne prit pas aussi bien que je l'avais espéré. Il avait une façon de travailler, à la fois plus autoritaire et plus cultuelle ; il savait organiser mariages, enterrements et baptêmes mais n'avait pas la sensibilité adéquate pour faire vivre des petites communautés. Il y eut des accrochages avec les laïcs qui avaient pris l'habitude de vivre une forme de démocratie et de prendre des décisions. Quelques mois plus tard, lors d'une réunion houleuse en bord de mer avec un supérieur venu de Londres, la communauté éclata et je renonçai à mon poste de supérieur. Mary prit la décision de repartir en Angleterre. Dans l'année qui suivit, Brian et Wim s'en allèrent en Équateur pour rejoindre un autre Mill Hill[95]. Comme un Mohican, je me retrouvai dernier représentant de ma congrégation, sans souffrir d'isolement et, grand bonheur, sans avoir à porter les soucis d'un supérieur. Je ne rentrerai en Europe qu'en 1992 quand maman sera au plus mal. Lorsque j'arrivai à son chevet, c'était trop tard, je n'ai pu l'embrasser vivante et j'ai pu juste célébrer l'enterrement. Dans la foulée, mon père vendit la maison et, les sept dernières années de sa vie, il vécut heureux, dans une maison de retraite.

Curé de San Antonio

Entre temps, avec la complicité du vicaire pastoral, Rafael Hernandez, un homme un peu froid en apparence mais chaleureux, j'avais visité plusieurs sites de la zone sud, sur la commune de San Roman. On me confia la charge de constituer une paroisse à partir de deux chapelles, l'une faisant partie d'un sanctuaire franciscain et l'autre d'une communauté salésienne. Chacun de ces lieux avait une identité forte et des pratiques pastorales différentes. Les paroissiens du premier étaient sensibles à la solidarité et à l'accueil des pauvres tandis que les seconds avaient misé sur l'action auprès des jeunes. Le jour où je fus intronisé, un jeune me raconta cette anecdote : tous s'attendaient à voir arriver un curé chauve, vraisemblablement bedonnant, quand ils virent débouler une jeep rouge. Ma vieille Suzuki d'occasion, achetée quelques mois auparavant, commode pour rouler dans les ruelles des *poblaciones,* fit son petit effet : de là sortit un grand gringo blond, en jean, pull de couleur et veste de cuir.

Les gens du quartier étaient plus pauvres que ceux de la villa Portales et comme à Lo Amor, ils habitaient dans de petites

---

[95] Je croiserai Mary, quelques années plus tard, apaisée. Je reverrai Brian en Écosse, dans une maison de retraite, atteint de la maladie d'Alzheimer. Wim est en Espagne, prêtre dans une maison de vacances pour Hollandais.

maisons individuelles en bois ou en dur. Avec une modeste somme de quatre mille dollars, j'achetai une maison en mauvais état mais entouré de son jardinet ; j'en remis deux mille pour refaire les canalisations d'eau, le tout à l'égout, l'électricité, la peinture ; je couvris le toit d'un revêtement plastique transparent qui laissait passer la lumière. Cette demeure devint très agréable, y compris pour y recevoir des amis. Les habitants de la paroisse étaient ouvriers et le plus souvent intermittents du travail. On trouvait aussi de petits artisans ; à côté de chez moi, deux hommes fabriquaient des louches, plus loin un autre martelait la ferraille pour produire des couvercles de casseroles ; en face, un cordonnier fabriquait des chaussures de A à Z ; un imprimeur à l'ancienne bricolait comme il pouvait et un poseur de vitres arpentait les rues. On trouvait aussi des chauffeurs de cars ou de taxis, des instituteurs qui pour survivre exerçaient un double métier. Les femmes, quant à elles, travaillaient comme lingères ou dans des compagnies de ménage pour les grandes entreprises, avec des horaires impossibles. S'il n'y avait plus de grandes manifestations, la grève de la faim se pratiquait encore. Les vendeurs à la sauvette, par exemple, excédés d'être la cible des *carabiñeros*, revendiquèrent, un jour, un endroit pour exercer leur commerce et vinrent prendre la paroisse d'assaut. J'eus beau leur dire qu'il serait plus efficace d'aller protester devant la mairie, ils me répondirent que : « *l'église était un bon lieu pour leur action et que d'ailleurs ils iraient jusqu'à l'ultime conséquence.* » Je dus me transformer en médiateur entre le maire et les meneurs du mouvement et, après négociation, ces derniers obtinrent un endroit où ils purent établir un petit marché.

Petit à petit, des deux chapelles, on réussit à ne faire qu'une seule paroisse, San Antonio. Je n'ai pas eu d'opposition de la part des autorités des ordres franciscain et salésien, contents de se dégager de cette responsabilité. Seuls, les membres de la chapelle salésienne firent un peu de résistance ; attachés à un fonds de solidarité, ils craignaient que cette somme ne soit noyée dans le fonds commun. En réalité, ce trésor de guerre ne représentait qu'une dizaine d'euros et les enjeux, comme d'habitude, étaient ailleurs, relevant du pouvoir que tel groupe pourrait d'emblée exercer sur l'autre. Peu à peu, grâce à un conseil paroissial unifié, les communautés commencèrent à travailler ensemble ainsi que les différents services : catéchèse familiale, préparation aux baptêmes et aux mariages. Je respectai scrupuleusement les deux lieux de culte : le dimanche, une messe était dite dans chacune des deux églises et, en semaine, des réunions se tenaient sur l'un et l'autre site. Salvador, qui avait déjà construit l'église de Jesus Maestro, se remit au travail pour bâtir des salles de réunions. Un architecte à la retraite en fit les plans et, comme le Chili est très sourcilleux sur les papiers, je dus passer des heures à faire les *tramites*, démarches nécessaires pour obtenir les permis de construire.

En comparaison avec la villa Portales, j'avais affaire à une population non seulement plus pauvre mais d'une certaine façon plus violente - j'ai dû par exemple accompagner, pendant son agonie, un jeune, blessé à l'abdomen par un délinquant. L'instauration de communautés de base parut, une nouvelle fois, l'approche pastorale la plus authentique, celle qui mettrait en route les laïcs et leur donnerait le maximum de responsabilité. Je me souviens du témoignage d'une femme qui me dit un jour : « *Père, depuis que je suis dans une communauté, quand je descends du bus, pour rentrer chez moi, je n'ai plus peur ; je sais qu'au bout de cette rue loge une dame que je connais et que dans cet immeuble habite une autre ; je me sens protégée !* »

Par ailleurs, avec le retour de la démocratie, la lutte contre la dictature et ce que cela engendrait paradoxalement de dynamique communautaire avaient pris fin. Certes, il y avait bien d'autres combats à mener contre la misère et pour plus de solidarité mais la carte de ceux-ci était moins immédiatement lisible et le risque de déplacement des affrontements vers l'intérieur même de la communauté n'était pas exclu. L'église et les différents services offraient à certaines personnes une reconnaissance sociale qu'elles n'avaient ni dans leur vie quotidienne ni dans leur quartier et encore moins dans leur travail. La communauté était le seul endroit où elles se sentaient importantes et où leur avis était pris en compte et écouté. Alors, celles qui accédaient à cette parcelle de pouvoir pouvaient le mettre au service des autres mais aussi en user et parfois en abuser, entraînant disputes et jalousies. Carmen fut un bon exemple de cette dérive possible. Cette femme de grande qualité, dont le mari se préparait au diaconat, était un des moteurs de la paroisse ; elle fut élue présidente du conseil pastoral mais ces responsabilités lui causeront des ennuis et elle se retrouvera à l'origine d'un conflit avec un des prêtres qui prendra ma suite.

Pour donner confiance à tous, je demandai au cardinal Carlos Oviedo, avec qui j'avais eu de longues explications au sujet de Liam, de venir un dimanche faire une visite pastorale auprès de tous ces gens humbles. Ce *haut dignitaire* que le peuple ne voyait qu'à la télévision arriva dans le quartier avec sa grosse voiture et son secrétaire particulier mais il trouva les mots justes pour leur parler.

Pour élargir les horizons de mes paroissiens, je les invitais à participer aux activités de la zone : réunions de responsables de communautés ecclésiales, formations d'animateurs de jeunes, organisation des camps de vacances. Comme à Jesus Maestro, je continuai cette activité de plein air dans un ancien sanatorium de montagne. En février, pendant la période d'été, une cinquantaine de jeunes, garçons et filles de quinze à vingt-deux ans, apprenaient pendant une semaine environ, à vivre ensemble, à jouer, à réfléchir et à approfondir la foi. Dans ces lieux, très agréables, à deux heures à peine de Santiago, ces adolescents goûtaient, souvent pour la première fois, au plaisir des promenades et des baignades en rivière. Les aînés, assesseurs, qui au sein du *vicariat de l'espérance* s'étaient réunis, tout au long de l'année, pour travailler sur la pastorale, encadraient les plus jeunes et le camp faisait émerger de nouveaux leaders.

Le doyenné, très actif, réunissait une dizaine de paroisses et plus d'une cinquantaine de prêtres, religieuses, diacres. Un conseil regroupait une centaine de laïcs et, la deuxième année, j'en fus élu démocratiquement, le président. Dans ce contexte, je fus chargé d'encadrer l'équipe de formation biblique et liturgique et d'organiser le système des communautés ecclésiales. Aidé par deux théologiens et un sociologue, nous organisâmes l'école d'été, les soirs de janvier. Une trentaine de professeurs donnait des cours sur des thèmes religieux, politiques et sociologiques : les étudiants recevaient des clefs d'interprétation du monde et une réponse qui se voulait adéquate à la vie d'un chrétien, en quête de position *libérationniste*. Une aide médicale, portant sur la prévention de l'alcoolisme ou les risques du SIDA, était proposée ainsi que des cours d'éducation sexuelle, en direction des adolescents. J'étais bien intégré à la communauté ecclésiale ; mon travail allait de l'animation de groupes de personnes âgées de la paroisse, jusqu'aux tâches plus stratégiques dans le doyenné ou le vicariat.

Avec un groupe de prêtres chiliens, nous nous retrouvions, le dimanche soir, pour un repas amical, abordant librement les questions portant sur l'évolution de l'Église (vie et mort de la théologie de la libération, développement des courants pentecôtistes, renaissance du cléricalisme) et les problèmes moraux[96] (place des divorcés remariés ou des homosexuels), autant de débats que nous ne pouvions pas lancer ouvertement sur la place publique.

Dans le désert du nord

Avant de terminer la narration de mon séjour au Chili, il me plait de raconter deux voyages entrepris dans le nord, au-delà du désert d'Atacama, et qui me semblent symboliques de toute l'évolution qu'a traversée ce pays. Le premier se déroula en 1984, en pleine période des *Protestas*, alors que j'étais à Jésus Maestro. Un jeune de la paroisse, qui suivait ses études dans la petite université d'Antofagasta, avait été surpris en train de peindre des graffitis et de distribuer des tracts, délit politique suffisamment grave pour être emprisonné. La mère de ce garçon était décédée et le père, membre du parti communiste, n'était pas très bien vu dans le quartier mais la famille était dans de tels besoins que l'équipe de solidarité de la paroisse dut intervenir. En accord avec le conseil pastoral, je partis rencontrer le prisonnier ainsi que les autorités politiques et religieuses locales. Le trajet en bus, de plus de mille kilomètres, dura une bonne journée et parut d'une longueur interminable. La succession de dunes et de rochers arides, l'absence de verdure, la crainte d'un incident technique, tout était oppressant. Les démarches furent difficiles : les deux visites réglementaires concédées dans la prison, la découverte des conditions de détention sordides, la rencontre avec le juge pour témoigner de la probité de ce garçon, lorsqu'il était à Santiago. Le plus dur fut de supporter les réactions de l'évêque qui estimait que tous les prisonniers politiques étaient des communistes, méritant bien les

---

[96] En matière de morale, l'Église avait deux discours : l'officiel qui s'opposait à l'avortement et à la contraception et l'autre, discret, qui conseillait aux jeunes de prendre leurs précautions et d'utiliser des préservatifs ou la pilule.

châtiments qui leur étaient infligés. La désolation extérieure rejoignait mon angoisse intérieure.

Dix ans plus tard, avec deux amis français, amoureux d'art, je refis le même trajet, au volant de ma Suzuki. Le pays avait retrouvé la paix, les prisons s'étaient vidées et le cœur des Chiliens chantait. Nous plantions notre tente sur une dune en plein désert, apparemment seuls dans cette immensité ; et, le lendemain matin, nous nous trouvions encerclés par des petits bergers qui gardaient leurs chèvres. Nous avions le projet d'aller dans la montagne, près de la ville d'Iquique, à la fête de la Vierge de Tirana qui se déroulait le 17 juillet. Cette dernière, à l'origine une Indienne, avait eu des mésaventures amoureuses et son histoire transformée, au fil du temps, par la grâce du Saint-Esprit et la ferveur populaire, était devenue une fête en l'honneur de Marie. Les confréries religieuses de tout le nord du Chili mais aussi de Bolivie et du Pérou se préparaient toute l'année à ce pèlerinage. Ils répétaient des chorégraphies inspirées d'anciennes traditions précolombiennes, confectionnaient des costumes d'Indiens mais aussi de Gitans, de Batman ou de cow-boys, souvent hétéroclites et étrangers à la culture locale. Dans leurs façons d'apparaître et de saluer la Vierge, au son du tambour, les danseurs respectaient un cérémonial très précis ; les diables eux-mêmes, avec leurs cornes rouges, dansaient selon les rituels des hauts plateaux andins. Les pèlerins arrivaient en foule pour assister à ces cérémonies et payer leurs *mandas* ; la nuit, tout ce beau monde dormait par terre, dans des voitures ou chez l'habitant, en prenant bien soin de ne pas se faire dévaliser. Lorsqu'à la fin de la fête, au milieu d'une immense ferveur populaire, la Madone était reconduite dans sa basilique, les feux d'artifice explosaient de tout côté et les gens pleuraient.

Au cours de ce deuxième séjour, je n'ai pas pleuré et je me suis réjoui de la chaleur communicative de ces femmes et de ces hommes. Les paysages étaient d'une beauté rare et sauvage. Les dunes, qui m'avaient paru si arides, dix ans auparavant, me paraissaient dorées et, à chaque heure de la journée, se plaisaient à changer de forme. Et, quand nous pénétrions dans les oasis, l'odeur de mort avait laissé la place à celle des orangers dont nous nous enivrions. Un soir, nous plantâmes notre tente dans la vallée de la Luna et, enveloppés dans notre sac de couchage, nous nous laissâmes envoûter par le silence ; une autre nuit, au bord de l'océan, à la belle étoile, nous écoutâmes le grondement lourd des vagues qui s'écrasaient sur le rivage.

Ce voyage, au Printemps de ce pays libéré, évoquait-il quelque chose de l'ordre de la nostalgie, comme dit la chanson : « *Chili, c'est fini !* » Même si ma communauté ne me laissait pas tomber car j'avais avec eux de multiples contacts téléphoniques, j'étais bel et bien seul à Santiago. Un beau jour, une décision tomba de Londres : fermeture de toutes les communautés Mill Hill d'Amérique latine, à l'exception du Brésil. Je ne fus pas surpris ! Je reçus une lettre personnelle de Londres, très chaleureuse, qui me remerciait de mes nombreuses années passées au service de l'Église du Chili et me confirmait par la même occasion que c'était la fin !

Dès que j'informais mes amis de cette décision, je reçus un certain nombre de propositions. Le nouveau vicaire épiscopal m'invita à être *incardiné* dans le diocèse de Santiago ; les pères irlandais de San Colomban m'enjoignirent à rejoindre leur congrégation ; les jésuites me sollicitèrent pour entrer dans leur compagnie. J'étais partagé entre plusieurs fidélités : me fixer à Santiago, où je pourrais occuper une position hiérarchique[97] ou continuer au sein de ma famille spirituelle dans ce qui avait été mon projet de vie. En fait, je ne cherchais pas le pouvoir et ne voulais pas faire carrière, j'obéis donc à mes supérieurs et décidai de quitter ce pays et ces Chiliens que j'aimais tant. Je négociai simplement de rester un an à San Ramon, pour achever ce que j'avais entrepris dans la paroisse et le doyenné. A Londres[98], les supérieurs approuvèrent évidemment mon choix !

J'eus le temps de préparer ma sortie et les derniers mois se terminèrent en beauté. Au cours des ultimes semaines, je fis fonction de vicaire épiscopal avec responsabilité d'assurer les confirmations et j'organisai l'école d'été qui, pendant une quinzaine de

---

[97] Le secrétaire particulier de l'évêque qui étudie maintenant à Rome est venu me voir en France et m'a dit récemment : *« Ton nom était sur la table du cardinal pour que tu deviennes vicaire épiscopal de la zone sud. »*
[98] A cette époque, une série de désertions s'était produite, au sein même du conseil général ; le vicaire général, lui-même, qui avait fait campagne pour être réélu, venait d'être désavoué et, n'ayant pas supporté cette perte de pouvoir, avait quitté la congrégation et s'était marié.

jours, fonctionna avec plus de mille élèves. Une *missa de despedida* - messe d'adieu - vint clôturer mon séjour chilien. Et ce fut grand ! Vingt prêtres concélébrèrent à San Antonio, dans une église trop petite. Au cours d'une dernière cérémonie, devant mes amis, je les remerciai et j'osai même parler de la fameuse ceinture rouge et du sang des martyrs que je n'avais pas versé sur leur sol. La grève de la faim des marchands ambulants venait à peine de s'arrêter et le maire me fit cadeau d'une plaque indiquant que, par décret municipal, j'étais devenu *citoyen illustre de la commune de San Ramon de Santiago du Chili*. Avec ma plaque sous le bras, je partis sur un petit nuage.

Au dessus de la Cordillère des Andes

Ce matin de mars 1994, l'avion prit vite de la hauteur avant de survoler, pendant des heures, la Pampa argentine. De mon hublot, je regardai ce pays, peut-être pour la dernière fois. J'y avais vécu pendant dix-sept ans et y avais passé sans doute les meilleures années de ma vie de prêtre et de ma vie tout court ; mais en réalité, qu'est-ce qui, au fil des ans, m'avait fait l'aimer ? J'avais vécu au milieu de ce peuple sensible, je m'étais d'une certaine façon identifié à lui et en parler, c'était aussi parler de moi. Quand on arrive au Chili, on s'étonne souvent de voir hommes et femmes passer leur temps à s'étreindre et à s'embrasser. Pauvres ou riches, ils sont chaleureux entre eux et avec l'étranger ; ils ne se prennent pas au sérieux et savent rire d'eux-mêmes avec un humour fantastique. Je me suis senti en phase avec cette joie de vivre au point de perdre toute distance propre à l'observateur étranger ; tellement imprégné de culture locale et me laissant aller à une totale partialité, je trouvais même les Chiliennes si belles qu'à chacun de mes retours les Européennes me paraissaient plus quelconques, plus fades.

A Lo Amor, à Puange, villa Portales ou à San Ramon, j'avais voulu m'*inculturer* et devenir enfant du pays. Si pour quelques-uns de mes collègues célébrer la messe au Chili, en Inde ou en Angleterre, cela représentait toujours un *travail* à faire ; pour moi, c'était différent. J'étais entré en symbiose avec ce peuple qui m'avait bien rendu ce que je lui avais donné. Comme curé ou pro-vicaire, j'avais bien sûr exercé une forme d'autorité mais, même en situation de pouvoir, je n'avais pas eu à vivre de forts conflits ; je m'étais efforcé de rester en situation de recherche et de *non-savoir*. Si je m'étais senti à l'aise avec les Chiliens, ce n'a pas été le cas avec mes collègues et ma mission auprès d'eux n'a pas fonctionné, comme je l'aurais souhaité. Supérieur, j'ai vécu de grands moments de souffrance et d'incompréhension. J'eus beau être démocrate et ne pas prendre des décisions à l'encontre de mes confrères, je n'ai jamais réussi à insuffler ce que j'appréciais tant dans ce peuple et cette l'Église de Santiago. Pour les uns, l'essentiel était de combattre l'injustice par tous les moyens et de réduire l'oppression que subissaient les pauvres, pour d'autres c'était d'être de bons représentants du culte. En ce qui me concerne, ce qui donnait sens à ma vie, c'était la présence amicale et le fait de *vivre avec* ce peuple. En définitive, nous n'avons pu ni nous comprendre ni faire communauté.

Quand je quittais Santiago, je savais que ce serait sans retour. J'avais en vue une année sabbatique ; après, je ne savais pas exactement de quoi l'avenir serait fait. Néanmoins, je ne pris pas l'avion directement pour l'Europe et fis un crochet au Brésil, pour saluer Enrique et d'autres Mill Hill, disséminés dans des petites villes du sud de la baie de Rio. J'allais tâter le terrain et renifler ce qui se passait là-bas ! Irai-je les rejoindre ? Auparavant, je voulais prendre un peu de distance.

12

Le vœu de ma mère

Printemps 1994. A peine eus-je posé mes grosses valises chez Netty que j'en repris une plus petite ainsi qu'un bâton de pèlerin pour ne pas dire de touriste. A la demande d'une de mes amies chiliennes, Isabelle, religieuse dominicaine, très active dans l'équipe de formation de la zone sud, je partis à Valladolid pour y prêcher une retraite aux jeunes de sa congrégation. D'Espagne je rejoignis Rome où je retrouvais d'autres prêtres chiliens puis Jérusalem.

Paradoxalement, moi qui avoue que seule l'Église est ma vraie patrie, je ne garde pas de cette petite semaine en Terre Sainte une impression très forte. Je n'ai pas aimé toutes ces fioritures qui entourent ces lieux ; je n'ai pas aimé tous ces conflits sous-jacents entre les différentes congrégations et religions. Seuls, quelques sites comme Bethléem, le Jardin des Oliviers et des grottes du désert où auraient vécus saint Athanase et des pères de l'Église m'ont touché. Avec le peu de connaissances que pouvaient avoir des touristes lambdas, nous n'étions pas à même de juger de la situation politique locale et nous n'avions, au jour le jour, que des ressentis ; je dois reconnaître néanmoins que, pendant ce court séjour, c'est moins le fait que Jésus ait marché sur cette terre qui m'a marqué que le comportement des Israéliens face aux Arabes. Pourtant, je partais avec un a priori favorable : ces hommes et ces femmes avaient droit à une terre ! Mais quand j'ai vu leurs attitudes, au quotidien, face aux Palestiniens de la rue qui étaient *aussi* sur leurs terres, j'ai perçu trop de violence sourde, d'oppression et de dédain. Par nature, j'ai plus de sympathie pour les faibles et le rapport de force qui les instituait comme *maîtres* m'a choqué. Ce sentiment s'est retrouvé lors de visites de certains sites : j'ai été plus sensible à l'atmosphère qui régnait sur l'esplanade des mosquées qu'à certains modes d'expression que je voyais près du Mur des lamentations.

Quand je vis la communion

Peut-être, ce bref séjour sur la terre du Christ est-il le moment de dire quelques mots sur ce que je crois être ma foi ! Je retrouve, pour en parler, la même gêne voire les mêmes angoisses que celles que j'ai eues lorsque j'ai évoqué les racines de ma vocation de prêtre ? J'ai souvent senti que ma quête de spiritualité entrait en conflit avec mon affectivité. Au cours de ma vie, j'ai lutté en permanence pour trouver un rapport avec les gens qui soit juste. Et cet équilibre, j'ai le sentiment de l'avoir obtenu plus facilement dans les relations interpersonnelles qu'avec le Christ car la ferveur mystique et ce que l'on appelle l'appréhension du *divin* ne m'ont jamais donné beaucoup de satisfaction. N'étant pas un lecteur assidu du bréviaire, ma lecture de la Bible a le plus souvent été associée à la préparation de célébrations qu'à la prière solitaire, personnelle, pour ainsi dire gratuite. Dans la prière silencieuse et individuelle, je ne trouve que rarement une vraie paix ; je suis le plus souvent insatisfait, en recherche constante, parfois écorché, en conflit avec moi-même. Les moments les plus forts de ma vie spirituelle, je les vis quand je célèbre en communauté et quand je vis la communion, avec d'autres.

Un jour, au Chili, du temps de Pinochet, des jeunes avaient tagué en rouge un Christ en Croix et les Assomptionnistes français en avaient fait tout un plat ; ils avaient organisé une célébration de pénitence et une séance de pardon collectif. En apprenant cela, je n'avais pu m'empêcher de demander à l'un d'entre eux : « *Chaque fois que, dans ce pays, quelqu'un est torturé ou meurt de faim, êtes-vous aussi révoltés ?* » En Israël, comme ailleurs, j'ai eu plus de facilité à trouver le Christ dans le pauvre que dans la relation un peu éthérée de la prière solitaire. Ce qui unifierait ma vie et me rendrait complètement heureux ce serait d'arriver à harmoniser relations interpersonnelles et moments de prière personnels ; de ce côté, je suis loin d'être arrivé à la paix.

Je quittai Jérusalem et mes amis chiliens pour rendre visite à mon père dans sa retraite de Tilburg. Je dormis plusieurs nuits, par terre, dans son minuscule studio, enveloppé dans un sac de couchage, coincé entre table et armoire. Dans cette maison où il avait retrouvé quelques-uns de ses amis, il vivait heureux. Et je dois avouer qu'il était également très fier que je l'accompagne, ici et là, et notamment au restaurant où, d'un mouvement de tête rempli de fierté, il présentait son fils *missionnai-aire*. Je profite aussi de ce temps de latence pour aller en Angleterre voir les *chers pères supérieurs* de ma congrégation. Ils étaient contents d'avoir fermé le Chili, de façon élégante, comme ils disaient. Je parle bien sûr avec eux d'Amérique latine mais ils ne me firent aucune offre concrète. Ils évoquèrent en revanche des propositions qui arrivaient de nouveau du Zaïre ou du Cameroun et ils me voyaient bien partir en Afrique ; après tout, comme disait mon père, j'étais *missionnai-aire* ! Je ne leur dis ni oui ni non mais dans mon for intérieur, je sentais que l'Afrique, terre de mission, n'était toujours pas mon *truc*. Par ailleurs, l'insécurité de l'avenir ne me pesait pas ; je savais qu'en poussant très fort, auprès de ma congrégation, j'arriverais, à obtenir ce que je voulais. De 1971, l'année où j'étais au Kenya à 1994, notre congrégation avait diminué de moitié et il restait si peu de monde que nos responsables souhaitaient que *le petit reste*[99] soit le plus opérationnel possible et, pour se faire, il fallait que les prêtres aillent là où ils se sentaient le mieux. Cette liberté de proposer et ensuite d'obéir en réalisant ce qu'on avait envie de faire, me plaisait bien et je la vis encore aujourd'hui.

Vallée de Chevreuse

A mon retour en France, on me proposa d'habiter au presbytère de Saint-Rémy-lès-Chevreuse. Sans aucun désir sérieux de faire un

---

[99] Ce n'avait jamais été une préoccupation de recueillir des vocations locales pour la congrégation. Dans les années 1980, pour faire face à la raréfaction des vocations occidentales, la politique de recrutement changea et des séminaires s'ouvrirent en Afrique (Kenya) et en Asie (Philippines). Cette décision n'était pas partagée par tous. Il eut été possible aussi de faire un enterrement de première classe… décidant que la congrégation avait fait son temps.

nouveau cursus universitaire, j'eus dans l'idée de suivre quelques cours à Paris, en auditeur libre, au Centre Sèvres ; ce fut mon alibi intellectuel et l'occasion de me rendre dans la capitale. Le curé me demanda de célébrer quelques messes et je fus sollicité pour être prêtre-accompagnateur de l'aumônerie de la vallée de Chevreuse, ce que je fis avec beaucoup de plaisir et ce qui me permit de connaître quelques-uns de mes paroissiens actuels. Juste avant Noël, le curé tomba malade et je le remplaçai à temps plein. Etais-je en train de réaliser tardivement le rêve de ma mère de voir son fils, curé dans une paroisse de campagne ? Avec une vieille Ford, j'allais de réunion en réunion et j'accompagnais les temps forts des jeunes ; j'ai participé au FRAT[100] de Jambville et aux manifestations de Taizé. Je baignais, depuis des années, dans un monde majoritairement catholique et ces contacts, avec l'internationalité et l'œcuménisme, m'intéressèrent. Au Chili, même si la société, elle-même, était sécularisée, j'étais une sorte d'apparatchik, avec l'esprit occupé en permanence par le travail à réaliser dans un monde catholique et les rapports avec les groupes protestants évangéliques étaient assez conflictuels. A Taizé, je me trouvais au cœur d'un dialogue sérieux, riche et signifiant. A l'idée qu' *hors de l'Église pas de salut* qui n'avait jamais été mienne, je préférais la richesse du pluralisme et la liberté des enfants de Dieu, à condition évidemment que celle-ci soit imprégnée de recherche.

Les paroissiens de la vallée de Chevreuse faisaient bien évidemment communauté et les gens s'investissaient dans les différents services avec beaucoup de générosité. Certes, j'abandonnais pour un temps un ministère auprès de gens démunis et mon option préférentielle pour les pauvres mais je ne me sentais pas en porte-à-faux au milieu de ces familles, aisées pour la plupart. La volonté qui, à l'issue de mon séjour à Caxias do Sul, m'avait fait aller à Puange, pour rencontrer *aussi* les riches, même si l'expérience n'avait pas été complètement satisfaisante, me permettait de m'adapter à cette communauté sans faire un grand écart insupportable.

A l'aumônerie, je me suis senti particulièrement à l'aise ; pourtant la pastorale était différente de celle qu'on pratiquait en

---

[100] Les FRAT (comme Fraternel) sont de grands rassemblements des jeunes de l'aumônerie.

Amérique latine et je l'ai trouvée en définitive plus évènementielle. Au Chili, nous avions affaire à une évangélisation de jeunes par les jeunes ; ils élisaient leurs animateurs et ces derniers allaient se former pour prendre en charge leur groupe ; le prêtre ou la religieuse accompagnait simplement l'assesseur laïc, plus âgé, qui était en relation avec les différents groupes. Il existait ainsi tout un maillage de petites communautés indépendantes qu'on n'avait pas besoin de pousser pour qu'elles se réunissent et auxquelles il ne fallait pas mâcher le travail. J'oeuvrais à Chevreuse dans un esprit qui n'était plus celui des mouvements de la JEC[101] d'antan. Des animateurs adultes recevaient les adolescents dans leurs maisons et préparaient à la fois leur goûter et leurs réunions. De fait, les jeunes chrétiens avaient peu d'autonomie ; très dépendants, ils devenaient plus consommateurs qu'acteurs dans leur Église. Ils traînaient un peu des pieds pour se rendre dans ces grand-messes, comme le FRAT, bien organisées et musicales de surcroît, et puis finalement en revenaient emballés. Hormis les plus généreux qui s'engageaient dans des mouvements comme l'ACAT ou la *Roulotte*[102], comment traduisaient-ils cela dans leur vie de tous les jours ? Pendant ces quelques mois, je n'ai bien évidemment pas exercé d'analyse critique, je n'étais qu'un prêtre-accompagnateur et dans ce contexte, cela a bien marché.

Pendant cette période, j'avais gardé contact avec les Mill Hill de Rio, notamment Enrique ; ils renouvelèrent leur demande et je fus, en quelque sorte, appelé par eux. Un saut à Londres, auprès de mes supérieurs, confirma leur demande. Les autorisations pour partir au Brésil, avec un visa de travail ne furent pas si faciles à obtenir. L'évêque d'Itaguaï dut écrire un courrier officiel notifiant qu'il assumait les dépenses occasionnées par ma présence sur le sol brésilien. Même si j'avais fait quelques efforts pour rencontrer les Portugais de la vallée et célébrer leur messe une fois par mois ; à mes yeux, je ne maîtrisais pas suffisamment la langue et il me faudrait de nouveau passer un moment à l'école !

---

[101] JEC : Jeunesse Étudiante Chrétienne.
[102] ACAT : Action des Chrétiens pour l'Abolition de la Torture ; la Roulotte, lieu d'accueil, situé à Versailles, pour les SDF.

Une fois de plus, le problème de communication n'était pas complètement réglé. Je ne connaissais pas non plus quel serait mon point de chute exact ; je savais seulement que je travaillerai sur la côte verte entre Rio de Janeiro et São Paulo. Néanmoins, après cette année de transition, riche de contacts, je repartais tranquille !

13

Des ministres extraordinaires

A mon arrivée à Rio, je fus accueilli par les anciens du Chili, Enrique, Liam, et par d'autres Jac Hetsen, Jac de Boer, qui me conduisirent dans un des presbytères du diocèse d'Itagauï, situé à une centaine de kilomètres au sud de la grande métropole. Dans les années 1960, un prêtre hollandais Joan Denijs avait pour ainsi dire marqué l'espace, en construisant, sur chaque colline, des chapelles assez inesthétiques, et ce, même s'il n'y avait pas d'habitant ; ces édifices s'étaient retrouvés, quelques années plus tard, entourés de maisons d'habitation, qui constituaient autant de villages. S'était installée dans une des villes, l'université agricole, où les deux Jacques officiaient. Dans ce pays, tout était surdimensionné : le long de la route qui conduit à Rio, le tissu urbain était très dense et, à la différence du Chili où les immeubles se dressaient, autour d'une place centrale, selon une architecture coloniale traditionnelle, les bâtiments de type nord-américain avaient poussé, n'importe comment ; de multiples constructions encore inachevées, arrêtées au premier étage, donnaient une impression d'abandon et d'inélégance. Derrière les maisons en dur s'étendaient aussi des *favelas* ; dès qu'on empruntait une ruelle perpendiculaire à la voie principale, on débouchait sur les friches, comme en Afrique, avec des herbes et des roseaux plus hauts qu'ailleurs. Ce pays, très riant, présentait des caractères à la fois agricole et industriel ; on y trouvait aussi bien des plantations de canne à sucre, de palmiers, d'ananas que des petites ou grosses entreprises. Le climat était équatorial ; il pleuvait souvent et il faisait chaud. A certaines saisons, la chaleur était même insoutenable et, sans air conditionné, il fallait se doucher cinq ou six fois par jour pour obtenir un peu de fraîcheur. On y vivait aussi des journées agréables où il était plaisant de se promener.

Le diocèse allait de Seropédica au nord, à Parati, au sud. Ce territoire devrait à terme accueillir un des plus grands ports en eau profonde du Brésil, Sepetiba, alternative à Santos, le port de Sao Paulo ; en 1995, seule, une grande jetée pour le gaz et le pétrole avait été réalisée. Toutes les villes qui s'étendaient le long de la côte ressemblaient à des villes nouvelles, peu structurées et soumises à la loi du far west. D'ailleurs, dans ces contrées, les comptes et les conflits se réglaient encore à l'ancienne, c'est-à-dire à coups de fusil : les assassinats politiques et les disparitions n'étaient pas rares. Les habitants les plus anciens, cultivateurs et pêcheurs vivaient, dans une sorte de lassitude, sans forte envie de développement et de nouveauté. Les nouveaux, fruits de l'exode rural, souvent originaires du Nordeste n'avaient pas de traditions établies. Au côté de ces gens modestes et des rurbains qui se déplaçaient jusqu'à Rio pour travailler, on trouvait de grands propriétaires terriens, éleveurs de bœufs blancs à bosse ou cultivateurs de canne, maîtres et seigneurs de la contrée !

De la Messe à la Macumba

Dès mon arrivée, j'allai voir l'évêque, un Hollandais, Don Vitalis, qui me fit bon accueil. Pendant les premières semaines, je pris le temps de respirer l'atmosphère de cette Église brésilienne et de mesurer l'action des Mill Hill. Je posai mes valises chez Enrique, à Parati, dans une ville très belle, construite du temps de la colonisation portugaise et inscrite au patrimoine mondial de l'UNESCO. On vivait dans une maison, accolée à une chapelle, pleine de charme mais construite si près du bord de mer que, quand la marée montait un peu trop, la cuisine et le rez-de-chaussée étaient inondés. Quant aux poutres du premier étage, elles étaient livrées à la voracité des termites, au point que nos draps le matin étaient couverts de poudre brune. Nos fenêtres donnaient d'un côté sur l'intérieur de la chapelle, de l'autre sur la mer. La vie était agréable et la plage invitait à la baignade. À part cela, j'essayais d'améliorer mon niveau de langue, en participant aux réunions des prêtres.

Au lieu de m'envoyer dans un cours de langues traditionnel, l'évêque me proposa de participer à Brasilia, à une session missionnaire, réservée à des Brésiliens. Je fus ainsi immergé dans un bain linguistique, au milieu de prêtres et de laïcs lusophones. Parti en bus, j'arrivais à la capitale, au bout de dix-sept heures d'odyssée. Cette ville nouvelle, d'environ un million d'habitants, sortie de terre en 1960, par la seule volonté du président de l'époque, Juscelino Kubitschek, était impressionnante. Construite, en forme de grand avion, sur une idée de l'architecte Oscar Niemeyer, elle accueillait, au centre, les édifices officiels, dont la cathédrale, et sur les ailes, les zones d'habitation. Plus loin, dans les faubourgs, en dehors de tout schéma directeur, des favelas s'étaient développées pour loger les ouvriers, leurs familles et bientôt les paysans chassés de leurs terres, et ce, dans un parfait désordre.

L'atmosphère de ce séminaire n'avait pas grand-chose à voir avec celle qui régnait à Caxias do Sul, vingt ans auparavant. Nous ne dormions plus dans des dortoirs, sur des lits superposés, mais dans des chambres confortables et la nourriture était moins spartiate. En revanche, dans l'expression et dans le contenu, si on utilisait moins les grilles de lecture marxiste, on faisait toujours référence à la théologie de la libération ; la préférence pour les pauvres était réaffirmée et le développement des communautés ecclésiales de base restait une valeur soutenue par bon nombre d'évêques. Nos conférenciers étaient sensibles au mouvement des paysans sans terre et adhéraient globalement au PT[103]. L'Église de cet immense pays était bien représentée par la *Conferencia nacional dos bispos do Brasil* (CNBB), rassemblement de ses 320 évêques.

Les aspects religieux qui m'étonnèrent le plus, relevaient des modes d'expression que je ne connaissais pas au Chili et qui nous étaient enseignées, à l'occasion d'ouvertures historiques et ethnographiques. Je ne devrais pas me scandaliser, de célébrer la messe du dimanche matin, devant des fidèles qui, à midi, danseraient dans un temple évangéliste parce qu'ils trouvaient belle la cérémonie, et le soir, se rassembleraient dans la *Macumba*, synthèse de magie, de spiritisme et de transes africaines, encadrée par une prêtresse qui sacrifierait un poulet. Au cours de ces cérémonies vaudoues, l'esprit divin prend possession de l'adepte

---

[103] Parti des travailleurs de Lula.

qui peut alors voir dans le futur, sortir gagnant d'un procès, protéger sa famille, trouver du travail, retrouver l'harmonie dans son couple, apaiser ses maux et diagnostiquer ses souffrances[104].

Ce syncrétisme était plus ou moins bien accepté par le prêtre brésilien de base, en fonction de ses propres origines : campagnardes ou citadines, blanche, noire ou métis[105]. Les évêques[106], quant à eux, souvent des étrangers, s'adaptaient comme ils pouvaient à ces formes de religiosité.

Face au Chili qui me donnait l'impression de sérieux et de rigueur, le Brésil me donna une impression d'insouciance et de joie de vivre dans l'instant. Au pays de la samba et du *futchi-bol*[107], tout était dans l'apparence ; le spectacle des filles était un régal pour les yeux : les corps bougeaient tout le temps, ça frétillait, ça provoquait et en plus, on était en bord de mer ! Etrange pays et étrange peuple aussi, conglomérat d'anciens esclaves noirs, d'Indiens, de Portugais et aujourd'hui de multiples autres exilés. Au milieu de toutes ces cultures enchevêtrées, quelles parts revenaient à la culture indienne, à la négro-africaine et à l'occidentale ? La plupart des Brésiliens se moquent bien de ces questions et tricotent un art de vivre, s'arrangeant pour y faire pénétrer un air de musique et un mouvement de danse. A Rio, le soir du nouvel an, sur la plage de Copa Cabana, on célèbre une grande fête païenne, celle de Yemanja, à la fois Vierge Marie et déesse de la mer. Cette statue-image que l'on installe sur la plage, représente une belle sirène aux seins généreux, devant qui on répand des pétales de fleurs et à qui on envoie de minuscules radeaux en papier ou en bois, chargés de bougies et de voeux. Pour l'honorer, on s'habille, ce jour-là, avec un tee-shirt et un short neufs et blancs.

Et que dire du fameux carnaval ? Cette institution, païenne dans son essence, extrêmement ritualisée, se prépare, de longs mois à

---

[104] Les rituels invoquent différents Orixas (Oxala, principal dieu Yoruba figure du Christ et aussi Oxossi, Exù, Ogum, Omulu…). Le Candomblé, pratiqué à Bahia, est une variante de la Macumba.

[105] Il m'arriva de visiter la chambre d'un séminariste et d'y voir des amulettes et des statuettes bizarres qui n'avaient l'air étranges que pour moi.

[106] Parmi les évêques, on ne comptait, à cette époque, qu'un seul homme de couleur.

[107] Football.

l'avance, notamment à la télévision pour que chacun apprenne les chants des quinze écoles de samba qui défileront. Une année, avec deux autres prêtres, nous nous sommes installés sur les tribunes du *Sambo Dromo* pour assister au défilé. Sur l'immense avenue, le spectacle et les costumes sont somptueux ; tout danse, tout bouge, au rythme de la samba, même sur les bancs des spectateurs, pour peu qu'on ait devant soi une afro-brésilienne. La liberté est de rigueur et les organisateurs prennent soin de vous distribuer un préservatif, avec votre billet. L'église officielle a du mal à s'accommoder de ce libertinage et propose, pour montrer son désaccord, des soirées de prières... peu courues, avouons-le ! En revanche, le lendemain mercredi, la foule, tête inclinée, se presse dans les chapelles, pour *recevoir les cendres*.

Un certain nombre de pratiquants avait du mal à faire la part entre ce qui relevait du christianisme et des rites issus d'autres cultures. Sensibilisé par les problèmes sociaux, je n'aurai guère l'occasion de creuser ce qui se passait dans les manifestations vaudous. J'apprendrai cependant que, sur ma paroisse, des gens se réunissaient régulièrement autour d'une prêtresse. De préférence la nuit, devant l'église, les adeptes faisaient des sacrifices, en égorgeant un poulet noir et le laissaient bien en vue devant le porche. Le lendemain matin, le sacristain ou la secrétaire m'appelait ; eux ne pouvaient pas y toucher : ils ne croyaient pas à ces rites mais on ne sait jamais ! Je ramassais le malheureux volatile et le mettais à la poubelle. Dans mes sermons, je ne faisais que rarement référence à ces histoires de condomble. Ce qui importait c'était de dénoncer les situations d'injustice et d'annoncer l'Évangile.

Alors que je me sentais très *inculturé* et intégré au Chili, je me suis senti d'emblée étranger dans ce pays, comme j'ai senti étrangers mes collègues prêtres. De retour à Parati, après ma session, je pris contact rapidement avec des jeunes pour monter des projets. Lors d'une première réunion, il fut décidé avec enthousiasme de lancer un journal local mais, très vite, on buta sur le travail de rédaction ou sur un problème de coûts ; comme des moineaux, les bonnes volontés disparurent et il n'y eut pas de deuxième réunion. Les projets qui avaient le plus de chances d'aboutir étaient ceux qui visaient l'organisation de jeux ou du carnaval ; là, l'énergie ne se perdait pas.

Si certains prêtres, faisant table rase du passé, avaient une approche plus intellectuelle et enseignaient[108], notre désir était de ne pas nous mettre en porte à faux avec la tradition et de faire émerger du sens à travers les manifestations de la religiosité populaire. Quand, dans l'ancienne église des esclaves, on célébrait sainte-Rita, les membres de la confrérie du Saint-Esprit élisaient un majordome, chargé d'organiser les festivités, les décorations de l'église, les processions. Lors de la libération symbolique d'un jeune, Enrique en profitait pour faire des rapprochements entre cet ancien rite et le besoin actuel de s'affranchir des liens économiques, sociaux ou personnels.

En cette fin de vingtième siècle, l'Église brésilienne était en manque de prêtres. Parmi les jeunes qui se présentaient au séminaire, certains n'étaient pas acceptés pour des raisons intellectuelles, d'autres, à cause de l'obligation du célibat, abandonnaient leur vocation. Le diocèse ne comptait que trois Brésiliens ; le reste était composé de missionnaires étrangers, Spiritains ou prêtres venus du diocèse de Milan. Les Mill Hill, avec leurs sept membres, composaient le groupe le plus important : ils avaient même essaimé dans un autre diocèse. Pendant mon séjour, nous aurons entre nous de bonnes relations et même une certaine solidarité. Elias, le supérieur officiel, de la communauté, élu localement et confirmé par Londres, était curé dans le diocèse de Governador Valadares ; cette région du Minas Gerais se situait à sept heures de route d'Itaguai. Une fois par an, notre petit groupe se réunissait, pendant trois jours, au bord de la mer pour faire le point sur la situation économique, repenser la mission et se détendre.

Paroisse de la Petite Thérèse

L'évêque me proposa de prendre en charge Séropédica, la deuxième paroisse du diocèse, située à une soixantaine de

---

[108] *Le mouvement matrimonial,* un peu fermé, faisait de la formation séparément aux hommes et aux femmes.

kilomètres de Rio. Cette agglomération, construite le long de la route principale, coupée de ruelles en arrêtes de poisson, devait avoir une quarantaine de milliers d'habitants. Des supermarchés rustiques, sortes de gros hangars avec leurs rideaux de fer, marquaient les carrefours principaux de la ville. De multiples cafés réunissaient, le soir, hommes et femmes et les conversations mêlaient foot et politique. A chaque coin de rue, on trouvait des marchands de cigarettes, de journaux, de fruits ou de glaces. Une église centrale, *Santa Teresinha,* avait été bâtie, au centre de la ville, et vingt-huit chapelles étaient réparties dans chaque quartier ou sur chaque colline. Plusieurs centres communautaires, sortes de grands blocs en béton, avec une façade principale ajourée pour laisser passer l'air et la lumière, avaient également été construits grâce aux fonds internationaux. Ces lieux servaient à la fois pour la gymnastique, la danse, la samba et, occasionnellement, la messe. La population de la paroisse était mêlée et comportait, à la fois, quelques grands propriétaires, avec qui, contrairement à ce qui s'était passé à Puange, je n'aurai aucun contact, des petits employés, des commerçants de rue, des fonctionnaires et des paysans avec ou sans terre.

La paroisse qui m'était confiée traversait une phase difficile, pilotée qu'elle était par des hommes en souffrance. On me demanda d'assurer la succession d'un Mill Hill qui partait pour prendre de la distance avec sa chef de choeur avec laquelle il avait une liaison. Quant au vicaire, il était également connu pour ses fréquentations avec deux jeunes femmes afro-brésiliennes. Toute la communauté était naturellement au courant de cette situation et j'avais pour mission de remettre un peu d'ordre et de dynamisme pastoral. Même si mon prédécesseur était apprécié, les paroissiens étaient plutôt contents de voir arriver une nouvelle tête et de sortir d'une situation trouble. Pendant les premières semaines, je pris le temps de regarder ce qui se passait ; j'essayai de gérer en douceur les difficultés traversées par la chorale qui sagement réintégra sa chef de chœur comme simple chanteuse. Je m'efforçai ensuite de redonner du souffle aux petites communautés locales. Une fois par semaine, un responsable liturgique de chaque chapelle passait au secrétariat pour chercher la feuille de la semaine que je rédigeais. Une fois par mois, des rencontres réunissaient les responsables des différents services : préparation au baptême, au mariage, catéchisme etc. Les laïcs, ministres extraordinaires, baptisaient, enterraient, animaient les ADAP. Comme au Chili, la pastorale des grands jeunes organisait, avec néanmoins moins de constance, fêtes, boums, sorties, et aussi aide scolaire, actions concrètes de solidarité, rencontres diocésaines avec d'autres jeunes. Nous, prêtres, nous assurions assistance, contrôle et formation.

J'ai souvent été désarçonné par le syncrétisme et cette capacité des Brésiliens à se fabriquer leur religion à eux. Pour des raisons économiques ou intellectuelles ou par soif de pouvoir, n'importe quel individu, se prenant pour un gourou, pouvait créer une secte locale. S'il avait un talent d'orateur et un peu de charisme, il faisait tomber n'importe qui sous son influence et ce n'était pas pour autant que les adeptes rejetaient leurs anciennes croyances. On avait du mal à identifier les bons interlocuteurs et la multiplicité de ces initiatives ne facilitait pas le dialogue interreligieux. Avec tout ce qui pénétrait en force, par la télévision, sous forme de mouvements charismatiques, les églises catholiques locales étaient confrontées à d'autres difficultés. Il leur fallait non seulement faire le tri entre tous ces groupes évangélistes et pentecôtistes mais, pour ne pas perdre trop d'influence sur leurs ouailles, s'efforcer d'organiser des manifestations séduisantes dans lesquelles elles remplaçaient les prédications par des processions, des litanies des saints et des oraisons jaculatoires. La religion-spectacle était un risque permanent.

A Seropedica, certains, venus de l'Université Rurale, s'inspirant de ce qui se faisait à Rio[109], proposèrent des shows musicalo-religieux, dans un garage. Pour élargir leur public, ils me demandèrent d'organiser leurs concerts dans une chapelle. Par nature, je craignais tout ce qui pouvait apporter de la confusion dans la communauté et risquait de détourner les gens de leur vie concrète pour les placer dans une religion événementielle, sans contenu. Je dus prendre du temps avec les leaders pour, à la fois, les écouter et leur rappeler l'ensemble du projet pastoral mais ils ne s'intégrèrent jamais complètement dans un projet communautaire. J'en souffris car si d'un côté il me fallait pousser les communautés à plus de dynamisme, d'un autre j'étais obligé de freiner un groupe spontané mais trop exalté à mon goût.

---

[109] Notamment avec le père Rossi, grand prêtre des grands shows télévisés.

L'ambiance qui régnait dans le clergé diocésain n'était pas fantastique. On faisait souvent des kilomètres pour se réunir et il ne sortait pas grand-chose de ces rencontres, rien en tout cas de fort et de prophétique. En dehors des projets nationaux que constituaient les traditionnelles campagnes de fraternité pour le carême et pour l'Avent, nous maintenions le culte là où nous le pouvions et nous formions des communautés mais il n'y avait pas de vue d'ensemble. Nous aurions dû analyser le futur social de ce territoire, prendre en compte ce port de Sepetiba qui allait sortir de terre, engager les communautés à se préparer à accueillir un afflux de nouveaux travailleurs. Nous aurions dû prendre en compte le développement touristique sur ces superbes côtes et imaginer une pastorale adaptée. Nous aurions dû, par des manifestations et des marches, soutenir activement le projet des *Sans Terre* et nous mobiliser mieux que nous ne le faisions. Heureusement, localement, nous vivions quelque chose de fort grâce à la présence d'une communauté de religieuses afro-brésiliennes qui habitaient une petite maison, près d'une des chapelles ; j'allais y célébrer la messe, une fois par semaine. L'une d'entre elles s'occupait de catéchèse, une autre d'éducation et de santé à travers de petits groupes de femmes ; quant à la supérieure, Inès, une *mama* toute en rondeurs et en douceur, elle intervenait dans un campement de travailleurs sans terre, en pleine nature.

Le curé et ses vicaires

J'ai été aidé dans mon travail pastoral par deux vicaires qui se sont succédé et, si la co-habitation ne fut pas toujours facile, elle fut instructive et finalement enrichissante pour tous. Le premier, un ancien moine, d'une grande spiritualité par ailleurs, était passionné par le football ; quand son équipe favorite perdait, il déprimait *grave*, comme il disait et quand elle gagnait, il allait fêter la victoire au café avec de multiples copains et copines. Quand j'eus compris son mode de fonctionnement, les relations entre nous se passèrent plutôt bien. Il fallait qu'avec lui je ne prenne pas de gants et que, droit dans les yeux, ou *droit dans la mer* comme disent les Hollandais, je lui dise ce que j'étais prêt à accepter et ce que je n'acceptais pas. Je ne pouvais pas supporter, par exemple, qu'au lieu de participer à une réunion, il aille voir sa copine ou qu'il ne rentre pas de la nuit, alors que, le dimanche matin, il devait célébrer la messe.

Au bout de quelques mois, il partit rejoindre les prêtres de la cathédrale et fut remplacé par Paul, un autre jeune Mill Hill qui n'était pas non plus sans problèmes et qu'on me demandera également de prendre en charge. Déjà ordonné, il avait vécu pendant quelques années avec une hôtesse de l'air puis, tombé dans l'alcoolisme, il avait dû subir une cure de désintoxication en Angleterre. Si ma chambre était toujours ouverte, la sienne, selon le précepte anglais *my room is my kingdom* était verrouillée à double tour et je respectais son intimité. Même si nous ne partagions pas toujours le même repas - il se nourrissait surtout de chocolat - notre cohabitation s'améliora, au fil des semaines. Les mois passant, nous trouvâmes notre rythme de vie ensemble, essayant de nous comprendre et nous aidant à vivre au jour le jour. Nous avions chacun nos faiblesses ; je connaissais les siennes et j'avais moi aussi des doutes. Si les gens percevaient entre nous un rapport de père à fils, nos liens étaient en réalité fraternels. Un autre Mill Hill nous rejoignait de temps à autre ; comme Paul, ce dernier était passé par un institut londonien qui aidait à soigner les difficultés psychologiques ; comme lui, il était en souffrance affective, avec des tendances homosexuelles. Même si j'avais un rôle de confident, la parole, partagée entre nous, faisait qu'il n'y avait pas de tabous et que notre relation était sincère.

A deux, nous nous répartîmes les chapelles : il prit en charge les communautés les plus dynamiques qui pouvaient l'accueillir et je me réservai les plus difficiles. Dans l'église centrale, on se relayait. En partageant avec lui les décisions, en l'associant à toutes les activités du conseil, je crois sincèrement l'avoir aidé à se relever. « *Tu m'as appris à devenir prêtre* » me fera-t-il comme aveu quand nous nous quitterons. Les paroissiens et même l'évêque perçurent cette connivence forte entre nous. Lorsque je quittai Seropedica, trop tôt - il me le reprocha d'ailleurs - il se sentit encore trop fragile pour assumer la responsabilité de la paroisse et se fit muter vicaire à Parati.

Que ce soit au séminaire ou au cours de ma *carrière* de prêtre, le hasard voulut que j'ai souvent cohabité avec des hommes, Mill Hill ou autres, qui avaient vécu ou traversaient encore des situations affectives, homo ou hétérosexuelles difficiles. Ces vies troublées n'étaient pas celles que souhaitait l'Église pour ses prêtres et il eut été simple de condamner.

En réalité, j'ai appris, peu à peu, à discerner la souffrance à travers ce qui pouvait apparaître comme une faute et, au-delà de ces antinomies, j'ai appris à écouter. Je me suis efforcé de comprendre et, là aussi, de *vivre avec*. Cette attitude m'a obligé à m'interroger sur mes propres sentiments : quelle part d'affectivité se glissait dans mes relations et ces dernières étaient-elles toutes aussi pastorales que cela ? La mission vous éloigne de la famille et pourtant il est nécessaire de trouver près de soi un soutien affectif. Au Chili, plus que les membres de ma congrégation, c'est la communauté paroissiale qui me l'avait apporté ; au Brésil, la solitude étant plus grande, c'est avec ces collègues proches qu'il me fallut trouver un équilibre.

Certes, les positions de vie, vécues par un certain nombre de prêtres, n'étaient pas en cohérence avec le discours officiel de l'Église, plutôt rigide et intolérant sur les questions de sexualité ! Face à ces contradictions, on pourrait s'amuser, comme certains qui reconnaissent que l'Institution fait son travail lorsqu'elle dit les grands principes et prononce des paroles fermes mais, en réalité, vivent leur vie d'une façon assez libre. Je n'ai pas trouvé chez les Mill Hill que tout soit permis[110] mais la congrégation était compréhensive face aux situations affectives des missionnaires, coupés de leurs racines ; elle ne condamnait pas tel ou tel prêtre, ayant le désir de sortir d'une situation de co-habitation avec une femme mais essayait, au cas par cas, de l'aider, à retrouver son équilibre.

Quitte à être sévère, je condamnerai plus facilement les attitudes de certains de mes confères qui profitaient de leur position de *missionnaire* pour conforter leur pouvoir. Ils créaient, qui des associations, qui des mouvements, qui des ONG et les mettaient à leur service, pas forcément pour s'enrichir mais pour leur satisfaction personnelle et leur propre ego. Leur vie était alors préoccupée par la mission qu'ils s'étaient donnée et tout devenait

---

[110] Après les évènements récents notamment aux USA, la congrégation (comme nombre d'évêques), ne *protège* plus ses prêtres ; elle demande à chacun de signer un papier où on se doit d'assumer ses responsabilités pénales, en cas d'infraction à la loi, notamment en matière de pédophilie.

prétexte pour aboutir : prendre l'avion, voyager, faire des conférences, en Europe ou aux USA, recueillir de l'argent et revenir faire des cadeaux. Je ne citerai qu'un exemple, celui d'un Mill Hill qui avait, généreusement, offert un projecteur à la communauté de Santa Teresinha et dont les gens simples avaient dit, après son départ : « *C'est bien ce qu'il a donné, ce prêtre-là, mais, finalement, il ne nous aime pas !* » Ces fautes-là, pratiquées par certains clercs, ne s'exercent pas contre la chair mais contre l'esprit !

Paysans sans terre

Comme au Chili, une réforme agraire avait été proposée par le président Joao Goulart mais ce dernier fut renversé par un coup d'État militaire en 1964. Dans cet immense territoire que constitue le Brésil, la majorité des terres est partagée entre les grands propriétaires traditionnels et, depuis quelques années, les grandes multinationales chimiques, sidérurgiques ou informatiques. Pour opérer des placements, ces sociétés achètent de grandes étendues de territoire, par l'intermédiaire de leurs banquiers, comme ils achèteraient des actions en bourse. Sur ces terres, ils y implantent des troupeaux et ceux qui y travaillaient comme journaliers, souvent descendants d'esclaves, sont limogés car trois vachers remplacent aisément deux cent travailleurs de la terre[111]. Les exclus viennent alors grossir les favelas pour chercher du travail qu'ils ne trouvent pas. Au chômage, s'ajoutent la délinquance, la drogue, la prostitution.

La répartition de la propriété foncière est au Brésil parmi les plus inégalitaires du monde. Selon la Banque mondiale, 0,83% des propriétaires possèdent 43% des terres cultivables, tandis que vingt-trois millions d'ouvriers agricoles et de petits paysans vivent en dessous du seuil de pauvreté. Cette situation d'injustice insupportable a entraîné des mouvements de protestation ; la lutte pour les Sans Terre sera conduite, conjointement, par deux

---

[111] Les anciens propriétaires n'étaient pas forcément plus humains mais, au moins, on pouvait les voir, se confronter avec eux ; aujourd'hui, les nouveaux sont invisibles.

mouvements complémentaires : l'Église et le Parti des Travailleurs (PT). Dès 1973, les évêques du Nordeste, inspirés par les théologiens de la libération, déclarèrent : « *J'ai entendu la clameur de mon peuple.* » En 1975, se créa la Commission pastorale de la terre (CPT) qui apporta son soutien aux luttes paysannes. De ce mouvement naîtra, en 1985, le mouvement des travailleurs sans terre MST. Lorsque je me trouvais au Brésil, l'Église et notamment la CNBB, continuait à encourager cette lutte[112]. Dans le diocèse d'Itaguai, il y avait une *commission diocésaine de la terre*, qui, avec l'appui d'avocats et de secours alimentaires, épaulait le mouvement. Quant au Parti des Travailleurs, fondé par Lula[113], même si son action était principalement centrée sur la défense des ouvriers, il représentait le bras politique de tous ces mouvements qu'il soutiendra devant les tribunaux et lors des grandes marches de protestation. Dans tout le pays, les militants du PT, les plus engagés, avaient été formés dans les communautés ecclésiales de base. Même si l'Église ne s'affichait pas ouvertement avec ce parti, encore que certains prêtres et laïcs n'en fassent pas mystère, on se doit de souligner son rôle moteur en matière de formation des élites locales et des dirigeants syndicaux et politiques.

L'Église et PT appuyèrent donc la réforme agraire en occupant des terrains pour y faire vivre des paysans. La stratégie était de repérer des terrains libres d'une centaine d'hectares, non cultivés, de pénétrer les favelas pour y organiser un groupe de volontaires, d'occuper avec eux la place et d'y installer une intendance. L'université était mise à contribution pour aider à gérer la production. Quant à l'Église, elle montait des actions de solidarité

---

[112] *La concentration des terres, accentuée par la modernisation agricole et par le modèle de développement adopté par le pays, a conduit au démantèlement des petites propriétés et à l'expulsion de milliers de personnes de la campagne, provoquant un exode rural désastreux à l'intérieur du pays.* CNBB, déclaration de mai 1996.
[113] Luiz Inacio Lula da Silva, né en 1945 d'une famille pauvre, dans l'État de Pernanbuco. Métallurgiste, il prendra rapidement des responsabilités syndicales jusqu'à devenir en 1975, président du syndicat. En 1980, il fonde le PT ; élu député en 1986, il se lance dans le combat pour la présidence dès 1989 ; il perd l'élection à quelques voix près. Il représentera en 1994 et 1998 où il sera battu par Fernando Henrique Cardoso. Le 27 octobre 2002, il sera élu président de la République Fédérale du Brésil, avec près de 53 millions de voix et réélu en 2006, avec 60% des suffrages.

pour s'occuper des enfants, veiller à la santé des familles, apporter les premiers secours financiers et, en un mot, soutenir cette communauté qui partait de rien.

Le mouvement des Sans Terre devait bien évidemment s'opposer au lobby des propriétaires dont le parti des *ruralistes* bénéficiait d'un tiers des sièges au Congrès. Ces derniers, puissants économiquement et politiquement, s'opposaient à ce qu'ils considéraient comme un vol de leurs terres. En 1996, le Président Cardoso commença à développer cette politique de réforme et, en décembre, il fit voter par le Sénat un projet de loi augmentant l'impôt sur les terres improductives, dans le but de mettre fin à la spéculation foncière. La confrontation entre les Sans Terre et les propriétaires terriens donna lieu à des luttes juridiques. A l'aide de géomètres, se mettait en place un projet d'expropriation pour que les nouveaux venus deviennent propriétaires - en commun - du terrain qu'ils venaient d'occuper ; dans certains cas, après de longs procès, un accord était trouvé. Le combat fut difficile, souvent sanglant, et se solda parfois par des échecs. En 1995, neuf paysans furent assassinés dans l'État du Para, où en août l'oligarchie terrienne faisait défiler ses troupes de *pistoleiros* dans les rues de Maraba. L'année suivante, la télévision montra le combat de mille six cent familles contre la *fazenda*[114] Santa Rita qui comprenait quatorze mille hectares non cultivés et était défendue par des barbelés et une quarantaine de *pistoleiros*, équipés d'armes lourdes ; en septembre, ces gardes tirèrent et blessèrent une journaliste. Au cours de la même année, une grande marche de quatre mille cinq cents paysans sans terre, en route pour Belém, fut organisée dans l'État du Para ; exigeant l'expropriation de la *fazenda* Macaxeira qu'ils occupaient depuis un mois. La police militaire fit feu à bout portant et on retrouva dix-neuf cadavres à la morgue de Curionopolis[115]. Néanmoins, le MST apparaissait comme une organisation impressionnante qui disposait d'un énorme pouvoir de pression et de dirigeants très compétents ; en 1997, une grande marche entraîna des milliers de Sans Terre

---

[114] Grande propriété agricole dont le propriétaire est le *fazendeiro*.
[115] En quinze ans, 654 personnes (paysans, militants du MST, dirigeants syndicaux, religieux, avocats, députés) furent assassinés dans les luttes pour la terre. En 1996, seules deux condamnations de *pistoleiros*, simples exécutants, avaient été prononcées.

jusqu'à Brasilia. Cette année-là, vingt et un des vingt-sept États du Brésil étaient touchés par le mouvement[116] et plus de cinquante mille familles avaient occupé près de deux cents cinquante *fazendas*.

A Séropédica, deux *campamentos*, éloignés l'un de l'autre, réunissaient une petite centaine de familles. Ils étaient à une bonne distance du centre-ville et lorsque tombaient les pluies tropicales, ce qui arrivait assez souvent, il était assez difficile d'atteindre les sites, même avec la jeep de la paroisse. Un arbre ou une vieille grange accueillait les différentes rencontres que nous proposions : messes, école que les étudiants faisaient aux petits enfants, travaux pratiques que les universitaires donnaient pour aider les paysans à produire mieux ou à commercialiser leurs produits. Nous tentions de structurer le plus possible cette communauté et tous les moyens étaient bons depuis la célébration des anniversaires jusqu'à la participation aux fêtes traditionnelles. Chaque semaine, avec la mère supérieure, nous passions trois ou quatre heures sur l'un ou l'autre campement. Nous visitions les familles ; Irmà Ines faisait de la catéchèse et, en fin de journée, je célébrais la messe.

Avec le recul, on perçoit que si quelques-uns de ces campements fonctionnaient bien, d'autres vivaient mal et ont disparu. Des ONG eurent beau aider à leur lancement, en assurant de la formation, en donnant un camion ou un tracteur ; partant de rien, sans tradition, il ne fut pas aisé à ces Sans terre, de *faire communauté*. Beaucoup de ces paysans, venus du Nordeste et nouvellement implantés, n'avaient pas l'habitude de travailler l'agriculture dans un pays tropical et, désociabilisés par leur séjour en favelas, ils avaient perdu contact avec la terre. Or, la culture demande du temps et il faut beaucoup de travail avant de récolter soja, bananes, maïs, tomates et de commercialiser ces produits ; sans expérience, la réussite n'est pas toujours au bout du travail. A l'intérieur du campement, jalousies, querelles à propos du bornage des terrains, abus dans l'utilisation du tracteur collectif, tout était bon pour attiser les tensions. L'élu de la commission avait bien du mal à gérer les conflits internes qui se terminaient parfois en castagne générale. Paradoxalement, la religion contribua à diviser la communauté et à freiner sa socialisation. Une secte protestante

---

[116] Seul, le sud du pays, occupé par de petits propriétaires fut moins touché.

s'introduisit en effet dans le campement ; un des membres de la coopérative s'intronisa *pasteur* et se mit à faire de nombreux adeptes. La situation de compétition et de lutte interne fit que nous eûmes moins d'influence sur les gens et cette division affaiblit la communauté chrétienne.

Dans leurs favelas, tous ces paysans avaient espéré un futur qui leur permettrait à nouveau de travailler la terre mais la réalité était cruelle. Certains, comme au Chili, se découragèrent, se retirèrent des coopératives, vendirent leurs terres à peine acquises pour se procurer de l'argent frais et se mirent à boire. Les gros propriétaires se réjouissaient de cet état de fait et, quand ils le pouvaient, envenimaient les relations, faisant alliance, avec tel ou tel, pour déstabiliser les autres. Ils faisaient défoncer les chemins par leurs hommes de main, pour que le camion ne puisse plus passer ; ils proféraient des menaces et même passaient à l'acte, c'est-à-dire au meurtre. Il fallait sans cesse lutter pour que la justice passe. Le jour traditionnel de la marche des Sans Terre, les gardes armés des grands propriétaires avaient mis des barrières pour veiller à ce qu'on n'empruntât pas des chemins interdits et la police municipale lança même des bombes lacrymogènes pour freiner l'avancement de la manifestation. Cependant, la paroisse présente s'engagea à épauler les manifestants et je fus content d'être là, au milieu des marcheurs. Malheureusement, devant passer trop peu de temps au Brésil, ma participation, même si elle fut effective, n'a pas été suffisante pour que mon engagement avec ces pauvres soit total.

Le jour de la Fête Dieu

Il n'est jamais bon de s'opposer frontalement aux modes d'expression religieux populaires : il est plus avisé de les accepter, quitte à les revisiter de l'intérieur. A Seropedica, une de ces manifestations de la foi passait par les *ministres extraordinaires* de l'Eucharistie. Ces femmes, originaires des vingt-huit chapelles, se réunissaient pour une formation mensuelle et, pour cette occasion, arboraient un beau tee-shirt, décoré avec un calice et une hostie. Selon la morphologie de ces dames afro-brésiliennes, cette image épousait des formes le plus souvent arrondies et généreuses. Dans leurs différents lieux de culte, elles avaient en autres pour mission, lors des ADAP, de distribuer l'eucharistie qu'elles venaient chercher, une fois par semaine, à la paroisse.

Le jour de la Fête-Dieu, des processions se déroulaient dans tout le pays. A Itaguai, impressionné mais pas forcément enthousiasmé, j'avais assisté à une manifestation mettant en scène notre évêque, homme haut de deux mètres qui, pour l'occasion, revêtait sa grande cape brodée or et sa calotte puis, sous le dais porté par quatre hommes, arpentait les rues de la ville, tandis que la sueur coulait sur son visage. L'année suivante, curé, je me vis, avec un peu d'inquiétude, contraint de faire la même chose. Seul, le parcours me convenait ; il était bien étudié et ne mettait pas de côté les préoccupations sociales. Comme pour un chemin de croix, des stations étaient prévues devant des lieux stratégiques où on déposait l'ostensoir sur de petits autels, fabriqués pour l'occasion : près du dispensaire pour évoquer les soucis relatifs à la santé, devant une école privée pour aborder les problèmes d'éducation, devant un grand magasin pour dénoncer le manque d'accès de bien des habitants aux produits de première nécessité. A chaque étape, l'un ou l'autre des paroissiens devait prendre la parole. Une trentaine d'enfants avec, sur le dos, des petites ailes en carton, décorées de plumes blanches, ouvrirait le cortège ; suivraient ensuite les paroissiens et, pour finir, le prêtre marchant solennellement sous le dais. Je n'avais pas très envie de me balader dans la ville, humide de transpiration, de passer en procession devant la mairie et les églises protestantes. Je tentai donc d'échapper élégamment à ce cérémonial et m'adressai aux *ministres extraordinaires* leur faisant remarquer que dans leur communauté, c'était elles qui apportaient l'eucharistie aux malades. Je leur proposai donc, à tour de rôle, de porter l'ostensoir et de le déposer aux arrêts prévus. Là, on ferait un petit discours, une prière, puis je m'emparerai du Saint Sacrement, bénirai la foule et le cortège repartirait avec une autre porteuse. Quatre hommes se proposèrent pour porter le dais. Le jour venu, la foule s'ébranla avec solennité ; et moi, en jean et en pull, je me glissai au milieu. A chaque arrêt, on voyait certes, en tête du cortège, les angelots jouer à chat mais le gros de la foule écoutait, en silence, un message fort, à la fois social et religieux. En utilisant leur tradition, on touchait ainsi la vie des gens et leur foi. Et puis, cerise sur le gâteau, dans cette société encore bien machiste, on réussit à envoyer un signal original : des hommes blancs portaient respectueusement le dais, au dessus de femmes noires. Des journalistes qui couvraient l'évènement se firent l'écho de cette cérémonie, photos à l'appui. Seul, lors de sa visite pastorale, Don Vitalis me fit quelques remarques, me demandant : « *quelle mouche m'avait piqué* » ; je lui répliquai que c'était lui qui avait nommé toutes ces femmes « *ministres extraordinaires* » ; eh bien la situation, ce jour-là, était « *extraordinaire* ».

14

Une histoire de valises

Le Brésil ne fut pas l'étape la plus mémorable de mon histoire de prêtre et cette période me laisse comme un goût d'inachevé ; je regrette parfois de ne pas être resté plus longtemps à Seropedica pour y construire quelque chose de plus solide, y compris avec mon vicaire.

A peine arrivé dans le diocèse d'Itaguai, j'avais été invité par José Marins à travailler avec lui, comme animateur itinérant, pour aider à implanter ou à fortifier des communautés ecclésiales de base. Depuis Caxias do Sul, j'avais une fois ou l'autre croisé ce prêtre au Chili et il m'avait déjà demandé de rejoindre son équipe mais son projet ne correspondait pas alors à l'idée que je me faisais de mon travail pastoral. Lorsque je suis arrivé à Seropedica, il renouvela sa proposition mais venant de prendre en charge ce nouveau ministère, je me vis difficilement quitter mes paroissiens. Dès le dernier trimestre de 1996, j'ai néanmoins aidé l'équipe dans l'animation de quelques sessions et participé, au sud du pays, à une rencontre latino-américaine regroupant les CEB du Brésil. Quelques mois plus tard, abandonné par Carolee une de ses assistantes, il lança un nouvel appel dans ma direction pour entrer à temps plein dans son équipe. La perspective d'une mission plus globale me parut digne d'intérêt, pensant qu'avec mon expérience pastorale d'une vingtaine d'années, j'avais autorité pour travailler dans ce domaine ; de plus j'appréciais l'homme et ses méthodes pédagogiques. Encouragé par mes collègues Mill Hill, j'acceptais donc sa proposition. Ne souhaitant pas me voir partir, l'évêque temporisa, avant de me donner l'autorisation de quitter ma paroisse, allant même jusqu'à me proposer le poste de vicaire général ; mais ce futur-là ne me seyait pas : je l'ai déjà dit, je n'avais pas envie d'exercer cette forme de pouvoir. Devant l'insistance de Marins, Don Vitalis finit par me laisser quitter mon ministère et mes supérieurs donnèrent eux aussi leur accord. Je restai encore quelques semaines à Seropedica pour régler quelques affaires et j'intégrai l'équipe avec un contrat moral de travail, limité à deux ans.

Le groupe Marins

Notre trio[117] aurait pu s'appeler *Equipe de formation des communautés ecclésiales de base* ; mais le groupe n'avait d'autre nom que celui de son fondateur et tout le monde parlait du *Groupe Marins*. Son fonctionnement était d'ailleurs paradoxal car l'équipe, elle-même, n'avait pas de *base*. Notre point de chute le plus fixe mais fictif était à Miami, dans une agence de voyages. Les assistantes commerciales faisaient suivre notre courrier, s'occupaient des réservations des avions et de toute notre logistique. L'une d'entre elles, une sainte femme, acceptait même de nous loger, lorsque nous restions en rade dans la capitale de la Floride.

Marins[118], né au Brésil, n'était pas un pauvre, c'était même un héritier, comme aurait dit Bourdieu. Jeune séminariste, il avait été envoyé à Rome pour finir ses études. Là, il fut impressionné par le père Ricardo Lombardi, fondateur du mouvement *Chrétien pour un monde nouveau* avec lequel il opéra tout un cheminement. Est-ce à cette époque qu'il découvrit la grille d'analyse marxiste et fit *sa conversion ?* Ce n'est pas impossible. Sujet brillant, esprit de grande qualité, il fut en tout cas très vite repéré en haut lieu et, à vingt-quatre ans à peine, il accompagna plusieurs évêques latino-américains au Concile Vatican II et devint leur conseiller théo-

---

[117] Comme Marins avait longtemps travaillé avec deux religieuses, sœur Teolide Trevisan (Téo), une Brésilienne et sœur Carolee Chanona, une Belizinenne, on se moquait de lui gentiment, appelant cette association : *Marins y sus dos mulieres,* en référence à un film brésilien de Bruno Baretto *Dona Flor e seus dois maridos* réalisé d'après le roman de Jorge Amado. A partir du moment où je suis rentré dans le groupe, en remplacement de Carolee, au regret de beaucoup, cette plaisanterie n'eut plus de sens.
[118] En février 2006, Marins a fêté à Rome, à Saint-Paul Hors les murs, église où il a été ordonné, ses cinquante ans de sacerdoce.

logique. Lors de la deuxième rencontre du CELAM[119] qui se tint à Medellin, son expertise aida les évêques à mettre en place la collégialité et les communautés ecclésiales de base. Proposé pour être nommé évêque, il refusa. Après quelque temps passé à Bogota[120], comme secrétaire adjoint de la Conférence, il fut mandaté en 1971 pour constituer une équipe de prêtres et de religieuses avec pour but de promouvoir les deux grands choix de Medellin : les communautés ecclésiales de base et l'option préférentielle pour les pauvres : ces objectifs forts guidèrent son action pendant des décennies.

A l'époque où je l'ai connu, à Caxias do Sul, Marins était déjà itinérant dans toute l'Amérique latine. Au début, ses formations se firent en direction des évêques eux-mêmes auxquels il transmettait son enseignement. Puis, pendant plus de trente ans, il arpenta le continent américain pour aller là où on l'invitait, restant une semaine ou deux dans un diocèse, pour y animer une formation auprès de publics variés, prêtres, laïcs, catéchistes. Au cours de ses pérégrinations, il fut amené à fréquenter les grands témoins de cette période d'oppression : au San Salvador[121], il connut bien les six jésuites assassinés ; il vécut plus de quinze jours avec Mgr Romero, tué à l'autel le 24 mars 1980 ; au Guatemala, il rencontra Mgr Juan Gerardi[122]. Comme il parlait portugais, espagnol, italien,

---

[119] Le CELAM (Conférence des Evêques de l'Amérique Latine) a été fondé sur une intuition de Don Helder Camara en 1954, en lien avec son ami intime le cardinal Montini (futur Paul VI). Son siège est à Bogota. La première rencontre se déroula à Rio. La seconde, la plus mémorable, se tint à Medellin. La troisième, moins intense, eut lieu à Puebla. Saint-Domingue, la quatrième, fut considérée par d'aucuns comme *récupérée* par Jean-Paul II, au point qu'après le discours papal d'introduction, certains évêques adulateurs se levèrent pour dire : « *Nous avons le contenu, tout est dit ; il n'y a rien à rajouter... Allons-nous-en !* » Une cinquième rencontre s'est tenue, au Brésil, à Aparecida (13 au 31 mai 2007) ; la rédaction du document de synthèse (notamment au sujet des CEB) a donné lieu à de multiples controverses.
[120] Aujourd'hui, le siège du Celam est toujours à Bogotta mais la grande bâtisse est déosrmais entourée de miradors et protégée par des barbelés.
[121] Il existe un musée dans la capitale où toutes les exactions sont montrées et illustrées : assassinats de prêtres, massacres d'enfants.
[122] Mgr Gerardi fut tué, le 27 avril 1997, deux jours après avoir présenté un rapport établi par la commission des droits de l'homme de l'Eglise Catholique dénonçant sous le titre *Guatemala nunca ma !* Guatemala plus jamais ça ! Les crimes contre l'humanité commis entre 1960 et 1996 qui coûtèrent la vie à plus de

français, anglais, la réputation de son groupe se fit, de bouche à oreille, à partir de missionnaires qui, ayant profité de son enseignement, faisaient appel à lui pour animer des séminaires dans de nombreux diocèses d'Amérique du Sud ou du Nord, voire en Allemagne[123] ou en Angleterre. Quand j'ai travaillé avec lui, il offrait l'aspect d'un bonhomme simple, un peu rondouillard, à l'aise dans sa chemise et son pantalon en toile ; sa belle tête aux cheveux grisonnants et son regard intelligent inspiraient immédiatement confiance.

« *Les communautés ne sont pas un mouvement d'Église,* répétait-il à l'envie, *elles sont agissantes dans une Église en mouvement* » ; elles sont des ferments susceptibles d'atteindre le monde qui s'éloigne de l'Église pour le remobiliser. Dès le début de son parcours, son intuition avait été de faire reposer son enseignement sur les *Actes des Apôtres*, véritable pilier théologique du système. *Ils se montraient assidus à l'enseignement des apôtres, fidèles à la communion fraternelle, à la fraction du pain et aux prières... Les croyants mettaient tout en commun ; ils vendaient leurs propriétés et en partageaient le prix entre tous selon les besoins de chacun*[124]. Il insistait sur l'importance du concile de Jérusalem[125] quand Jacques, finalement, trancha pour justifier l'existence de petites communautés dans la diaspora. Même si le texte sacré présentait une reconstruction idéalisée, il proposait de revenir à ces sources normatives et non optionnelles et de s'en imprégner. En présentant ce modèle, il renversait la pyramide, affirmant que, dans l'Église, les chrétiens et les pauvres en particulier devaient s'organiser en communautés car c'est la base qui est importante ; quant aux prêtres et aux évêques, ils devaient se mettre au service de cette base et non l'inverse.

---

200 000 Guatémaltèques. Des milliers de victimes, enfants et femmes, furent sacrifiées à Panacal, en 1981, et quand nous y passâmes, les gens étaient encore terrifiés lorsqu'ils entendaient le bruit des pales d'un hélicoptère.

[123] J'irai au Québec et à Herbrechtingen en Allemagne pour animer une session auprès de prêtres et d'animateurs pastoraux.

[124] Actes II 42-45

[125] Actes XV 5 et 19 : *Certaines gens du parti des Pharisiens intervinrent pour déclarer qu'il fallait circoncire les païens et leur enjoindre d'obéir à la loi de Moïse. C'est pourquoi (dit Jacques) je juge qu'il ne faut pas tracasser ceux des païens qui se convertissent à Dieu.*

Dans ses interventions, ne jouant jamais au prédicateur, il était animateur ou mieux éveilleur sachant se refreiner pour ne pas anticiper les réponses et élaborer une dynamique de réflexions jouant d'un subtil mélange, fait de textes sacrés et de réalités concrètes des gens. Les participants étaient appelés à reconnaître tous les esclavages qui pesaient sur eux et sur les pauvres en général. *L'Exode*[126] se présentait comme le deuxième modèle, celui de la formation du peuple de Dieu et de sa libération. Même si on n'échappait pas à quelques risques d'instrumentalisation et de simplification, la dynamique du Livre biblique paraissait facile à diffuser et à comprendre quand on acceptait de se couler dans cette histoire ; le message donnait alors la dimension prophétique d'une Église qui, par ses actions concrètes, s'organise et commence une démarche de libération.

A travers le sous-continent et même au-delà.

Chaque semaine ou presque, Marins, Téo et moi atterrissions[127] sur un petit ou un gros aéroport et chaque fois, c'était l'aventure ! L'aventure des voyages sans fin avant d'arriver sur le site du séminaire ; l'aventure des régimes alimentaires les plus perturbants et qui, surprise, ne vous rendait pas plus malade que cela, malgré l'absorption d'une eau pas toujours très pure et d'une nourriture, disons *locale*[128]; l'aventure des hébergements qui nous amenait à dormir aussi bien dans la petite chambre d'une maison de retraite, que dans celle d'un évêque ou dans la cabane d'une favela ; l'aventure, enfin, de la rencontre avec des groupes toujours

---

[126] Tel que G. Guttierez l'avait développé, dans son livre sur *La Théologie de la libération*.

[127] Entre 1996 et 1999, j'animerai 62 sessions. Les deux-tiers se dérouleront dans quatorze pays d'Amérique latine (Argentine, Mexique, Colombie, Bolivie, Salvador, Brésil, Pérou, Paraguay, Honduras, Guatemala, Costa Rica, Guatemala, Chili, Cuba) ; un tiers se tiendra ailleurs (Canada, USA et Europe). Le programme des actions du groupe Marins était affiché sur le site : www.cebs.ws. Le site existe toujours mais n'est plus très actualisé.

[128] Mes deux compagnons n'étant d'ailleurs pas difficiles, à partir du moment où dans leurs assiettes, ils trouvaient des haricots noirs ou rouges, plat traditionnel des Brésiliens

nouveaux par la culture, la situation ou le statut social. En Bolivie, nous avons été reçus par l'archevêque de Santa Cruz, dans le grand luxe, avec sa salle de bains particulière, et, lors de la session suivante, nous fumes logés dans un bidonville. Au Salvador, nous avons dormi dans l'antre misérable d'un prêtre qui récupérait tout ce qui était récupérable, y compris les excréments humains pour en faire du fumier. En Argentine, chez les Augustiniens, j'ai le souvenir d'une chambre grouillante de cafards. Dans les Andes argentines, au cœur d'une petite station de ski, le curé nous logea dans une maison à courant d'air, et, dans un froid glacial, nous dûmes sortir pour utiliser les douches et les toilettes publiques. Au Mexique, nous logeâmes chez un coiffeur, dans une maison en construction ; la chambre, éclairée par une ampoule qui pendait au bout d'un fil, était équipée d'un seul lit mais *kingsize* avait précisé notre hôtesse ; j'ai préféré m'étendre sur un bout de matelas par terre et j'en ai profité pour déboucher les douches. La bricole était d'ailleurs ma spécialité, il y eut peu d'endroits où je n'eus à réparer le circuit électrique, à récurer le lavabo, à raboter une porte, à renfoncer des clous, à rééquilibrer des lits. J'ai souvent fait chambre commune avec Marins partageant son rythme de vie un peu déjanté. A deux heures du matin, quand cela le prenait, il se levait pour taper sur son ordinateur puis se recouchait ; à cinq heures, il se relevait pour se préparer un petit café puis se recouchait encore et je l'entendais ronfler généreusement. Le reste du temps, au cours de nos longues conversations, nous parlions d'égal à égal, entre prêtres, entre hommes. Je garde, chers dans mon cœur, deux lieux où nous fûmes particulièrement bien accueillis : Santiago où, invités par les équipes des CEB, nous avons logé confortablement chez mes amis les pères irlandais de Saint-Colomban et Ciudad Guzman, au Mexique, où l'accueil, le confort, l'amitié des prêtres, la chaleur des groupes furent chaque fois de qualité ; chez eux, on se sentait presque en vacances.

 Mes bagages tenaient dans une seule valise et ne pesaient que treize kilos, pas un de plus. Ceux de Marins et surtout de Théo pesaient bien cinquante kilos chacun et occupaient trois malles qu'étant le plus jeune, il me fallait tirer dans le meilleur des cas ou porter dans des escaliers d'aérogare ou le long de chemins empierrés. Parfois, en route, on se perdait ou on faisait des voyages homériques. Je certifie qu'en Bolivie, on est allé jusqu'au confins de la terre ; et que cette limite-là, quand on a fait le voyage, assis à l'arrière d'un camion, sur une bâche au milieu de malles et d'Indiens qui ne parlent pas l'espagnol, on peut l'atteindre incognito car personne ne reconnaîtra votre visage, rougi par la poussière, au terminus d'une piste en latérite rouge. Dans chaque aéroport, entre deux avions, on tenait notre journal avec humour et nos aventures étaient diffusées ensuite sur notre site internet. N'importe qui pouvait faire appel à nous et nous ne répondions jamais : *non* ! Souvent, en fonction de nos disponibilités, nous disions : *d'accord, dans six mois* ! Les rendez-vous pouvaient être fixés par courrier ou par mail ; on essayait de regrouper les demandes pour rationaliser les frais de transport mais quand, au dernier moment, la session était annulée, on ne pouvait pas toujours rentrer chez nous car nous n'avions pas de *chez nous*.

Téo, la compagne fidèle, petite femme vive, avait une soixantaine d'années. Très expressive dans sa gestuelle, elle avait une capacité étonnante à accrocher un sourire sur ses lèvres quand elle communiquait avec autrui. Elle travaillait, depuis près de trente ans avec Marins, dans une connivence totale. L'admirant, elle n'était pas pour autant sa groupie. N'ayant pas réussi à apprendre l'anglais et ne parlant que l'espagnol et le *portugnol*, elle était à l'aise partout et partout elle se faisait comprendre. Intuitive, féminine dans son approche, elle ressentait bien le groupe et les individus ; si elle n'avait pas la même vision synthétique des situations, sa capacité d'écoute extraordinaire auprès des gens lui permettait de retransmettre ce qu'elle entendait.

Selon les langues du pays où l'on se trouvait, nous alternions la conduite des animations. En Amérique latine, Marins lançait généralement le travail et quand nous avons sévi au Québec, en Angleterre ou en Allemagne, c'était plutôt moi qui menais la barque. Cet aspect international de notre mission était très riche et, avec une bonne connaissance des langues, on pouvait communiquer n'importe où. Chaque soir, avec Téo, on évaluait nos travaux en espagnol ou en portugais. Nous ne demandions pas d'autre salaire que nos défraiements et ces seules dépenses étaient déjà élevées pour certaines églises. Quand l'une d'entre elles se sentait plus à l'aise, on recevait un peu plus et cela payait le déplacement vers une autre, plus démunie. Nous vivions en partie avec l'argent que Marins qui avait écrit de nombreux ouvrages en espagnol et en anglais[129] recevait de ses droits d'auteur. Il gérait d'ailleurs sa petite équipe non pas en directeur d'association mais plutôt en société en nom propre. Téo et lui, issus de familles riches, ne se posaient pas trop de problèmes d'argent ; pour moi, c'était un peu plus délicat et, comme Mill Hill ne me donnait plus aucun subside, cette situation de dépendance finit par me peser. Fatigué à la longue de lui demander quelques pièces, chaque fois que je voulais acheter le journal, je proposai qu'il nous donne un peu d'argent de poche ; et nous reçûmes chacun, environ 150 euros par mois. Quand nous avions quelques jours de liberté ou pendant les vacances, nous nous retrouvions au Brésil. Nous allions nous reposer chez le frère de Marins, directeur d'une usine de châssis de bus, dans sa magnifique propriété à Botucatu, à l'ouest de São Paulo ; c'était d'ailleurs dans ce diocèse où il n'a jamais travaillé, que Marins était *incardiné* ; l'évêque local était plutôt content que cet homme de renom dont il ne partageait pas trop les idées soit le plus souvent absent. Nous allions aussi chez Téo, qui avait, elle aussi, pris des distances par rapport à son ordre et dont la famille fortunée habitait dans le Sudeste, à Santa Maria, à l'ouest de Porto Alegre. Une fois, je suis retourné à Parati passer quelques jours avec mes amis Mill Hill et, une autre fois, je suis allé au Chili pour aider un collègue. A l'occasion d'une formation en Allemagne, j'ai revu mon père vivant pour la dernière fois ; j'ai pris le train et je me suis échappé pendant trois jours. Quand il décéda, j'étais en mission, en Amérique centrale. Les bonnes fées de Miami retrouvèrent ma trace, au Costa Rica, dans un village à plusieurs kilomètres de San Jose. Je pris un vieux bus jusqu'à la capitale, sautai dans le premier avion et, comme pour ma mère, arrivai à temps pour bénir le corps au funérarium. Mes sœurs avaient accompagné ses derniers moments ; quant à moi, une fois l'enterrement célébré, je repris l'avion.

Les sessions duraient de trois à cinq jours et regroupaient entre cinquante et cent participants. Les nombreuses inventions pédagogiques venaient de Marins et s'exprimaient sous forme de présentations de la réalité, célébrations, d'enseignements à base de

---

[129] Un seul ouvrage a été publié en français : *L'Eglise qui surgit de la base*, José Marins, Teolide Maria Trevisan, Carolee Chanona, 1998 - Claretian Publications.

paraboles, narrations, travaux en sous-groupes, jeux de rôles, expressions imagées, chants, souvent les mêmes du nord au sud du sous-continent. Elles évoluaient en fonction des situations que nous rencontrions et aucune session ne se ressemblait. On commençait par une dynamique de découverte : personne ne se présentait soi-même, laissant le soin à un autre d'exposer son parcours et ses expériences. Ensuite, on rappelait que rien de ce qu'on allait vivre ensemble n'était anodin : tout était enseignement, tout le monde se devait de participer car la réussite de l'action dépendait de chacun. Chaque session donnait l'occasion de faire Église ensemble ; ainsi les groupes constitués se répartissaient-ils les ministères : celui de la mémoire (rappel le matin de ce qui s'était passé la veille), de la prière (préparation des célébrations), du service de table, de l'animation (gestion des horaires et lancement des séances), de l'observation (repérage de ce qui faisait signe entre nous). Cette approche pédagogique, parfois surprenante, a toujours bien fonctionné. Une session a failli mal tourner à Denver, aux USA ; la trentaine de séminaristes s'attendait à écouter, tranquillement, pendant trois jours, un enseignement *ex-cathédra* ; la prise de risque que nous leur proposâmes éveilla un doute : étions-nous assez compétents ou diplômés pour leur demander de devenir acteurs de leur formation et pas seulement spectateurs ? En fin de première journée, ils s'en ouvrirent à leurs supérieurs qui nous avertirent que la révolte grondait. Nous dûmes organiser une séance plénière au cours de laquelle ils nous demandèrent : « *au nom de quoi, nous avions l'audace de déranger leurs habitudes de sages étudiants* » ; il nous fallut décliner diplômes, expériences pédagogiques et pastorales et finalement, le lendemain, ces braves jeunes gens acceptèrent de rentrer dans le jeu. Cet épisode ne nous fit beaucoup rire... qu'après coup !

En dehors de ce cas particulier, les participants rentraient volontiers dans cette dynamique expérimentée par les mouvements d'action catholique et qui tenait en quelques verbes d'action : *voir, juger, agir* auxquels on avait ajouté *évaluer et célébrer*. Quand on approfondissait la connaissance de chacun, il lui était demandé de partir de l'arbre : les racines montraient d'où il venait, le tronc ce qu'il était, les branches ce qu'il faisait, sans oublier les cassées (actions avortées) les bourgeons et les fruits (espérances et réussites). On leur faisait ensuite rechercher quelles représentations ils avaient de l'Église : elles étaient souvent hiérarchisées, avec au sommet, l'évêque, les vicaires épiscopaux et, en descendant, les prêtres, les diacres, les laïcs ; on leur proposait un autre modèle en renversant la fameuse pyramide et mettant, comme à l'origine, les petites communautés au sommet du processus. Si le besoin s'en faisait sentir, nous refaisions l'histoire de l'Église, à partir des communautés, mises en valeur dans les *Actes*, montrant qu'en 330, elles s'étaient dissoutes dans une religion plus étatique ; au lieu de se rencontrer dans de petites maisons, les gens avaient pris alors l'habitude de se réunir dans le forum qui devint maison de l'évêque. Au Moyen-Âge, ce lieu s'était modifié : les maisons s'étaient transformées, agrandies, modernisées, s'équipant de riches ornements, d'une statuaire, de vitraux ; le clergé s'était peu à peu séparé des laïcs et on avait formalisé cette coupure par des barrières, des clôtures, des jubés, des stalles sculptées ! On commençait aujourd'hui à redonner au peuple sa place dans l'Église ; une brèche avait été ouverte à partir de la Réforme protestante jusqu'à Vatican II[130].

Nous mettions sur la table, devant les yeux des participants, les objets de leur quotidien : épis de blé, grappe de vigne, bible mais aussi mappemonde, carte géographique locale, éléments de la réalité du monde moderne (CD ou ordinateur) ; c'est avec tout cela qu'il fallait construire la communauté. Lors de quelques moments plus didactiques, nous utilisions le langage des paraboles[131]. Une fois, à Mexico, dans un stade, devant huit cent jeunes séminaristes et religieux, je me souviens avoir expliqué, micro à la main, le sens d'une CEB, à partir de la représentation d'un avion matérialisé sur le sol, au moyen d'une immense corde. Il s'agissait de raconter et de visualiser où allait l'Église *? Dans l'avion, je suis assis à la place 48 B, entre la C et la A ; j'ai à ma gauche une grosse dame et à ma droite un monsieur corpulent. Je peux à peine me bouger et descendre ma tablette. Soudain, l'hôtesse vient près de moi et me dit : « Etes-vous, monsieur Felipe ? » Je réponds par l'affirmative.*

---

[130] Le père Congar n'avait-il pas prophétisé au moment de l'ouverture du concile : *Vatican II va inaugurer la fin de l'ère constantinienne*.

[131] Dans le livre, déjà cité, *L'Eglise qui surgit de la base*, quatorze paraboles sont proposées : le ballon noir, le stimulateur cardiaque de l'estomac, le vieux qui voulait aller en enfer, Nestor le guérillero de Bolivie, l'aiglon et le poulet, les déchets du Saint-Esprit, la chanson ridicule de Manolito…

« En regardant la liste des passagers, le pilote s'est souvenu qu'il avait été en classe avec vous et il vous invite à passer en première classe. » Je quitte donc la 48 B et passe, tout fier, au milieu de l'allée et rejoins l'emplacement prestigieux des premières. On me donne un grand siège et je deviens quelqu'un d'important. Mais quelle est l'importance d'un voyage ? Mon aisance, la possibilité d'allonger confortablement mes jambes, pendant le trajet, le repas fin et copieux... ou la direction que prend l'avion ? Ce dernier va-t-il, véritablement atterrir à Santiago, ma destination, ou à New York ? Les participants comprenaient que l'essentiel n'était pas notre place dans le monde, fussions-nous en *classe affaires* mais le fait de nous demander où allait ce monde ? Si nous laissions les commandes aux politiques ou aux économistes, en revanche, la communauté chrétienne devait être la boussole qui donnait l'orientation et le sens.

Chaque séminaire était traversé de temps forts d'exaltation et de passages à vide. Régulièrement, jouant un rôle de miroir, tendre ou sévère, sur leur réalité sociale et religieuse, nous donnions un retour sur ce que nous entendions et nous faisions un travail de *déconstruction* pour aider à éclairer la vie de leur communauté. A ces moments-là, il leur arrivait de résister et de nous envoyer sur les roses car l'acceptation du changement n'est jamais facile. Mais, avec le dialogue et le temps, la compréhension et la reconstruction avançaient.

Les soirées avaient une fonction d'ouverture. Un soir, si la formation ne se déroulait pas très loin des lieux où ils avaient été assassinés, on honorait les martyrs d'Amérique latine en organisant un pèlerinage, sorte de chemin de croix avec arrêt, devant les photos de ceux qui avaient versé leur sang : au Salvador, en Argentine, au Brésil. Un autre soir, nous apportions le témoignage d'autres Églises qui nous avaient fait cadeau d'une forme d'expression qui, à leurs yeux, représentaient leur communauté. Lors de chaque session, pendant les pauses ou lors de temps libres, nous leur demandions en effet de fabriquer sur un carton ou un tissu, un poster, une carte ou une bande dessinée retraçant leur histoire. Je me souviens de la fresque d'un groupe de Bolivie qui avait peint une usine avec différents niveaux : en bas les mineurs extrayant le charbon, au dessus les patrons, plus haut encore les politiques du pays, dans le ciel enfin un petit avion emportant vers les USA l'argent produit par le travail. Un groupe de Haïti avait élaboré une image multiple et complexe : un tambour montrait que la musique réunissait les gens ; une barque signifiait que les pêcheurs allaient en mer et que, chaque jour, il fallait repenser son chemin à cause des courants, des vagues, des bancs de poissons ; dans la barque, chacun était important : celui qui écope, celui qui tient la barre, celui qui rame, celui qui jette les filets, celui qui monte la voile ; quant au palmier... le bois sert à construire la barque et le toit de la maison, les fruits nourrissent la famille et le vin de palme sert de boisson ; un message en créole à l'adresse des autres communautés signait l'oeuvre. Avec ces fresques, souvent naïves dans l'expression mais jamais dans le contenu, nous devenions ambassadeurs d'une communauté vers une autre. Nous affichions les posters qui nous paraissaient les plus porteurs de sens, de Cuba à la Bolivie, en passant par l'Argentine ou le Mexique, et nous en décodions le sens symbolique. Nos stagiaires réagissaient, faisaient des rapprochements avec ce qu'ils vivaient et en amplifiaient la signification.

Une spiritualité fondée sur les Actes des Apôtres

Marins souhaitant avoir l'assurance que l'évêque[132] n'était pas opposé à notre venue, nous n'organisions jamais une session clandestinement et nous exigions toujours d'être accueillis par lui physiquement ou au moins par une lettre. A la fin du séminaire, nous réclamions un certificat délivré par le diocèse[133] ; ce papier

---

[132] Marins était étiqueté à tort par certains comme marxiste et, dans certains diocèses, nous n'étions pas les bienvenus.
[133] On peut citer deux lettres venant du Canada faisant office de certificats. *Les Églises latino-américaines nous ont montré comment, à partir du monde qui est le leur, elles ont trouvé les moyens pour incarner cette Bonne Nouvelle que l'humanité contemporaine ne cesse de rechercher. Par leur expérience, elles nous ont dit que nous pouvions, nous aussi vivre le même parcours, pour trouver les voies qui nous permettent de remplir la mission qui nous fait Eglise.* R. Paradis, diocèse de Sainte-Anne de la Pocatière.
L'équipe (de Marins) nous a rappelé comment, depuis la venue de Jésus, les communautés s'étaient peu à peu formées et nous étions invités à retrouver un pareil dynamisme de nos jours. Bien avant le modèle des paroisses, *nous avons d'autres modes de fraternité. Ces CEB peuvent nous aider à redécouvrir certains aspects du grand mystère de l'Église, les initiatives divines, l'abondance des dons*

était envoyé chez l'évêque de Marins, dans la congrégation de Téo et à Londres, chez les Mill Hill. Nous ne donnions pas ainsi l'image de trois zigotos qui racontions nos histoires ; nous étions mandatés par l'Église et nous faisions Église. Les CEB n'ont jamais tiré dans tous les sens et, jamais, on n'a pu les accuser d'avoir court-circuité la hiérarchie. Même s'il leur arrivait de dénoncer des situations sociales injustes, même si elles avaient un sens critique développé, elles n'étaient pas agressives. Restant dans le giron de l'église, elles n'ont jamais eu de tentations sectaires. Quant à notre mission, elle n'avait pas pour objet d'engager une action militante ; nous ne faisions plus référence, ni de près, ni de loin aux outils d'analyse marxiste, comme avaient pu le faire certains théoriciens de la théologie de la libération. Notre seul but était d'éveiller, de mettre des mots sur les choses, de rendre visible une réalité d'Église, de la *révéler* au sens du processus chimique de la photographie.

Les *Actes* et le périple de l'apôtre qu'on ne pouvait taxer de collusion avec le grand Karl étaient notre fil rouge. A l'aide d'une carte ou en traçant au sol le dessin des côtes méditerranéennes, nous représentions les trajets de Paul. Avec lui, nous prenions le bateau à Antioche, allions à Chypre, puis à Athènes ; nous imaginions les difficultés rencontrées, affrontions les moustiques des marécages, traversions les chaînes de montagne ou les ravins ; avec lui, nous établissions une nouvelle communauté. A chaque étape, nous expliquions ce qui s'était passé : le baptême de Lydie, l'emprisonnement à Philippes, la dispute avec le magicien Elymas de Chypres, la controverse à Thessalonique ; nous inventions aussi des tensions avec Marc, un petit nouveau embarqué sur le bateau, qui tout à coup, apeuré, s'excusait et repartait sous prétexte d'une réunion avec les jeunes de Jérusalem.

---

faits à tous les croyants, la multitude et la diversité des ministères... François Thibodeau, c.j.m. Evêque d'Edmundston.
Je puis vous assurer que la session a été un vif succès. Elle nous a permis de mieux découvrir les immenses richesses culturelles et religieuses que possèdent les Eglises du Sud. De là, la prise de conscience fort importante que la mission d'aujourd'hui et celle de demain doivent se vivre dans une optique de communion et de partage entre Eglises-sœurs. Florian Vachon, p.m.é. Société des Missions-Etrangères Laval – Québec.

Une autre façon de comprendre le message de Paul et le sens des premières communautés était de faire vivre des jeux de rôle. En fonction du nombre de participants, les groupes s'identifiaient à telle ou telle communauté : Jérusalem, Philippes, Ephèse ou Thessalonique et se rendaient visite. Chaque équipe préparait la rencontre en s'inspirant de textes que nous leur communiquions (origine, mode de fonctionnement, richesses et problèmes) ; selon les espaces de jeux, ils identifiaient les lieux et décoraient la pièce ou l'espace ; ils se déguisaient comme ils le souhaitaient : ainsi les femmes venant de Corinthe mettaient un voile car, dans la coutume locale, celles qui montraient leurs longs cheveux étaient perçues comme des prostituées. Hormis deux participants qui restaient sur place pour témoigner de leur propre communauté, auprès des visiteurs, les autres, deux par deux, faisaient le voyage en bateau ou à pied, pour en rencontrer une autre, à la fois écouter et rendre témoignage de ce qu'ils vivaient. Lors de ces jeux, on les enjoignait à ne pas faire un tableau idyllique mais à exposer les problèmes, les conflits tels qu'ils apparaissaient dans le texte des Actes des apôtres ou dans les Epîtres de Paul. En fin de parcours, un grand *debriefing* permettait de conceptualiser ce qui avait été découvert. Après tout, les communautés dans lesquelles ils vivaient étaient aussi d'origines différentes : elles avaient aussi leurs tensions, leurs jalousies, leurs qualités et leurs grandeurs. La fin du séminaire était marquée par une grande Eucharistie. Les moments que les participants avaient traversés étaient tellement forts, au plan émotionnel, qu'avant de se quitter une photo venait sceller la rencontre ; des cadeaux étaient échangés, des pleurs versés et on promettait de s'écrire.

Tenir ces groupes dans une dynamique forte, pendant la durée de la formation, relevait chaque fois d'une épreuve de force ; et, le soir, nous étions contents de faire un bilan de la journée et de préparer le travail du lendemain. Les interventions ne se déroulaient jamais comme nous l'avions prévu : la lettre de motivation avait eu beau indiquer officiellement la nature de la demande, entre temps, des mois s'étaient écoulés et on avait parfois changé d'interlocuteurs ou de programme ; l'urgence était devenu la préparation d'un synode ou la gestion d'un conflit latent. Sans que les organisateurs n'aient rien vu venir, la session pouvait devenir un révélateur de difficultés soudainement mises à jour. En Argentine, par exemple, dans la Pampa, une équipe pastorale avait d'énormes problèmes de communication ; la bombe éclata dès le premier jour et, en petits groupes puis en plénière, nous dûmes mettre à plat l'ensemble des non-dits ; ce travail de médiation, inattendu, bouleversa notre schéma théorique et renvoya le programme officiel de la session pour plus tard.

Le Brésil avait sans doute une place particulière dans le développement des communautés ecclésiales. Tous les quatre ans s'y tenait une rencontre inter-ecclésiale qui réunissait jusqu'à dix mille participants. Les membres actifs se préparaient longuement à ce temps fort ; pour symboliser que les CEB enfantaient l'Église, une statue représentant une femme enceinte circulait de diocèse en diocèse, pendant tout le temps de la préparation. Sur le petit livre qui introduisait les actes du neuvième congrès qui se tint en juillet 1997, à Sao Luis, une icône avait été reproduite, fruit d'un concours entre les communautés. L'image représente un plat rond, sur lequel est posée une énorme pâte à pain, pétrie par six mains ; on y voit celles d'un noir, d'un blanc, d'un Indien, d'un travailleur de la métallurgie, d'un enfant et celle du Christ, percée. De cette pâte émerge le continent sud-américain et notamment le Brésil colorié en vert. Une immense croix, décorée de multiples groupes de gens est plantée sur le pays ; derrière elle, à l'est du continent, apparaît un soleil levant. On distingue enfin neuf wagons, symbole des neuf rencontres, accrochés à un petit train qui chemine jusqu'à un immense palmier, planté à São Luis. Au dos du livre, un texte complète le sens symbolique : *La croix est le signal de la victoire ; on vit dans un continent de crucifiés qui luttent et résistent sur le chemin de la vie jusqu'à la victoire de la résurrection. Les couleurs verte et rouge symbolisent la souffrance et l'espérance. A l'intérieur de la croix, on repère cinq défis à l'évangélisation : les grandes masses, le catholicisme populaire, les religions afro-brésiliennes, les organisations politiques et les nouveaux mouvements religieux. Le soleil qui pour nous, au Nordeste, représente la souffrance est aussi celui du matin de la Résurrection.*

L'avenir des CEB

Marins n'a jamais voulu *fabriquer* un mouvement spécifique comme *l'Action Catholique Ouvrière* ou les *Equipes Notre-Dame* ; il a toujours souhaité rester fidèle à son idée d'Église, englobante, sans particularisme. Pour lui, les mouvements étaient des béquilles et l'Église devait cheminer, seule, sans assistance. Parlant des CEB, il avait beau user de rhétoriques subtiles, *de sources vives qui disparaissaient dans des terrains sablonneux pour réapparaître ailleurs, d'obstacles dans la forêt que la rivière devait contourner, de méandres, d'irrigation et de confluents...* ce grand mouvement n'était pas un *long fleuve tranquille*. La fragilité du système venait du fait que cette approche locale, presque terrienne, s'opposait à un monde en mouvement et ne répondait plus toujours à la vie concrète des gens. Malgré tous les efforts des animateurs, les communautés donnaient l'image d'organisations un peu élitistes qui n'arrivaient à se constituer ni dans les quartiers riches, ni dans les pauvres. Car, avec de *vrais* pauvres, des déracinés, des gens désocialisés, aucune organisation durable ne tient. Pour conduire une réflexion, il faut un certain niveau de sécurité matérielle ; pour bâtir une organisation solide, il faut une certaine distance intellectuelle.

Dès que les pays commençaient à émerger et à sortir du sous-développement, le travail proprement social était relativisé. Le gouvernement et les organisations civiles abordaient les problèmes du logement, de l'eau, de l'électricité avec plus de moyens et de façon plus efficace. Les CEB - comme les cellules syndicales - étaient géographiques et ne résistaient pas à la délocalisation et à cet éclatement social des gens qui vivaient dans un endroit, travaillaient dans un autre, étudiaient dans un troisième, se divertissaient dans un quatrième et priaient, peut-être, dans un cinquième. Et, avec le temps, le langage n'était peut-être plus aussi percutant. Tenu par des prêtres ou des laïcs qui commençaient à avoir des tempes grises, le mouvement apparaissait-il pour certains jeunes comme désuet, quand le renouveau se cristallisait dans le champ charismatique ? Il faut enfin rappeler qu'à partir de la conférence du CELAM de Saint-Domingue, si le pape, du bout des lèvres, avait réaffirmé une théologie qui devait être *libératrice* et s'il avait prôné encore l'option pour les communautés... pour nombre d'évêques, ce n'était plus la priorité.

Il existe encore des lieux où les communautés ecclésiales de base sont vivantes. On peut citer une paroisse mexicaine, pas très éloignée de Ciudad Guzman, Zapotiltic[134]. Le curé, Jose Sanchez, a su mettre en route, outre ces communautés créées en 1978, toute une pastorale des masses, à travers de grandes messes dominicales et de grandes processions populaires. Il arrive à faire le grand écart et à vivre diverses formes d'expression du culte ; il pénètre dans la culture de ce peuple qu'il faut évangéliser, en prenant en compte sa soif de religiosité pour ainsi dire naturelle. Les CEB, quant à elles, participent à ce mouvement pour les transformer de l'intérieur.

Il n'en reste pas moins que le mouvement des CEB en Amérique latine n'est plus aujourd'hui ce qu'il était. Un des derniers livres de Marins s'intitule : *Les communautés ecclésiales de base se portent bien, merci !* Or tout le monde sait qu'elles ne se portent pas aussi bien que cela et qu'elles n'arrivent plus à dynamiser l'ensemble de l'Église mais en deviennent un courant

---

[134] Sous l'impulsion du père Philippe, la paroisse de Zapotiltic (Mexique) est jumelée avec des communautés de la vallée de Chevreuse. Voici comment une des CEB se présente sur le site internet du jumelage.
La communauté de San Rafael compte 427 habitants, enfants, jeunes et adultes. On trouve les services de base : eau potable, éclairage public, drainage, jardins d'enfants, école primaire, maison de santé, jardin et une chapelle. La majorité des personnes travaillent dans l'agriculture : maïs, canne à sucre, tomates, citrouilles. 80% sont journaliers et le reste de petits propriétaires. Depuis 1978, les prêtres nous ont invités à analyser la situation concrète dans laquelle nous vivions, nos angoisses et nos joies, notre façon réelle de vivre et d'exprimer notre foi ; ils nous ont aidés pour que notre religion chrétienne et notre vie empruntent le même chemin. C'est seulement ainsi que nous formerons la réelle communauté, la véritable Église signe du Règne de Dieu qui est justice, amour et paix en rendant vivante la parole de Dieu. Bernardo S. Hernández, coordinator Grupo de Base. Communauté de San Rafael, Zapotiltic. Mexicains et Français échangent sur leur façon de vivre en communauté. Site : espace-zapo.net
Des rencontres physiques existent également. Février 2005, premier voyage de sept habitants de la Vallée chez leurs frères mexicains ; mai 2006, huit Mexicains sont accueillis en France, pendant quinze jours ; août 2007, nouveau séjour à Zapotiltic de sept paroissiens afin de célébrer avec des Allemands et des Argentins, le vingt-cinquième anniversaire des communautés ecclésiales de base. Été 2008, d'autres contacts sont prévus, avec un nouveau voyage de quelques Mexicains en Europe.

faible[135]. Dans nombre de diocèses, la pyramide est souvent remise sur sa base. D'autres courants, plus charismatiques ou plus traditionnels font leur chemin. On change de paradigme et une certaine forme de *restauration* est en route. Néanmoins les CEB restent toujours un ferment, à l'intérieur de l'Église. Le pain partagé n'a pas forcément à céder le pas devant le pain adoré ?

---

[135] Paradoxalement, sur les vingt-huit actions menées par Marins en 2005, indiquées sur son site internet, un quart seulement se déroula sur le continent sud-américain et trois-quarts aux USA, le groupe étant souvent invité par d'anciens missionnaires.

15

Job mon frère

Au bout de deux ans, même si globalement, je me sentais reconnu et à l'aise dans ce travail de formation, mon contrat prit fin. Marins essaya bien de me retenir mais plusieurs raisons, à la fois matérielles et psychologiques, entrèrent en jeu pour que je mette un point final à cette expérience. Pour le terrien que j'étais, cette existence errante, sans lieu entre deux avions où poser mes valises, avait fini par me peser. Si Marins et Téo, avec leur mentalité sud-américaine, se sentaient partout chez eux, considérant l'accueil comme leur étant dû, j'en avais assez de m'imposer et d'être à la merci de mes hôtes successifs. Mes deux compagnons pouvaient reprendre souffle chez eux, au Brésil ; moi quand j'allais à Botucatu ou à Santa Maria, j'étais un invité et ma seule base, pour ainsi dire, était Parati où j'étais encore un hôte chez un de mes confrères ! C'était sans doute cela l'esprit de pauvreté mais je ne voulais plus être contraint à demander : « *S'il vous plait, est-ce que je peux dormir chez vous ce soir ?* » En un mot, j'en avais assez de bourlinguer !

Mes deux compagnons mesuraient bien que l'Église d'Argentine n'était pas celle du Chili et que celle de Colombie et du Honduras avaient leur spécificité. Leur certitude que le monde catholique avait radicalement changé à partir de Vatican II et que la pastorale d'Amérique latine s'était totalement renouvelée à partir de Medellin leur permettait d'affirmer, haut et fort, qu'ils étaient, eux, porteurs de ce changement ; en ce qui me concernait, considérant que je n'avais pas tous les éléments en mains, je ne m'autorisais pas à tant d'assurance dans mes propos ni à donner ce genre de leçons. Et je me demandais même, si au bout de deux ans, j'arrivais à me renouveler ! Je me sentais un peu prisonnier de ce projet et dans l'obligation de répéter ce processus longuement créé et mûri. Les participants avaient beau, à chaque session, apporter des témoignages nouveaux, les exemples que prenait Marins remontaient généralement au temps de l'oppression et il avait du mal à entrer dans ce monde de communication et de mondialisation qui se transformait en Amérique latine autant qu'ailleurs. Avec toute l'amitié que je lui devais, je le trouvais, de temps à autre, un peu *tonton* qui racontait ses souvenirs. Or, d'année en année, les pages d'histoire tournaient, le monde et l'Église continuaient d'évoluer, les publics se rajeunissaient et, en un mot, les guerres de Marins n'étaient plus complètement d'actualité.

Le sens de toute cette aventure n'étant plus évident, j'ai donc décroché ! Je le remerciai et je partis en bons termes avec lui et Téo. Je ne fus pas remplacé, sinon pendant quelques sessions par une laïque puis, de façon intermittente, par un prêtre de Liverpool. Il ne reste plus à présent que le couple historique et je me demande parfois qui porte leurs bagages. Quant à mes amis Mill Hill, devant ma décision, ils ne se posèrent pas de problèmes : on va et on vient dans notre congrégation. « *Le principal*, je l'ai déjà dit, *c'est qu'on soit heureux, là où on exerce notre ministère.* »

Nous étions en novembre 1999. Je me sentais fatigué et j'avais besoin de prendre du repos. Je profiterai de ce temps pour réfléchir, aller voir mes supérieurs, faire un saut en Hollande et en Angleterre, rencontrer des amis. Après je verrai ; l'idée de repartir au Brésil n'était pas exclue mais il me plaisait aussi de voir comment l'Église fonctionnait en Europe. Mes parents étant décédés et Tilburg n'existant plus, je n'avais pas de chez moi et je dus rester plusieurs semaines en pension chez Netty. Me sachant de retour dans le diocèse de Versailles, on me proposa la charge de la paroisse de Clairefontaine ; le curé venait de décéder et le presbytère était libre. Je l'acceptai ; avoir de nouveau mon nom sur une boite aux lettres, ce projet me plaisait bien. La petite maison était dans un état sinistre ; une entreprise commença les travaux et dès qu'une pièce fut habitable, j'y déposai mes treize kilos de bagages. L'évêque, Mgr Thomas, m'accueillit et m'invita, si je devais rester dans les Yvelines, non seulement à prendre la responsabilité des communautés de la vallée de Chevreuse mais à exercer une fonction de formateur dans l'équipe du diocèse ; mon cheminement était donc reconnu et je m'en réjouis. Je commençai à rencontrer des Africains de Mantes-la-Jolie et gardai ainsi un regard ouvert sur le monde. Je donnai quelques cours d'ecclésiologie, en m'appuyant sur les réalités concrètes des gens, et je participai à la programmation des formations à venir.

Dire adieu à l'autre

Le jour où je m'installai dans le presbytère de Clairefontaine, devenu une coquette maison entourée de son jardin de curé, je ne me doutais pas qu'allait débuter une nouvelle *annus horribilis*, aussi terrible que celle de 1972, plus terrible même, car plus longue, si longue ! Je n'ai rien senti venir et la *chose* est arrivée d'un seul coup. La veille de ce 26 juin 2000, on avait célébré l'anniversaire de mes vingt-cinq ans de sacerdoce, dans ma nouvelle paroisse, avec moult intentions d'action de grâces et un vin d'honneur servi sur le parvis ; tout s'était bien passé. Le lendemain, deux paroissiennes vinrent m'aider à enlever quelques guirlandes de décoration, restées accrochées aux piliers de l'église. Tout à coup, Josette me dit : « *Philippe, cela ne va pas ? Tu es tout pâle, assieds-toi.* » J'obéis puis, au bout de quelques instants, elle me conseilla de m'allonger. Je me couchai à même le ciment de l'église. Elle me dit alors : « *Serre-moi la main* ». Tout semblait fonctionner. Mireille sortit et peu après les pompiers m'emmenèrent à l'hôpital de Rambouillet où je me retrouvai aux urgences, allongé sur un brancard. Là, j'ai attendu, en compagnie de Netty, qui, prévenue par ces dames, s'était précipitée pour être à mes côtés. Pendant la journée, un interne passa, m'examina rapidement et me laissa *en observation*. A cinq heures du soir, il repassa me dire : « *Tout va bien, vous pouvez rentrer chez vous ; revenez dans quinze jours, on vous fera un dopler !* »

Netty me dit : « *Tu ne vas pas rentrer chez toi, tu vas venir à la maison !* » Arrivé chez elle, en montant l'escalier, je me cognai contre les portes du côté gauche. Inquiète, elle fit revenir le médecin de Dampierre qui, furieux, appela l'hôpital de Rambouillet : « *Qu'est-ce que c'est que cette histoire, vous avez renvoyé un hémiplégique, chez lui !* » « *Eh bien qu'il revienne demain matin !* » lui répondit-on. Le lendemain, je repartis à Rambouillet.

En ce qui concerne la suite, je ne me rappelle plus très bien. On m'a emmené, m'a-t-on dit, à Clamart mais tout cela est vague et je me suis réveillé à Lariboisière. Les médecins ont essayé de me mettre debout mais je suis tombé. J'ai un ensemble de souvenirs désagréables : deux gaillards me portent aux toilettes, me lâchent et je m'écroule devant le lavabo. Je passe un certain temps dans cet hôpital, avec moult examens sanguins, radios, scanners, IRM etc. Tous ces spécialistes constatent les lésions et on m'explique mon cas ! J'ai été victime d'un AVC, accident vasculaire cérébral : une rupture de l'aorte interne, avec montée de sang et nécrose dans la partie droite du cerveau. Comme le diagnostic a été fait très tard et que je n'ai pas reçu le moindre traitement dans les premières heures, les dégâts sont irréversibles et la partie gauche de mon corps est et restera paralysé. Avec le recul, j'ai non seulement le sentiment mais la certitude qu'à Rambouillet, ils ont gâché l'opportunité de faire des examens et de prendre au sérieux la situation ; mis immédiatement sous anti-coagulant pour résorber le caillot de sang, je n'aurai peut-être eu aucune séquelle. Pendant tout ce moment d'hospitalisation, je reçus des visites mais je ne me rendis compte de rien ; je vécus le moment présent, comme je pus, avec sans doute, le secret espoir que les médecins se trompaient et qu'il me serait possible de récupérer la motricité de mes membres ! Malgré moi, il m'arrive encore d'y croire aujourd'hui alors que je sais pertinemment que c'est non ! Définitivement non !

De là, je fus transféré à Richebourg pour la rééducation et j'y resterai jusqu'en septembre. Dans ce centre de qualité, au milieu de gens très affectés, je fus l'objet d'attentions constantes : nouveaux examens, prises de sang fréquentes, absorption de médicaments multiples, séances d'orthophonie, d'ergothérapie. Autant de luttes pour réapprendre à marcher, à bouger, à prendre une douche, à m'habiller seul. Equipé d'un fauteuil roulant très sophistiqué que je pouvais manier d'une seule main, je retrouvai un minimum d'autonomie. Pendant tout un temps, je pris mes repas seul, dans ma chambre, puis j'eus accès au réfectoire. La vie communautaire reprit, pas facile d'ailleurs, au milieu de gens en dépression dont je faisais partie ; personne n'avait vraiment envie de communiquer ! J'avais du mal à articuler et je ressentais une lenteur dans la réflexion ; je savais ce que je voulais dire mais je ne trouvais pas les mots pour le dire. Alors j'ai lu, avec boulimie ! J'ai demandé à Netty de m'apporter tout ce qu'elle trouvait dans toutes les langues que je connaissais. J'ai absorbé tout ce qui était possible en français, en anglais, en espagnol, en hollandais, me disant que si j'arrêtais les activités intellectuelles, ce serait la fin ! Au moins, question lecture et compréhension, je perçus des progrès. Question expression, cela progressa moins vite. Ne parlons pas de la marche ! Je trouvais les exercices laborieux, frustrants, déprimants ; je revois encore ce long cheminement entre les barres : cinq mètres à parcourir, une distance aussi longue que la remontée des Champs Élysées. Pendant toute la maladie, le déficit de mobilité fut bien ce qu'il y eut de plus dur à accepter. D'ailleurs, est-ce que je l'accepte aujourd'hui ? Savoir qu'on ne peut plus faire ce qu'on faisait, qu'on ne peut plus courir, marcher normalement, bouger les bras, embrasser à la chilienne. Dire adieu à l'*autre* qu'on a été, est un deuil qu'on n'arrive jamais complètement à faire. Cinq ans après, j'enrage encore !

J'ai appris à me contenter de petits progrès. La première fois, où j'ai attaché mes lacets avec une seule main, cela me prit un quart d'heure par chaussure. J'ai un mal de chien à mettre le gant de ma main gauche ; quand j'y suis arrivé, j'ai la tentation de le garder toute la journée, tellement j'ai galéré pour l'enfiler. Il faut encore que je plie le revers de la manche de mon pull, avant de le mettre, sinon, avec ma main paralysée, je n'y arrive pas. Dans cette affection du côté droit du cerveau, on a l'impression que l'on peut faire un certain nombre de choses, on présume de ses forces et, au moment venu, on ne le peut pas ; ces petites frustrations permanentes rappellent à l'ordre. Pour ceux qui sont atteints du côté gauche, c'est l'inverse ; ils croient qu'ils ne peuvent pas faire les choses, alors qu'ils pourraient en faire beaucoup plus.

A Richebourg, je sentais que je faisais des progrès mais je reçus un jour une lettre de Mill Hill m'informant que l'assurance de la congrégation ne voulait plus payer les frais de cette rééducation qui s'effectuait en France. En tant que sujet de sa Majesté hollandaise, je devais retourner dans ma patrie ! Et comme je ne m'exécutais pas assez vite, un supérieur vint me voir pour me vanter les charmes d'une maison de retraite Mill Hill avec, chaque jour, la possibilité de bénéficier de soins à l'hôpital. D'autres solides gaillards vinrent me chercher en ambulance pour me conduire en exil à Oosterbeek, près d'Arnhem. Je fus plutôt bien reçu et installé confortablement dans la maison provinciale où le supérieur tentait de faire régner la meilleure ambiance possible. Chaque anniversaire des pensionnaires et la moindre fête religieuse étaient célébrés dignement et, dans ces murs, lors d'abondants offices, il régnait une douce piété qui finit par m'ennuyer. Je me retrouvais entouré de personnes âgées, avec pour voisin immédiat un prêtre qui souffrait de la maladie d'Alzheimer et avait la fâcheuse manie d'envahir régulièrement ma chambre, jusqu'à ma salle de bains. Heureusement, d'autres pensionnaires étaient moins atteints et je pouvais communiquer avec ces anciens, des gens plutôt sages, dont certains ne m'étaient pas inconnus. Mais les bribes de conversation avec ces missionnaires d'Afrique ou d'Asie, plutôt conservateurs dans leurs options politiques, ne gommaient ni les odeurs qui régnaient dans l'établissement ni la vue de toute cette fragilité qui en permanence rappelait la mienne. Et puis, tous ces braves gens parlaient le hollandais ; je ne le leur reprochai pas mais cette langue nécessitait un tel effort que cela me fatiguait de la parler correctement. J'ai toujours eu, dans ma vie, le désir de *m'inculturer* ; à Oosterbeek, je n'ai pas eu la volonté de le faire, au milieu de ces hommes qui étaient pourtant de ma famille spirituelle et, pour comble, parlaient ma langue maternelle. Le plus souvent enfermé dans ma chambre, refusant même les contacts, je continuais donc à lire, à lire ! Ma solitude volontaire était une forme de résistance. De temps à autre, au nom de ma courte expérience informatique, je sortais de ma cellule pour tenter d'aider les prêtres qui restaient en panne devant leur ordinateur. Mes sœurs eurent beau venir me voir et j'eus beau passer un week-end dans la famille de Docky, sous le ciel bas du *Plat pays*, mon moral n'était pas au beau fixe.

 Il y avait près d'Arnhem des réfugiés qui, le dimanche, venaient participer à la messe et, après la cérémonie, comme cela se fait en Hollande, partageaient un morceau de gâteau et une tasse de café. Tous ces gens voulaient être reconnus comme des *politiques* et la maison de retraite était le seul lieu où ils pouvaient être entendus, notamment dans leur langue. Les Africains étaient happés par les missionnaires qui bavardaient avec eux. Moi, je me retrouvais au milieu d'un groupe de jeunes Libanais qui parlaient français et auxquels je traduisais des textes en hollandais. Sans le savoir, ils me donnèrent un jour un nouveau challenge. Je voulus aller les voir dans leur camp ! Arriverai-je seul, à prendre le bus et à aller en ville, là-bas si près, si loin... ?

Chaque jour, un taxi venait me chercher et m'amenait à l'hôpital. J'avais une demi-heure d'ergothérapie et une demi-heure de physiothérapie ; une fois par semaine, j'avais droit à la piscine. Je n'arrivais pas à nager bien sûr mais la thérapeute entrait avec moi dans l'eau ; elle me mettait sur le dos et ces rares moments où mon corps devenait presque léger étaient agréables. A la fin de mon séjour, les soignants tentèrent de diversifier les apprentissages ; ils voulurent me réapprendre à monter en vélo ; me rappelant les côtes de la vallée de Chevreuse, j'essayai puis, stupidement, je renonçai. Faire la cuisine me sembla plus utile. J'appris à découper un morceau de pain ou de viande et à utiliser la cuisinière d'une seule main en évitant que l'autre ne traîne, ne se coupe ou ne se brûle. L'ergothérapeute notait toutes mes erreurs et je recevais, chaque semaine, un rapport sans concession. Mais cette heure de soins, si elle coupait ma journée, me paraissait bien courte, en comparaison des soins que je recevais à Richebourg. Petit à petit, je n'aspirai plus qu'à rentrer en France. Pendant ce temps-là, je le savais, Netty luttait pour remettre en route les prises en charge de la Sécurité Sociale, retrouver les numéros qui étaient les miens, du temps où j'étais séminariste. Grâce à elle, je finis par récupérer mes droits.

Retour en vallée de Chevreuse

En mai 2001, Doky me ramena en voiture, à Clairefontaine. Mon retour était attendu et je découvris une grande tente, installée dans le jardin du presbytère par les paroissiens pour m'accueillir autour d'un apéritif. Bizarrement, je fus à la fois flatté par ce geste d'amitié mais pas aussi heureux que j'aurais dû l'être. J'avais l'impression que plus rien n'était surprenant dans ce que je vivais et je recevais tout de façon distanciée. Néanmoins, officiellement curé de cette minuscule paroisse, je goûtais cette forme d'indépendance.

En septembre, un peu stabilisé, je commençais mes premières actions comme curé du groupement paroissial mais, je fus victime d'une deuxième crise. Au moment où je saluai le maire de La Celle les Bordes, je tombai et m'évanouis. Les gens de la mairie appelèrent Netty qui s'écria : « *Surtout, qu'on ne le renvoie pas à Rambouillet* ! » On me conduisit à l'hôpital de Versailles où, pendant quatre jours, je fus plongé dans un coma artificiel. Une fois réveillé, les spécialistes me parlèrent de réactions du cerveau, d'épilepsie, de troubles cardiaques, de taux élevé de cholestérol, d'arythmie, autant de symptômes qui me firent froid dans le dos. Après quelques jours, je me retrouvai à nouveau dans mon presbytère. Là, petit à petit, en boitant, je repris l'habitude de monter les marches des perrons des églises ...

Job a rouspété mais il a toujours eu espérance et confiance en Dieu ; pendant toute cette période, tel n'a pas été mon cas. Homme de cinquante-deux ans, fauché par la maladie, j'ai rejeté cette épreuve et j'ai vécu tous ces évènements comme une injustice. Longtemps j'ai senti monter en moi une révolte intérieure, pas trop extériorisée mais si forte qu'elle m'empêchait de prendre de la distance. J'ai été assailli de doutes par rapport à tout ce que j'avais réalisé jusqu'alors. Qu'avais-je fait au Bon Dieu pour que cela m'arrive, à moi ? Y avait-il eu péché, quelque part, comme affirmaient les contemporains de Job, prisonniers d'une bonne vieille théologie de la rétribution[136] ? J'avais beau tourner toutes ces interrogations dans tous les sens, me dire que si cela arrivait à tant d'autres innocents, il n'y avait pas de raison que cela ne m'arrive pas, à moi ! Etait-ce cela, prendre de la distance ? Se dire que, comme un accident de voiture, cela peut survenir n'importe quand et toucher n'importe qui. Diable de Providence ! Le doute m'a pour un temps paralysé autant que mon AVC et j'ai vécu dans la *Nuit noire* de Jean de La Croix. Déprimé, j'ai baissé les bras, sans dynamisme, sans envie de me retrouver avec d'autres. Il y eut tout un temps, je l'avoue, où je n'ai fait que ce que je devais faire, que ce qui m'était demandé de faire, perdant l'enthousiasme de chercher de nouvelles voies, de nouveaux chemins. Dans ces moments, il est assez facile de s'installer dans la maladie, de se

---

[136] Cette logique des *rétributions terrestres* veut que si l'homme souffre, c'est qu'il a péché ; il peut paraître juste à ses propres yeux mais il ne l'est pas aux yeux de Dieu.

justifier : *C'est parce que je suis malade, n'est-ce pas, que je laisse passer le temps* !

Au fond de ce trou noir, il y eut un moment déclencheur. Un jour, en 2002, accompagné de Netty, je suis arrivé en pleurs dans le cabinet du neurologue. Ma soeur a commencé par s'entretenir avec lui sur mon cas et le médecin m'a alors proposé de voir un psychiatre. Là, brutalement, je me suis retrouvé, deux décennies en arrière, devant le psychologue hollandais d'Utrecht qui m'avait tant irrité et j'ai réagi ; j'ai demandé à Netty de sortir du cabinet du médecin et j'ai regardé le neurologue dans les yeux : « *Il n'est pas question que je consulte un psy quelconque. Donnez moi quelques cachets et cela va aller, je vais prendre des mesures, me reprendre en mains.* » A partir de là, j'ai commencé à devenir plus créatif au point de vue pastoral. J'ai créé le conseil paroissial et les services d'église ont repris un coup d'énergie. Nous avons assuré une présence régulière à la maison de retraite du village. J'ai repris contact avec mes amis d'Amérique latine. Le conseil a imaginé un jumelage avec Zapotiltic, une paroisse mexicaine ; les choses se sont enchaînées : site internet bilingue, voyages au Mexique et visite de huit Mexicains dans la vallée de Chevreuse. Une partie des forces est revenue : force de la prière, peut-être, mais surtout volonté et hargne pour surmonter la maladie.

Ma présence ne fut pas forcément bien accueillie dans chacun des sept clochers et il y eut même de la part de tel ou tel une forme de rejet. Je me souviens d'une rencontre chez une paroissienne, autour d'un five o'clock. Ces dames avaient profité de la chaude intimité pour faire une demande de célébrations régulières en latin et cette surprenante proposition avait entraîné chez moi un tel rejet que ma main *morte* en avait renversé la tasse de thé. Il n'est pas impossible que certaines personnes, à l'écoute de mes sermons, soient parties chercher ailleurs une cérémonie qui leur convienne mieux ; en vallée de Chevreuse, pas plus que dans le village de Puange, les prêtres ne sont propriétaires d'aucun de leurs paroissiens ; la parole peut déplaire et déranger ou interpeller et nourrir ; les fidèles sont libres d'assister aux offices qui leur donnent satisfaction.

Ma mission, telle que je l'ai comprise, dans le groupement paroissial de Cernay au cours de ces cinq longues années, a été de faire communauté, peut-être pas ecclésiale de base mais ecclésiale tout court. Je trouve aujourd'hui dans mes activités pastorales, des raisons d'espérer ; cette communauté, où les gens sont importants les uns pour les autres, me réconforte et donne du sens à ma vie. Il est vrai que, nous prêtres, nous passons souvent d'une paroisse à l'autre mais quand nous partons, nous avons la prétention de croire que les liens qui ont été tissés ont aidé à vivre.

16

Retour à Santiago

La première chose qui me vient à l'esprit c'est un grand merci pour ceux qui, en cette fin d'année 2005, m'ont permis de retourner à Santiago et ceux qui m'ont accueilli, particulièrement Amanda qui avait été secrétaire pastorale de la zone ouest de Santiago, lorsque j'étais pro-vicaire, et qui accepta de s'occuper de l'organisation de mon séjour, de mon emploi du temps, de mes rendez-vous, de mon hébergement. Ce voyage, je l'ai à la fois désiré pendant des mois et craint. Mon état de santé allait-il supporter ces fatigues à venir ? La générosité de mes amis chiliens à me faire rencontrer tant de gens garderait-elle un peu de mesure ? Et ce Chili que j'allais revoir ressemblerait-il encore à celui de mon combat pour les pauvres ?

Le voyage, sans escale, fut long et fatigant mais je fus rapidement pris par l'émotion des gens qui m'attendaient, à l'aéroport. Mon premier rendez-vous fut sportif ; je dus rejoindre une vieille dame de la villa Portales, amie de longue date, qui habitait au quatrième étage et n'était pas descendue depuis vingt mois. Je réussis à monter jusque chez elle, sous son toit, je l'ai vue lire, broder, envoyer des mails sans lunettes[137]. Elle m'initia aux changements politiques et sociaux du quartier. Le samedi après-midi, grand-messe, à Jesus Maestro, dans cette église que j'avais construite et là, ce fut une bouffée d'émotions. Au fur et à mesure que je voyais les gens, les prénoms me revenaient et j'embrassais les enfants qui avaient grandi d'un coup. Cette fin de journée d'été très douce laissait entrer la lumière, à travers les vitraux ouverts sur l'extérieur. La soirée, le repas et le spectacle de danses folkloriques qui suivirent furent marqués au sceau de la nostalgie. Se sont

---

[137] Le lendemain, pour la messe, des jeunes l'aidèrent à descendre ; elle assista même au repas nocturne.

retrouvés des habitants qui ne s'étaient pas vus depuis des années mais qui avaient, plus ou moins, combattu du temps des *protestas* ; certains avaient occupé les espaces publics pour y faire des manifestations culturelles, y organiser des concerts sauvages et y crier leur soif de liberté. Mais, après le temps des luttes, ils s'étaient éparpillés dans tous les coins de la capitale.

Le premier de mes étonnements à Santiago a été de voir le bouleversement de la ville ouverte aux voitures ! Périphériques et quatre voies ceinturent et traversent l'agglomération. On peut facilement aller du quartier riche de Las Condes jusqu'à l'aéroport, sans traverser Pudahuel. Les pauvres ont disparu, on ne les voit plus, c'est pratique : on passe en dessous. Tous ces lieux de passages sont payants, y compris ceux qui permettent de traverser la capitale. Les poids lourds ne polluent plus la cité comme autrefois et les petits bus jaunes disparaissent progressivement, remplacés par de longs engins modernes à soufflet qui ne s'arrêtent plus au doigt levé d'un usager mais à endroits fixes. Cinq lignes de métro rapides et propres irriguent la cité et même les faubourgs jusqu'à Maipu.

Autre source d'étonnement : la force et la stabilité du gouvernement de centre gauche. Le président Lagos, en fin de mandat, obtenait encore près de 70% d'opinions favorables. Ces sondages rendaient les gens de droites et les *momios*, doublement en colère : parce que le gouvernement était socialiste d'une part et parce qu'il fonctionnait bien d'autre part. Et voici que dans le Chili machiste, une femme, Michelle Bachelet, se présentait à la candidature et, malgré les attaques dont elle était l'objet, obtenait au premier tour plus de 46% des voix et allait gagner le pouvoir. Pendant la campagne électorale, colleurs d'affiche et participants aux manifestations politiques, de gauche comme de droite, étaient payés pour leurs loyaux services ; l'idéologie et l'engagement politique étaient remplacés par la rémunération du travail fourni. Le grand débat n'opposait plus la gauche à la droite ; il se situait sur la façon de gérer au mieux la croissance.

Celle-ci, impressionnante, se situe à plus de 6% par an. Le commerce extérieur est florissant grâce à la vente du cuivre dont le taux ne cesse de grimper et les produits agro-alimentaires, comme le vin, se vendent bien. Le Chili, qui a signé un accord de libre-échange avec les Etats-Unis, le Mexique et le Canada, s'est ouvert sur le Pacifique : Corée, Japon, Chine. La voiture coréenne domine, sans conteste, dans les rues de Santiago et les produits informatiques et électroniques sont tous *made in China*. Des *malls*, immenses centres commerciaux, fleurissent autant dans les quartiers riches que pauvres. Hormis quelques petites boutiques un peu misérables où on peut encore acheter des cigarettes à l'unité, un morceau de pain ou louer des cassettes piratées, le petit commerce a disparu et avec lui la vie de quartier. Si la majorité de la population a profité de cette évolution, les problèmes sociaux n'en sont que plus durs. Le coût de la vie s'étant renchéri, le fossé et la disparité entre pauvres et riches se sont accrus. Le chômage reste important, au-delà de 10% de la population globale, et est très visible dans les quartiers les plus pauvres.

D'Amor Uno où je n'ai pas eu le temps d'aller, je n'ai aperçu que les berges du rio Mapocho aménagées pour que les égouts ne se déversent plus dans la rivière. Si les anciennes *poblaciones* voient leurs constructions se durcir avec plus de briques et moins de bois, plus loin, apparaissent, un peu dissimulés, de nouveaux *campamentos*, vrais bidonvilles, habités par les paysans qui continuent à arriver en ville. Des émigrés, Péruviens pauvres, s'installent même au cœur de la capitale et occupent une rue, à côté de la cathédrale ; on les repère à leurs pommettes plus marquées et à la couleur de leur peau. Ces Indiens, en général sans papiers, constituent un sous-prolétariat et sont prêts à travailler à n'importe quelle condition. Les Chiliens commencent à parler d'invasion et les accents racistes ne sont pas loin. L'Église s'occupe, comme elle peut, de ces hommes mais avec une approche caritative, sans volonté de les aider à s'organiser.

L'ambiance de confiance n'existe plus. Des protections ont surgi de partout chez les pauvres comme chez les riches et on ne trouve plus une fenêtre sans barreau. Même la petite maison où j'habitais villa Portales, entourée d'un petit mur facilement franchissable, est désormais barricadée et des grilles protègent l'habitation depuis le toit jusqu'au mur du patio. On ne peut plus passer, comme avant, d'un bloc à l'autre ni circuler au-dessus des petites maisons. Tout est individualisé, verrouillé, grillagé et les espaces verts sont tristement entretenus, pour ne pas dire laissés à l'abandon. Dans les quartiers riches, la surveillance et le contrôle sont encore plus drastiques ! Des gardiens protègent le moindre immeuble ; les interphones filtrent les allers et venues ; quant aux condominiums, ils sont tous entourés de murs, de barrières et équipés de caméras. Villa Portales a perdu son effervescence et sa vitalité ; la vie communautaire s'est étiolée. Les jeunes ne se réunissent plus au pied de chaque bloc ; ils s'enferment et vivent avec leurs copains. Les habitants qui avaient plus d'aisance financière se sont empressés de partir pour faire construire une petite maison individuelle ; d'autres se sont retrouvés pénalisés par le chômage. J'ai passé un long moment avec une ancienne catéchiste qui vit seule, dignement ; elle survit comme elle peut, en assurant la garde d'un autre enfant et en élevant la fille de sa sœur. Elle souffre de ne pouvoir offrir à la jeune fille des vêtements ou surtout l'ordinateur qui lui permettrait d'accéder, comme les autres, à la culture d'aujourd'hui. On parlait déjà autrefois de misère en col blanc, j'ai eu l'impression désagréable qu'aujourd'hui, plus qu'hier, chacun se débrouille et ceux qui ne peuvent pas suivre le rythme effréné du développement sont laissés sur le carreau.

J'ai gardé de la soirée, après la messe célébrée à Jesus Maestro, une impression mitigée. Je ne peux gommer ce plaisir immense d'avoir revu tous mes amis[138]. Dans le CD de photos qui m'a été offert, à l'aéroport, le jour de mon départ, je tiens dans mes bras des dizaines de ces gens que j'ai aimés et qui sont venus témoigner leur fidélité pour ce qu'ils ont vécu. Nous sourions tous et mon

---

[138] Le groupe envoya ce mail à la communauté de Cernay la Ville : *Chère communauté paroissiale. Aujourd'hui Felipe vient de repartir vers vous et nous voulons vous transmettre avec lui nos remerciements pour lui avoir permis de nous rendre visite. Ce moment de rencontre avec les amis de toujours a été merveilleux ; nous nous sommes rappelés tant d'histoires qui ont fait de nous des frères et des amis. Sa visite nous a remplis de joie ; nous l'espérions, nous avions besoin de le voir et de l'embrasser comme nous en avions envie depuis si longtemps. Merci à chacun de ceux qui ont permis que se réalise notre rêve de l'avoir à nouveau près de nous ... bien qu'il ne soit que prêté...; merci parce qu'il a pu découvrir nos cheveux blancs et nos enfants ; parce qu'il a pu connaître ceux qui sont nés après son départ, parce que nous avons pu célébrer avec lui l'Eucharistie, parce que nous avons été unis avec vous dans l'affection et l'amitié. Que le Seigneur le ramène à sa communauté, fortifié par tant d'affection et qu'il fasse connaître à chacun de vous toute notre gratitude pour son voyage...* Amanda, Carlos, Miguel, Jorge, Verito, Lalo, Alicia, Verónica, Alejandro, Jessica, Juan, Alejandra, Marisol, Eduardo, Sole. *Comunidad Joan Alsina.*

propre sourire est souvent mêlé d'une émotion que je ne peux contenir. Le soir, le méchoui m'a tenu avec eux, jusqu'à ce que le froid tombe sur mes épaules et, avec lui, la fatigue immense de la journée. J'ai demandé alors qu'on me raccompagne mais, en les quittant, je ressentais bien sûr l'émotion de la séparation, nous la vivons tous dans ces moments, mais aussi celle de voir reconstitué un temps de convivialité partagée qui malheureusement ne faisait sens que dans la nostalgie.

Dans ce Chili, en voie d'apaisement et devenu économiquement plus fort, je ne pouvais m'empêcher de me demander s'il y avait ou non perte des valeurs et si l'Église avait encore aujourd'hui une place importante au cœur de ce monde matérialisé ? Le mouvement, issu de Medellin, ne s'est pas amplifié ! Nombre de religieux et de religieuses ont quitté les quartiers déshérités pour rejoindre leurs couvents ou s'occuper d'enseignement, comme autrefois. La plupart des petites communautés, comme Lo Amor, sont intégrées dans des paroisses. S'il en reste néanmoins quelques-unes, dispersées, la priorité des clercs n'est plus d'y *vivre... avec les pauvres.*

Le Chili est un des pays latino-américain les plus sécularisés, avec une pratique et une participation aux messes, relativement modestes. Jesus Maestro ne reçoit guère que cinquante pratiquants chaque dimanche et l'église, qui autrefois avait du mal à contenir son monde, apparaît aujourd'hui trop grande. En revanche, les grandes manifestations continuent. Le 8 décembre, jour de la fête de l'Immaculée Conception, chaque paroisse fête et fleurit la mère du Christ. Pour permettre d'atteindre Notre-Dame du Carmel à Lo Vasquez les autorités ferment l'autoroute vers Valparaiso et dévient la circulation pour laisser le champ libre aux pèlerins. Ce pèlerinage fait vivre le diocèse de Valparaiso pendant un an ; les prêtres soutiennent beaucoup ce mode d'expression de la foi avec confessions, messes et quêtes. La dévotion à la *Virgen de la Imaculada Concepción* dont la statue domine la capitale, le sanctuaire de Lourdes et la basilique de Maipu fonctionnent bien aussi.

Se déroula, au moment de ma présence, un évènement important, à la fois civil et religieux. A la fin des années 1920, un jésuite, le Padre Alberto Hurtado était réputé pour son grand dévouement ; avec sa vieille camionnette, il allait chercher les pauvres sous les ponts du rio Mapocho et les emmenait dans une structure d'accueil qu'il avait créée, *Hogar de Christo,* le Foyer du Christ. Là, ces malheureux pouvaient se nourrir, dormir, avoir un minimum d'hygiène. Devant le développement des vocations de son ordre, il avait aussi construit un grand séminaire permettant d'accueillir jusqu'à une centaine de scolastiques jésuites[139]. Cet homme de bien avait aussi pris le temps de conceptualiser son action, en écrivant divers ouvrages pour demander plus de justice pour les pauvres. En seize ans, son travail, fait d'allers retours multiples entre les gens fortunés auprès desquels il prêchait et demandait de l'argent et les pauvres qu'il essayait d'aider, fut considérable. Il mourut jeune et fut rapidement béatifié : Benoît XVI vient de le canoniser et le président socialiste Lagos, agnostique bon teint, de le déclarer père de la patrie[140].

Le deuxième dimanche de mon séjour, je me devais de célébrer la messe à San Antonio mais, je le savais, le contexte était bien différent de Jesus Maestro. Contrairement à ce qui s'était passé à villa Portales, l'ascenseur social, dans ce quartier, n'avait guère fonctionné. L'une ou l'autre conversation téléphonique avec des habitants m'avait informé que les conflits de pouvoir, déjà identifiés au début des années 1990, ne s'étaient pas estompés, bien au contraire. Et certaines attitudes autoritaires avaient entraîné des jalousies. Pour ne pas porter ombrage au prêtre actuel avec lequel je n'avais pas de relation particulière, j'ai réduit au minimum mon passage dans cette communauté et je me suis interdit toute prise de position. Je suis allé simplement saluer les gens que je connaissais, et, lors d'un court vin d'honneur, je me suis efforcé de ne pas donner plus d'importance à un des paroissiens plutôt qu'à un autre. Après l'apéritif, j'ai fait un saut à la sortie de l'autre messe, dans la chapelle du Bon Pastor et j'y ai salué quelques connaissances.

Les autres rencontres organisées par Amanda avec des laïcs furent plus détendues. Un jour, à midi, elle regroupa dix-huit anciens travailleurs du pro-vicariat ouest et, sous l'immense photo d'Enrique Alvear[141], nous fîmes un repas composé *d'empañadas,* ces chaussons à la viande, aux œufs et aux oignons qu'aiment tant

---

[139] Ce lieu est aujourd'hui un centre de retraite.
[140] Un livre vient de paraître sur Alberto Hurtado, en français : *Comme un feu sur la terre, un mystique du prochain.* Ed. Facultés jésuites de Paris (212 pages), 2005.
[141] Un procès en canonisation est également en cours pour cet évêque des pauvres.

les Chiliens ; ce fut l'occasion de se remémorer la lutte pour les droits de l'homme et les travaux pour l'éducation populaire. J'ai été reçu également par Patricia et Alfonso, mon ancien compagnon Mill Hill, devenu père de quatre enfants, dont deux adoptés. J'ai passé un moment avec deux conseillers municipaux socialistes du quartier de *l'Estación central* qui ont tenté de faire baptiser une place au nom de *Père Felipe* ; ces anciens *jeunes* du temps des *protestas* ne sont pas arrivés à convaincre le maire, plutôt de droite, de l'opportunité de cette proposition et c'est mieux comme cela.

Enfin, deux religieuses Esperanza et Inès qui avaient parcouru quatre cent kilomètres pour venir me voir, m'ont emmené faire une promenade dans la montagne. Sur le sentier, je traînais un peu la patte et, le soir, Espéranza m'a glissé dans l'oreille : *« Felipe, reste ; cela nous est égal que tu marches mal ! Ici, on a besoin de quelqu'un qui écoute. »* Sa remarque m'a touché mais pas décidé.

Un matin, Rafael, un de mes amis, vicaire épiscopal, m'a téléphoné : *« Felipe, accompagne-moi à Pirque, dans la montagne, on va rencontrer les prêtres de la zone-est ; ils passent, ensemble, un moment de détente. »* Je me sentais bien au milieu de tous les laïcs et je n'avais pas tellement envie de me retrouver avec tout un groupe de curés mais en revanche j'étais bien désireux de passer un moment avec Rafael ; j'acceptai. Il vint donc me chercher chez les sœurs où je logeais. J'étais à peine installé dans la voiture qu'il me dit : *« As-tu envie d'aller dire un petit bonjour au cardinal ? »* Avant que je réagisse, il avait démarré. On arriva devant l'archevêché et j'attendis dans la voiture. Au bout de cinq minutes, il revint avec Monseigneur Errazurriz qui, pour éviter que je ne me fatigue, venait jusqu'à moi pour m'embrasser et échanger quelques mots. Ensuite, on a roulé jusqu'au lieu de rendez-vous et j'ai retrouvé des prêtres, bien comme il faut. J'en avais connu un certain nombre lorsqu'ils étaient séminaristes et à cette époque, ils étaient plutôt décontractés ; à présent, ils me paraissaient un peu engoncés dans leur col romain et distants les uns des autres par leur vouvoiement. En jean et en pull-over, j'étais vraiment l'*étranger*. J'eus le plaisir de bavarder avec Fernando, ancien idéologue de la théologie de la libération, devenu lui aussi un prêtre respectable, chargé d'un institut de pastoral très orthodoxe à Santiago. Tous ces hommes se sentaient avant tout en charge du culte et la dimension sociale qui avait préoccupé - j'allais dire - leurs pères, une décennie avant eux, n'était plus leur préoccupation majeure.

Un certain nombre de catholiques aurait préféré avoir comme président l'entrepreneur de droite Sebastian Piñera, milliardaire, qui s'affichait comme pratiquant, plutôt que la pédiatre de gauche, Michelle Bachelet qui osait proclamer pendant sa campagne électorale : « *J'ai tous les péchés, je suis femme, socialiste, divorcée et agnostique*[142].» L'église chilienne m'a semblé très préoccupée de défendre la morale familiale, en combattant la libéralisation de l'avortement et le divorce, quitte à entrer dans le champ du politique et à vouloir influencer les électeurs. La volonté de respectabilité s'affirmait ainsi et le président de la conférence épiscopale osait déclarer ouvertement : « *Dans mon diocèse, il n'y a pas de prêtre homosexuel.* » Cette affirmation, reprise dans la presse nationale, demanderait à être vérifiée ! Il n'y a sans doute pas plus de cas d'homosexualité ou de pédophilie, dans le clergé chilien, qu'ailleurs, mais il n'y en a certainement pas moins et, déjà, des procès sont en cours.

Il n'y a plus guère au Chili de prêtres ou de laïcs étrangers et on peut se poser la question de l'universalité de l'Église ! Avec les difficultés *d'inculturation* qui ont été évoquées, ces femmes et ces hommes, missionnaires, partaient se mettre au service du pays d'accueil et s'enrichissaient aussi personnellement. Leur exil posait question à leurs proches et, à leur retour, ils témoignaient, auprès de leurs amis et de leurs familles, de ce qu'ils avaient vécu. Comment faire pour que l'Église sud-américaine devienne missionnaire, à son tour et que tout l'espace ne soit pas occupé par les Pentecôtistes ou d'autres évangélistes ? Pour des raisons idéologiques, les évêques chiliens ont, aujourd'hui encore, beaucoup de

---

[142] Voici la teneur d'un mail que je recevrai dans le courant du mois de janvier 2006 : *Joie partagée pour l'élection de Michelle Bachelet ; c'est le résultat de nos efforts... de tes efforts de participation avec nous ici pendant des années. On est super content. On ne sait pas si elle a les épaules assez larges pour supporter cela. Il y a au Chili des gens qui ont peur de revenir au temps de l'élection d'Allende ; il y en a d'autres qui pensent qu'elle va travailler dans la continuité. Certains craignent que gauche et droite ne se radicalisent mais dans ce système libéral, elle ne peut faire machine arrière. Avec Chavez, Lula, cette élection va apporter des changements, notamment dans les relations avec les USA.*

mal à vivre la collégialité et à se mettre d'accord sur des options fondamentales, ne fut-ce qu'une liste de noms de nouveaux évêques[143], au point que le nonce apostolique leur a remonté les bretelles ; en voie de conséquence, c'est Rome, seule, qui nomme et, en général, les personnes les plus conformes à la tradition. En revanche, parce que ces grands témoins sont morts et pas dangereux, ils réussissent bien à s'accorder sur la canonisation d'un Alberto Hurtado ou sur celle à venir d'Enrique Alvéar. Or, à leur époque respective, ces hommes avaient su faire face à la pauvreté ou à la dictature. L'ennemi, aujourd'hui, est-il moins facilement identifiable et faire front plus difficile ?

Si je me remémore ce qui a été fait et vécu du temps des *protestas*, je réalise que nous avons vécu des heures glorieuses de combat mais que ce temps est révolu. Si, en 1985, la théologie de la libération n'avait pas été barrée par Rome, qu'en resterait-il aujourd'hui dans ce Chili qui vit à l'époque de la mondialisation, du libéralisme forcené et de l'ouverture économique vers l'Asie ? L'Église soutiendrait-elle plus ouvertement le courant socialiste et moins les tendances droitières ? Aurait-on évité en Amérique latine, comme ailleurs, une reprise en main cléricale, une approche de la mission du prêtre trop souvent centrée sur le culte, un durcissement idéologique vers une défense, bec et ongles, des valeurs morales ? Les petites communautés de base auraient-elles mieux résisté et, avec elles, un rôle plus important aurait-il été accordé aux laïcs ? Et y aurait-il, dans l'Église en général, une meilleure gouvernance faite de démocratie et de collégialité ?

---

[143] Il suffit de penser à Rafael Hernandez ou à Christian Precht, proposés par les évêques et barrés par le cardinal chilien Mgr. Medina. Ils n'ont pas été les seuls ; tous les *prétendants* au ministère épiscopal, qui ont eu un passé de lutte pendant la dictature, ont été barrés.

16

Par la fenêtre du jardin

Les vingt-deux entretiens, d'environ trois heures chacun, que j'ai eus avec le père Philippe se sont déroulés dans le presbytère de Clairefontaine, avant qu'il ne quitte le groupement paroissial de Cernay pour être nommé curé d'Ablis, en juillet 2006. De la fenêtre, on domine un petit jardin ombragé ; au creux d'un platane, un nid a été aménagé et notre conversation ne fut troublée que par les chants des oiseaux et les cris des enfants de l'école communale toute proche. Sur le bureau, trône un ordinateur, dans lequel sont stockées les centaines de photographies d'Amérique latine qu'aux moments difficiles de sa maladie, Philippe a scannées consciencieusement. De temps à autre, nous avons fait une plongée iconique pour revoir les lieux et surtout les femmes et les hommes qui avaient marqué sa vie. Au cours de ces matinées du jeudi, le téléphone sonna fréquemment : annonce d'un mariage, appel pour un enterrement, communications personnelles. A intervalles réguliers, une voix féminine sortait du haut parleur :
« *Vous avez un nouveau message, Felipe !* » *Plusieurs fois par séance, des mails arrivaient ainsi du Mexique, du Chili, du Canada...*

Je ne connaissais Philippe que depuis quatre ans et notre rencontre n'avait rien eu d'extraordinaire : il était curé du groupement paroissial ; je n'oserai dire qu'il était au service de la CEB de Cernay car il n'employait pas cette expression. Lors du jubilé, pour ses trente ans de prêtrise, j'avais, pour préparer un petit discours, rencontré discrètement Netty et ce qu'elle m'avait dit de l'itinéraire de son frère avait excité ma curiosité. Un soir du mois d'août nous dînions, mon épouse, lui et moi, et l'idée m'était venue : « *Cela t'intéresserait-il de raconter ton parcours ?* » *Je venais de cesser mes activités professionnelles, j'avais un peu de temps. Sa réponse est venue, directe, avec un sourire.* « *Pourquoi* pas ! » *La proposition lui plaisait : il n'y avait jamais pensé auparavant ; il accepta simplement, sans calcul.*

Lors de nos rencontres, cet homme grand, droit, au visage encore jeune et ouvert, répondit inlassablement à mes questions ; parfois il se laissait aller à un long monologue qu'il ne fallait pas interrompre. Le passé remontait avec une facilité déconcertante et, avec lui, les descriptions des sites, les évènements politiques, les noms propres. Chaque étape de sa vie renvoyait d'abord à des rencontres, des visages, des situations de vie concrètes ; l'analyse fine, souvent sociologique n'arrivait qu'après. Il était convenu entre nous que dans ce jeu de la transparence, il aurait droit à quelques jokers et il en a peu abusé. Parmi les gens qu'il a rencontrés, il n'y en a guère qui n'aient été qualifiés de sympathiques. *Comme ce qualificatif revenait de façon trop récurrente, j'ai décidé de ne pas le réemployer dans le texte. Je suis allé néanmoins en voir l'étymologie. Tiré du grec, le mot* sympatheia *signifie à la fois :* participation à la souffrance d'autrui *et* communauté de sentiments ou d'impressions *; bien que la racine* pathos *soit présente dans le mot, je n'en ai jamais perçu dans son discours, en revanche la notion de* bienveillance envers autrui, *je l'ai mainte fois entendue.*

Il n'y avait pas de pathos, non plus, concernant son invalidité. Bien sûr, il n'était pas très difficile, quand nous étions assis côte à côte, de repérer ce geste de la main droite qui rattrapait l'autre, cette fichue main gauche, quand elle glissait et quittait ses genoux. Alors, il la reprenait gentiment et la coinçait à nouveau pour qu'elle soit sage ; à moins qu'il ne lui reprochât justement, comme à sa jambe, d'être trop sage !

Je savais aussi que, le jeudi après-midi, si le temps et l'emploi du temps le permettaient, il profiterait d'un moment de liberté pour enfourcher le vélo à trois roues qu'il venait d'acquérir en Hollande. Là, assis de façon stable, légèrement en arrière, main et pied gauches, bien calés, il pourrait pédaler et retrouver un peu de sa liberté perdue ; un peu seulement, car l'ivresse des descentes et la cruelle épreuve des côtes de la vallée de Chevreuse ne remplaceraient jamais les chevauchées anciennes sur Blanca ou Jalmain. Mais pédaler jusqu'à Chevreuse, pendant une vingtaine de kilomètres, et frapper à la porte de Netty, cela valait bien quelques efforts ! Je pouvais imaginer son éclat de rire quand il la surpren-

drait et immanquablement se ferait gronder. Ce jour de mars 2006, il faisait beau et nous en étions à notre dernier entretien ou presque...

Yves : *Qu'est-ce qui peut surprendre le regard d'un prêtre missionnaire ayant vécu, pendant vingt ans, hors de l'hexagone, lorsqu'il réintègre l'Église de France ?* (Avant même qu'il puisse me répondre, le téléphone se mit à sonner ; une mère demandait au prêtre de la paroisse de bien vouloir célébrer l'enterrement de sa fille qui venait de mourir. Après un temps d'écoute, un rendez-vous fut pris. Il irait la voir chez elle).
Philippe : Cette femme vient de m'annoncer le suicide de sa fille. Voilà quelque chose qui m'a impressionné ici. Dans le groupement, depuis que je suis curé, j'ai enterré près de deux à trois personnes par an, souvent des jeunes, décédés à la suite d'un suicide. Là-bas, en Amérique latine, les gens, on les tuait mais ils ne se tuaient pas eux-mêmes. Au Brésil, notamment, il ne s'est pas passé un mois sans qu'il y ait l'enterrement d'un homme mort de façon violente. Parmi les pauvres, dans les pires situations, j'ai connu la lutte pour la vie mais je n'ai pas rencontré de familles éprouvées par le suicide de l'un des siens.

Yves : *Si on en revient à tes étonnements...*
Philippe : Si la religiosité, dans toutes ses expressions, est présente en Amérique latine, en France, c'est la laïcité qui frappe. L'histoire du voile islamique serait inimaginable au Brésil. On trouve ici un souci permanent de maintenir les frontières et de renvoyer le religieux dans la sphère privée, sans incidence dans la vie publique. Là-bas, les convictions personnelles servent à la vie publique et ont droit de cité. Encore récemment, Lula s'est déplacé pour participer, à Porto Alegre au Conseil Œcuménique des Églises. Il a une fois de plus reconnu que la démocratie et la liberté conquises par le peuple brésilien doivent beaucoup à la participation des Églises. Dans ces pays, les frontières entre le politique, l'économique ou le religieux se font naturellement.

Yves : Quel regard portes-tu sur la situation de l'Église de France ?
Philippe : J'ai le sentiment que l'Église se referme sur elle-même et vit dans un microcosme fermé ; certains prêtres semblent avoir réponse à tout et surtout à la façon dont les fidèles doivent vivre leur foi. Le cultuel prend trop de place et parfois à travers des tournures rigides, peu ouvertes au monde, peu souples dans leur expression. N'est-on pas en train d'asphyxier des communautés ? Au fil de ces années de mission, j'ai acquis la certitude que l'Église est un service au monde : ce n'est pas l'Église qui est sauvée, c'est le monde. Si on doit avoir une vision critique de la situation du monde, il faut d'abord qu'on l'aime, qu'on aime les gens qui y vivent. Il ne sert à rien de se crisper sur des certitudes, sur une Église qui se suffirait à elle-même. L'œcuménisme, la solidarité, l'ouverture sous toutes ses formes sont plus que jamais nécessaires.

Yves : D'un côté on trouve des crispations, voire des certitudes et, en face, il y a doutes. Plusieurs fois, tu as osé les exprimer.
Philippe : Le doute provoque, dynamise, c'est pour moi le moteur de recherche, le *Google de la foi*. Il pousse à rester éveillé, à approfondir les relations, à rencontrer l'autre. Douter, c'est reconnaître l'importance de l'altérité : c'est être questionné pour relativiser ce que l'on est et ne pas rester centré sur soi mais se brancher sur l'autre. Cette attitude ne vaut pas seulement au plan personnel, elle a du sens au plan collectif : il faut qu'une communauté ne soit jamais assurée, à cent pour cent, dans ce qu'elle est ou fait ; elle a toujours à se construire, elle est toujours en chemin. Je crains que l'Église institutionnelle n'essaye d'évacuer au maximum le doute pour redonner des certitudes. Elle veut être visible pour affirmer sa présence, sa force, dans un monde laïc. Je comprends ce besoin, d'être connu, de se faire connaître mais il faut le faire à une double condition : garder le sens du service et se garder de l'ostentation ; personnellement, je suis moins fasciné par une Église qui affirme que par une Église qui reconnaît qu'elle peut se tromper et qui cherche.

Yves : Comment se fait-il que les communautés d'Amérique latine soient moins en capacité d'animer la vie de l'Église ?
Philippe : Au Chili, au Brésil ou ailleurs, les CEB s'étaient d'autant plus développées que le contexte politique était difficile et obligeait à une solidarité. S'opposer à un régime dictatorial leur avait permis de renforcer leur identité et de prendre fait et cause pour les exclus. Le jour où cette pression est tombée, où il y a eu liberté d'expression et d'action, certaines communautés se sont *dégonflées*. Parce qu'elles étaient peut-être trop politisées, trop intellectualisées, parce que la société évoluait, elles ont perdu le sens territorial et n'arrivent plus à se retrouver sur le modèle éminemment géographique de la paroisse. Sont arrivés alors les mouvements charismatiques et l'énergie des paroissiens a été récupérée par des groupes plus traditionnels, plus conservateurs. Cette évolution a été renforcée par une reprise en mains des séminaires ; à Santiago et dans bien d'autres diocèses, ceux qui étaient expérimentaux et qui avaient donné des prêtres pour les CEB ont été fermés. Dès la formation des séminaristes, il y a la volonté de privilégier la structure classique de l'Église et de redonner à la paroisse toute sa *noblesse*. C'est un peu la même chose en France.

Yves : Même si tu as dit avoir vécu avec Marins une expérience forte, il m'a semblé que tu doutais de sa capacité à s'adapter aux changements du monde. Peux-tu revenir sur ce sentiment critique ?
Philippe : L'idée de communauté au cœur de la pensée de Marins doit être sauvegardée mais il semble qu'il y ait aujourd'hui une inadéquation entre la vie des gens marquée par l'individualisme, la société de consommation, la mondialisation et la façon dont les communautés vivent sur un mode territorial. Par ailleurs, la vision d'un pouvoir populaire qui prendrait les choses en mains est devenue obsolète. L'Église doit rester au service des pauvres, bien évidemment, mais ceux qui changent la société et… l'Église, ne sont pas seulement les plus pauvres ; ce sont ceux qui, se réclamant de Jésus-Christ, réfléchissent et agissent sur ce monde pour le transformer. Les communautés vivantes offrent une alternative à un certain mode de fonctionnement de l'Église et c'est de la base que viendront les changements. Le prêtre avec ses dons, son savoir, son vécu doit refuser la situation confortable de leader pour être au

service de cette base ; c'est à elle de grandir et de se transformer de l'intérieur.

Yves : Comment expliquer que les mouvements d'action catholique de jeunes ou d'adultes aient perdu de leur vigueur ? Echappant à une réalité géographique, ils étaient en harmonie avec un monde en mouvement.

Philippe : Les CEB comme les mouvements d'action catholique étaient inscrites dans une réalité politique, économique et sociale. Mais l'Église actuelle tente, me semble-t-il, de répondre à une autre demande qui relève de l'individualisme latent. Cela n'enlève rien à la générosité des chrétiens ; l'Église, si elle veut être en cohérence avec l'Évangile, ne peut se renier elle-même et c'est son obligation d'entendre les cris des exclus. Mais globalement, Elle offre des propositions *privées* : retour à la confession individuelle, adoration du Saint Sacrement etc. et la dimension communautaire en prend un coup.

Yves : Il n'y aurait plus de grands combats menés par l'Église au plan politique ou social ?

Philippe : Au moment de la Constitution européenne, l'Église s'est battue pour que soient reconnues ses origines judéo-chrétiennes. Pourquoi pas ? Mais ce combat n'était bon qu'à condition qu'il ne soit pas perçu comme une réduction identitaire, éliminant les autres continents, mais comme un véritable universalisme, une ouverture au monde. Sa parole s'affirme aujourd'hui sur des problèmes de société. Au Chili, par exemple, la loi du divorce a été votée, il y a quelques mois ; la plupart des évêques s'y étaient opposés farouchement. Or, ces combats contre les moyens de contraception ou l'avortement, m'apparaissent d'arrière-garde. L'Église y perd de la crédibilité car elle milite ou lutte dans des domaines indéfendables. Bien sûr, il est souhaitable qu'elle rappelle les valeurs de la vie mais il doit y avoir bien des manières de défendre cette vie, de façon plus positive. Elle qui se prétend universelle pourrait mettre son énergie à proposer et non à contrer. Quand Paul VI, en son temps, affirmait, devant la tribune de l'ONU, que l'*Église était experte en humanité*, cette expression était géniale. Quand est sortie l'encyclique *Populorum Progressio,* on se disait : *Voilà des* *propositions concrètes et enthousiasmantes* et on exploitait son contenu dans les rencontres et les formations.

Yves : *Revenons au combat moral.*
Philippe : Monter au créneau contre le mariage homosexuel en signant des pétitions, en poussant les chrétiens à manifester, est-ce raisonnable et efficace ? Le mariage *hétérosexuel* n'a pas besoin d'être défendu ! Et, de toute façon ; les gens qui sont homosexuels, le sont ; ils n'ont pas envie de le devenir ; certains en souffrent, d'autres vivent bien cette *façon d'être*. On attend de l'Église, non pas qu'elle conforte un communautarisme de plus et une nouvelle ghettoïsation mais qu'elle soit en capacité de donner une parole d'espoir. Il faudrait aider ces hommes et ces femmes à construire un projet d'intégration, d'optimisation de leur vie à partir de leur réalité, faire en sorte qu'ils soient heureux dans leur situation, avec leurs orientations sexuelles propres. Je suis en contact par mail avec un jeune mexicain qui me parle très ouvertement de ce qu'il vit et cela me touche de voir à la fois les sottises de son environnement et ses propres espérances. Et ce que je dis du peu d'accueil de la population gay, par l'Église, je pourrais le dire de ce qu'elle fait subir aux divorcés-remariés. Comme si sa parole ne s'adressait qu'aux gens normés ! Il faudrait un nouveau concile de Jérusalem pour ouvrir l'Église aux *nouveaux* gentils.

Yves : *Tu as souligné les difficultés rencontrées par des prêtres et des religieuses, en matière affective…*
Philippe : Ces difficultés et ces souffrances ne font que renvoyer à ce que vivent beaucoup d'hommes et de femmes, au quotidien. Quand on connaît cette réalité, les exigences de l'Église sont difficiles à proclamer car elles comportent plusieurs risques, ceux de ne pas être compris, de se teinter de forte hypocrisie ou même de déclencher des effets pervers. N'a-t-on pas souvent reproché à l'Église, refusant le préservatif, d'avoir favorisé la pandémie du SIDA ! Comme pasteur, je n'aborde que rarement en public les thèmes de morale sexuelle. S'il m'arrive, de temps à autre, de rappeler la force et l'espérance d'une parole prophétique, je me dois, dans le secret du conseil ou de la confession, de faire preuve de tolérance et de compréhension. De temps à autre, quand je suis en cohérence avec ce que vit une communauté, je peux avancer des

positions plus fermes, dialoguer avec la hiérarchie, face au statut des divorcés-remariés, par exemple, quitte à ce que cela heurte ou dérange.

***Yves** : Quelle Église se profile pour demain ?*
Philippe : Est-on en train de construire des communautés, signées au sceau de l'espérance ou bien met-on, au cœur du *système-Église*, le prêtre devant, et derrière ceux qui arrivent à le suivre... tandis que les autres sont laissés sur le chemin ? Le souci de certains de nos évêques semble moins de faire marcher une Église de laïcs que d'avoir des vocations pour accroître le nombre des prêtres. C'est d'ailleurs étrange, ce petit train dominical : le curé prend sa voiture pour aller dire sa messe et les fidèles, les mêmes chaque semaine, se posent la question : *« Ah, où va célébrer notre prêtre ce dimanche ? Eh bien en route ! »* Et ils le suivent, en voiture aussi. Cela n'aide pas à rendre active une vie locale. Car quand le curé n'est pas là ou plus là, c'est le désert. En revanche, de temps à autre, la hiérarchie est contente d'organiser de grands rassemblements festifs. Mais ce n'est pas la base qui s'organise, c'est la tête qui commandite ces événements et ce sont les chrétiens qui se mobilisent sur des coups, respectables par ailleurs !

***Yves** : Comment définirais-tu les approches pastorales qui se confrontent aujourd'hui ?*
Philippe : Il semble qu'il y ait deux ecclésiologies :
    La première met la *Personne du Christ,* au cœur du dispositif ; c'est *Sa* figure qui prime ; à son service on trouve son vicaire, le pape, les évêques et les prêtres jusqu'aux laïcs. Le devoir de tous est de répondre au Christ ; dans ce système, le prêtre - et avec lui toute la hiérarchie - est central : il guide et dirige la communauté ; il souligne l'importance de la dévotion, de l'adoration.
    La deuxième ecclésiologie met en valeur le *Corps du Christ,* c'est-à-dire *l'Église, peuple de Dieu* comme l'a défini le concile Vatican II. Elle s'exprime dans la participation et la communion d'hommes et de femmes qui rendent témoignage, en communauté, de l'Amour de Dieu pour le monde ; la Parole de Dieu y est centrale et la prière s'inscrit dans le rapport aux autres ; les ministres ordonnés sont au service de la communauté qu'ils accompagnent et orientent.

Alors, bien sûr, ces deux approches sont complémentaires mais selon l'ecclésiologie choisie, la place donnée au *prêtre* dans la communauté et bien évidemment au *laïc*, donne des lignes pastorales très différentes.

Yves : *Dans certains diocèses, il y a des exemples de mise en route d'une approche communautaire.*
Philippe : A Poitiers, Mgr Albert Rouet rend possible cette seconde ecclésiologie structurellement dans un diocèse ; c'est selon lui une nouvelle manière d'être Église, *un nouveau visage d'Église* [144] : un véritable retour aux sources. Ce qui est fort dans cette expérience, c'est de voir un évêque qui prend ce type d'initiative et des gens qui s'enthousiasment à mesure qu'avancent les responsabilités et les changements structurels de leur Église et ce, jusque dans les petits villages.

Yves : *Cependant, dans toutes les religions, on voit émerger des courants communautaristes et fondamentalistes*
Philippe : Le fondamentalisme est toujours un blocage sur un passé. Il y a des crispations chez nous qui empêchent de découvrir la richesse du temps présent et les espérances du futur. Le recadrage qui donne une place importante au prêtre aux dépens des laïcs peut relever d'un manque de confiance dans l'avenir et dans la société. Peut-être le durcissement moral et le fait de ne pas pouvoir dire une parole libératrice aux *nouveaux gentils* et aux exclus relèvent-ils de la même frilosité !

Yves : *Revenons à toi. A la fin de ce parcours, quel est ton sentiment ?*
Philippe : A mes moments de grande déprime, j'avais mis de l'ordre dans mes photos. Cela a été une façon de rendre ma vie plus lisible et je l'ai fait avec un peu de nostalgie. Quand tu m'as demandé si j'étais d'accord pour raconter mon itinéraire, j'ai accepté avec une certaine inconscience, me disant que j'allais pouvoir *légender* ces mêmes photos. Au cours de ces entretiens, j'ai senti que je révélais des choses qui me surprenaient même si

---

[144] *Un nouveau visage d'Eglise, L'expérience des communautés locales à Poitiers*, titre d'un ouvrage collectif, Paris, Bayard (252 pages), 2005.

j'en gardais d'autres dans mon jardin secret ; certaines m'ont fait souffrir, certaines m'ont donné de la joie. Au-delà du fait de revoir l'ensemble de ma vie, j'ai repéré une cohérence non décidée mais assumée à posteriori. Marins refusait le pouvoir institutionnel mais ne refusait pas le pouvoir d'influence. Tout en gardant le doute toujours présent, peut-être ce livre exercera-t-il, sans que je le sache, une forme *d'influence* ! Je n'ai pas raconté mon histoire pour le plaisir mais pour le sens qu'elle a eu. J'ai témoigné de l'ecclésiologie à laquelle je crois et dont j'ai essayé modestement d'être le témoin. Si cette expérience de vie est témoignage de quelque chose pour d'autres, c'est bien.

Yves : *Une dernière question, sans joker, celle-là ! Qu'est-ce qui te donne envie de te lever le matin ?*
Philippe : C'est toujours la perspective de la relation qui me donne de la force. Je me pose la question : « *Qui vais-je rencontrer aujourd'hui ? Que va-t-on construire ensemble ?* » Et la surprise de l'autre est toujours une bonne surprise même si elle est accompagnée de douleurs. C'est cela qui donne sens, à mon *lever le matin*. C'est moins le fait de dire ma messe qui m'anime que les contacts que j'essaie de reprendre dans ma prière ; j'espère ainsi pouvoir *construire communauté*.

C'est Monseigneur Enrique Alvear, on l'aura compris, qui a donné le titre de ce livre. Quand, à Santiago, il demanda au jeune homme au pull-over rouge : « Comment t'appelles-tu ? » *le prêtre, tout juste ordonné, répondit :* « Kees ». *L'homme d'Église éclata alors de rire :* « Kess ! Mais au Chili, cela ne marchera jamais ! » *Deux minutes plus tard, il lui mettait la main sur l'épaule et le baptisait :* « Felipe ».

*Reconnaître l'autre dans sa différence, Kees, le fils d'émigré, a très jeune découvert cette valeur. S'*inculturer, vivre avec les pauvres, *Felipe, dans la force de l'âge, s'est efforcé de le faire au Chili et en Amérique latine. Accepter la maladie, Philippe apprend encore aujourd'hui cette autre forme de dépossession de soi.*

Il ne suffit pas de parler d'altérité, encore faut-il la vivre au quotidien, sans perte d'identité. Que l'Autre creuse en vous profond, suffisamment profond ...

Annexe
Brève approche historique du Chili

La grande route

Examinons une carte du Chili. A l'est, une immense chaîne de montagnes et à l'ouest, des côtes abruptes qui se jettent dans l'océan : partout des volcans, on en compte dans le pays plus de deux mille dont cinquante-cinq sont en activité[145]. Si on a la prétention de traverser tout le pays du nord au sud, par la Panaméricaine, on peut embarquer au côté d'un de ces chauffeurs qui, à l'époque d'Allende, firent la triste réputation du Chili. La cabine du gros poids lourd, construit aux USA, avec son pot d'échappement sur le toit, est haut perchée et on a une vue panoramique sur le paysage. On part d'Arica, une petite ville, située dans ce que les Chiliens appellent le Norte Grande, zone au climat très agréable, à la frontière avec le Pérou, à mille six cent kilomètres de la capitale. Puis, très vite, on est confronté à la traversée du désert d'Atacama, inhospitalier et rude même si, au printemps, ce paysage lunaire se couvre d'un manteau de fleurs ; dans la montagne, au XIX° siècle, on exploitait les mines de salpêtre ; elles ont disparu avec l'invention du nitrate synthétique. Antogafasta, port sur la côte, a perdu de son importance et il aurait presque disparu s'il ne servait à présent à l'exportation du cuivre[146].

---

[145] On relève une moyenne de 7 séismes par an au Chili et un très grave tous les trente ans. Celui de Chillan en 1939 entraînera plus de 30 000 morts ; en 1960, la terre trembla 225 fois ; à Valdivia (entre Conception et Chiloé), il y aura 3 000 morts. En 1985, une partie du centre de Santiago sera détruite, sans causer de dégâts humains trop importants.
[146] Chuquicamata est la plus grande mine de cuivre du monde. Ce minerai est devenu une des grandes richesses du Chili, premier producteur mondial de cuivre. L'entreprise, la Codelco, autrefois entre les mains de capitalistes américains, a été nationalisée en 1971 par Allende. C'est aujourd'hui en 2006, avec ses 16 000 mineurs, l'entreprise socialement la plus responsable du pays et le meilleur endroit où travailler (Institut de sondage Mori).

Toujours en direction du sud, le camion traverse ce qu'on appelle le Valle Central qui commence avec La Serena[147] ; dans cette vallée, Pedro de Valvidia, en 1541, fonda Santiago. C'est la région la plus prospère et la plus tempérée du pays, terre de raisins et de pommes ; c'est là aussi que s'entassent les industries et où se concentre près de 90% de la population. Outre la capitale, ont été construites les principales villes côtières, Conception et Valparaiso. Notre engin dépasse ensuite le centre du pays. A mille kilomètres au sud de Santiago, à Puerto Montt, débute la Zona Sur, à quarante degré de latitude sud. Pendant encore mille quatre cents kilomètres, on admire cette région magnifique, constituée de forêts, de lacs, de rivières, de volcans. Plus on se dirige vers le grand sud, plus on traverse des *pampas* fouettées par les vents ; tandis que le long de la côte, on longe des milliers d'îles en partie inhabitées. Une de celles-ci, célèbre se nomme l'Isla de Chiloé. La Panaméricaine s'arrête aujourd'hui quelque part au sud de Coihaïque et le camion doit achever son long voyage, sur une route incertaine, en parcourant, à travers une zone inhabitée, les cinq cents derniers kilomètres qui le séparent du Cap Horn. La dernière ville, Punta Arenas, est au bout de ce nouveau désert, de glace, cette fois !

Revenons à la Vallée Centrale, les Chiliens disent que c'est l'endroit le plus agréable du pays mais, pour la majorité de ses habitants, Santiago n'est pas un lieu de vie si plaisant que cela. Au sortir de la ville, construite dans une cuvette, entre la Cordillère des Andes et la Cordillère de la mer, on passe par un tunnel qui rejoint l'océan, à une centaine de kilomètres. Cette situation géographique soumet la ville à une pollution épouvantable, excepté lorsque le vent du nord nettoie le ciel.

Le Chili n'est irrigué que par la grande route qui traverse tout le pays[148]. En 1975, il n'y avait pas de boulevard périphérique à

---

[147] Capitale du Pisco Sour, boisson nationale dont on dit que le premier verre donne confiance et que le second lance un coup de pied capable de renverser le plus vaillant. Les vignes quant à elles, poussent plus au sud, entre Santiago et Talcahuano, sur des collines bien exposées.

[148] Il y a néanmoins quelques cols qui permettent de passer du Chili vers l'Argentine. Une route part un peu au nord de Santiago et passe la Cordillère, à plus de 2000 mètres, jusqu'à Mendoza. Trois ou quatre passages sont possibles et très fréquentés ; dans les années 1970, selon le taux de change des pesos argentins

Santiago et tous les camions, venus du nord ou du sud, passaient par la capitale et traversaient, pour ne pas dire empestaient, la ville ; les bus[149] qu'on arrêtait n'importe où, d'un geste de la main, polluaient autant qu'ils pouvaient ; quant aux autocars qui emmenaient les voyageurs aux quatre coins du pays, ils partaient tous du centre de la ville et on les suivait du regard, à leur fumée noire.

La ville de Santiago, plutôt plate, est dominée au nord-ouest par la blanche statue de l'Immaculée Conception, immense Vierge aux bras écartés, dressée depuis 1908, à trente-six mètres de hauteur, sur la colline San Cristobal. Cet espace, le préféré des touristes, est agrémenté par le *Parque de las esculturas,* un parc paysager, avec deux piscines et un zoo. Les habitants aisés, naturellement les moins touchés par la pollution, établissent leurs demeures en hauteur, au flanc de ces collines pour bénéficier de plus d'air ; les pauvres, en revanche, habitent dans le fond de la plaine. Heureusement, même au cours de l'été qui est très chaud, la ville ne manque pas d'eau. Les neiges éternelles de la Cordillère alimentent suffisamment de barrages et la nappe phréatique ne baisse que rarement.

L'histoire ancienne ...

Comme tous les peuples, le Chilien est fait de sangs mêlés. A l'origine, on trouvait des Indiens : au nord, les *Aymaras* (les mêmes qu'en Bolivie) et les *Quechas* (les mêmes qu'au Pérou) et, au sud, les *Mapuches.* Magellan, l'explorateur portugais, débarquant sur l'île Chiloé, fut le premier à *visiter* le pays, en 1520. La conquête espagnole ne débutera que vingt ans plus tard, avec l'espagnol Pedro de Valdivia, envoyé par Charles Quint. Ce dernier se heurtera à une farouche résistance des Mapuches et fut même massacré en 1554 par ces Indiens qui en profitèrent pour dévaster les premières villes, à peine créées. Le combat contre les

---

ou chiliens, qui changent tous les jours, il pouvait être économique d'aller à Mendoza car l'achat de deux jeans remboursait le prix du voyage.
[149] Il y avait aussi des petits bus, rapides, les *lièvres,* mais si bas de plafond qu'on ne pouvait s'y tenir debout.

Mapuches ne cessa que tard, vers la fin du vingtième siècle[150], et nombre d'entre eux furent massacrés[151], au cours des siècles. Aujourd'hui encore, même si ces hommes et ces femmes sont cantonnés dans des réserves, l'emprise coloniale n'est pas encore acceptée par tous. Au début de la conquête espagnole, les *conquistadores,* arrivés sans femmes, s'accouplèrent de gré ou plutôt de force avec des Indiennes. Certains auront plus de trente concubines, sans compter les aventures passagères ; de ces unions, naquirent de multiples métis qui peuplèrent l'ensemble du territoire.

Aidés par les Argentins, les Chiliens *libérèrent* le nord du pays en 1810 et, par une dernière bataille contre les Espagnols en 1826, le pays fut définitivement indépendant. D'autres conflits, longtemps larvés, avec les pays limitrophes notamment le Pérou et la Bolivie, débouchèrent sur une guerre ouverte et la prise sanglante de la ville d'Antofagasta et de la province péruvienne de Tarapaca. Cette victoire qui priva la Bolivie d'accès à l'océan[152] permit au Chili d'agrandir son territoire. Sur le terrain de la politique interne, au vingtième siècle, libéraux et conservateurs, tous issus de propriétaires terriens, continuèrent à s'affronter, comme ils l'avaient fait au siècle précédent, et ce, jusqu'à l'arrivée, sur la scène politique d'un parti plus dur, le Front Populaire en 1936 qui engendra un climat social plus tendu.

---

[150] De multiples traités furent établis avec les Indiens au cours de ces cinq siècles. Un des plus célèbres, l'accord de Quilin, en 1641 amputa leur territoire de vingt millions d'hectares (sur trente). Depuis, les Indiens ne cessèrent d'être repoussés vers le sud. Encore récemment, en 1999, des manifestations ont eu lieu, dans la province de Traiguen. Des combats de rue causèrent trente blessés et donnèrent lieu à de nombreuses arrestations ; en mai et juin, des milliers de Mapuches parcoururent à pied les 637 kilomètres qui séparent Tamuco de Santiago. Le président de la coopérative du bois déclara : *Sous aucun prétexte, nous ne rendrons la terre aux Mapuches qui sont incapables de la cultiver.*
[151] Un long poème épique *La Araucana* écrit en vers, au milieu du seizième siècle, par Don Alonso de Ercilla y Zuniga, raconte la résistance farouche et le courage de ces Indiens, et notamment des femmes qui se battaient jusqu'à la mort comme les hommes. Il ne resterait aujourd'hui que 10% d'Indiens *purs.*
[152] Ce que les Boliviens n'ont toujours pas accepté. Les relations Bolivie-Chili sont encore aujourd'hui difficiles.

Et la plus récente !

En 1964, grâce à des soutiens financiers européens et américains, Eduardo Frei, un démocrate-chrétien, remporta les élections et entreprit la nationalisation partielle des mines de cuivre et une réforme agraire. Ces transformations, mal comprises à gauche comme à droite, donnèrent lieu à de multiples manifestations et désirs de revanche des deux côtés. Entre temps, la ville de Santiago commença à grossir avec un exode rural massif ; les nouveaux *immigrés* de l'intérieur s'installèrent dans des bidonvilles puis dans des logements pauvres créés dans des quartiers, les *poblaciones*.

En 1970, l'opposition de gauche arriva à s'unir pour former l'*Unité Populaire* et désigna Salvador Allende comme candidat. Dans le contexte international de guerre froide et, compte tenu des guerres civiles en Bolivie et dans d'autres pays d'Amérique latine, et surtout du *succès* de la révolution cubaine qui fêtait ses dix ans d'existence, les États-unis prirent peur et commencèrent à intervenir. N'y avait-il pas, à leurs yeux, risque de généralisation, pour tout le sous-continent, de ce qu'ils croyaient être le communisme ?[153] Malgré la subornation de plusieurs membres du congrès et la tentative de déstabilisation des armées, avec l'attentat mortel du Général Schneider, commandant général des armées, Salvador Allende, fort de 37% des voix, fut élu sur un programme socialiste dans ce pays traditionnellement non communiste. Ce médecin charismatique, ancien ministre de la santé[154], sénateur depuis des années ne croyait guère à son succès. Lui, qui s'était déjà présenté quatre fois à la magistrature suprême, plaisantait, disant qu'à sa mort, on écrirait sur sa tombe : *Ci-gît le prochain président du Chili*. Lors de sa campagne électorale, pour se mettre à l'écoute du peuple ouvrier et paysan, il avait sillonné le pays, du nord au sud, dans un grand train et sa popularité était immense ; à chacune de

---

[153] Parlant du Chili, Henri Kissinger déclara : *qu'il n'y avait pas de raison d'observer, bras croisés, la manière dont un pays devenait communiste du fait de l'irresponsabilité de son peuple.*
[154] Avec Pablo Neruda, alors consul du Chili à Paris, il avait fait envoyer en France en 1939 un bateau pour recueillir 2500 réfugiés espagnols et les avait accueillis à Valparaiso. Le juge Garçon, soixante ans plus tard, se souviendra de ce geste en faveur de son pays.

ses apparitions la foule scandait son nom. Chaque nuit, dans les rues de Santiago, militants et artistes peignaient ou taguaient, sur les murs, en lettres majuscules, le grand *A*, logo d'Allende et le nom de leur candidat.

Une fois élu, le peuple eut l'impression que, pour la première fois, il tenait son destin entre ses mains. Même l'Église officielle, à la suite de la fameuse Assemblée des Evêques de Medellin, soutint le nouveau régime. Allende, un libertaire, plus amoureux de la révolution française que de la bolchevique, avait un réel désir de faire une transformation démocratique, sans violence, qui ouvrirait vers un monde plus juste. Courageux et loyal, il apparaissait comme le président des pauvres, et même s'il radicalisa sa politique, il ne se présenta jamais comme un marxiste léniniste. Elu sur un programme clair - nationalisation totale des mines et des banques et mise en application de la réforme agraire -, il le mit en application. D'ailleurs la plupart des lois avaient déjà été votées sous le président Frei mais n'avaient pas été mises en place parce que les propriétaires terriens, influents, avaient freiné toute évolution. La réforme fut faite avec, à la fois, un grand enthousiasme populaire et aussi de grandes difficultés. Les actions de soutien, encouragées par une bonne partie des intellectuels et encadrées par les partis politiques communiste et socialiste puis par le MIR (parti de gauche plus extrémiste), entraînèrent, de fait, beaucoup d'erreurs. Et ce, même si se mettaient en place des coopératives agricoles, dirigées par des cadres et des techniciens agricoles, issus de l'université très impliquée à l'époque. L'Église n'hésita pas, elle aussi, à entrer dans ce processus ; l'archevêque de Santiago fut l'un des premiers *propriétaires* à remettre des terres à ceux qui les travaillaient ; son geste fut bien perçu par les pauvres.

Dans un premier temps, le président tint bon. Il n'eut pas peur d'affronter Nixon, en invitant même Fidel Castro à faire une longue visite au Chili. Ce long – peut-être trop long - séjour, de vingt-huit jours, d'un ennemi de classe et d'un ennemi politique ne lui sera pas pardonné, ni par les riches Chiliens ni par les Américains. Les partis de droite et la CIA[155] vécurent comme une

---

[155] Il faut aussi insister sur l'importance de l'International Telegraph and Telephon. L'ITT aurait versé 1 million de dollars pour contrecarrer l'élection

menace les manifestations de soutien au président. D'autres décisions firent grandir le mécontentement : la dette externe augmenta, la nationalisation du cuivre pesa sur les intérêts anglo-américains. Les Américains[156] qui considéraient le Chili comme leur jardin arrière commencèrent à noyauter l'armée et les grands propriétaires. Or, si la référence pour les riches Chiliens avait été longtemps la France, notamment en matière d'architecture et de mode, leurs regards se tournaient à présent vers les Etats-Unis, à la fois modèle[157] et objet de critiques envieuses.

La droite soutenue par les USA mena un complot pour opérer un blocus du pays. Les importations des pièces détachées n'arrivaient plus ; le carburant devenait rare et cher et les camions tombaient en panne dans le désert. Or, le transport routier, compte tenu de la spécificité du territoire, était vital dans la vie de la nation pour les grands propriétaires et pour les industries qui avaient quelque chose à transporter. Bientôt, le syndicat de camionneurs arrêta définitivement le trafic et plus de soixante-dix mille camions bloquèrent les routes. Les denrées de première nécessité n'approvisionnèrent plus Santiago ; la pénurie alimentaire, avec son lot de queues interminables devant les magasins, agaça les riches et pénalisa les plus pauvres ; tout le pays finit par être asphyxié ! Santiago se révolta et, avec la capitale, ce fut tout le Chili qui se révolta.

Allende eut beau faire un grand discours à la tribune de l'ONU, pour dénoncer le boycott des USA et accuser de façon prémonitoire l'emprise des grandes sociétés supranationales sur les États démocratiques, s'il fut longuement applaudi, le monde resta sourd à son appel. Et Moscou n'intervint pas. L'armée de plus en plus noyautée par la droite était soutenue par les USA. Après l'assassinat de son ami, en 1970, le général Scheider, Allende avait

---

d'Allende. Ce dernier menaçait de nationaliser l'entreprise dont les intérêts locaux au Chili étaient estimés à 153 millions de dollars.

[156] Nixon qui haïssait Allende, le traitant (sur les dires de l'ambassadeur des USA à Santiago) de fils de P... et Kissinger craignirent la naissance d'un axe Santiago-La Havane, inféodé à Moscou et la bascule d'autres pays d'Amérique latine dans le communisme.

[157] Dès 1950, les étudiants chiliens riches partaient volontiers aux USA faire leurs études d'économie. On les appelait les Chicago boys ; ils revenaient férus de pensées libérales et violemment anti-communistes.

nommé Augusto Pinochet, chef des armées. Dans la hiérarchie militaire pyramidale et rigoureuse, c'était normal que ce soit lui qui ait ce grade[158].

En 1973, lors d'une nouvelle élection, le nombre de députés parlementaires fidèles à Allende augmenta. C'en était trop pour Kissinger et les militaires ! Un premier coup d'État échoua, le 29 juin 1973[159] ; malgré cela le président renouvela sa confiance au chef d'État-major et décida un référendum sur sa politique pour le dix septembre. Le lendemain, une junte militaire, constituée des quatre chefs d'armées qui s'étaient concertés, fit donc un second coup d'État. Avec le soutien actif de la CIA, les forces armées, assiégèrent le palais de La Moneda. Et, ce matin du 11 septembre, le peuple se réveilla, sonné. Certains voulurent descendre dans la rue pour manifester ou combattre mais, à l'aube, les radios avaient été prises, les chars avaient été placés aux carrefours... et puis les pauvres n'avaient pas d'armes. Leur seule volonté et leur marche de soutien à leur héros n'auraient pas été suffisantes.

Seule, la garde présidentielle de La Moneda restera fidèle à son devoir et ne trahira pas Allende ; tous ces hommes seront éliminés ou exilés. Lors d'une ultime réunion, alors que le palais bombardé flambe déjà, le président demandera à ses ministres de se rendre. Ces derniers empruntèrent l'escalier qui leur permettait de descendre. Lui resta en arrière et on entendit un coup de mitraillette. Le président venait de se suicider. Son dernier discours radiophonique, prononcé sans notes au téléphone, quelques minutes auparavant, reste encore aujourd'hui dans la mémoire du peuple[160].

---

[158] Avec le recul, on peut se demander si, face au danger que représentaient les forces armées, le président aurait pu ou dû avoir le courage d'aller plus loin dans le socialisme d'État, quitte à oser les transformations sociales, avec l'appui d'un soulèvement révolutionnaire ou d'une armée mise sous *contrôle* ? Mais l'idée même de dictature du prolétariat lui faisait horreur... et on n'aura jamais de réponse à cette question.
[159] Il y eut quelques morts dans les rues dont celle d'un caméraman argentin qui, atteint d'une rafale de mitraillette, filma sa propre mort, en direct.
[160] *Je paierai de ma vie la défense des principes qui sont chers à ma patrie. La honte rejaillira sur ceux qui ont renié leurs engagements et manqué à leur parole, comme ils ont renié la doctrine des forces armées.... Travailleurs de mon pays, je veux vous dire ma gratitude pour la loyauté que vous avez toujours eue, pour la confiance que vous avez mise en un homme qui fut seulement l'interprète des grandes aspirations de la justice, qui s'est engagé à respecter la constitution et la*

Allende allait rester longtemps présent dans les cœurs. Les gens cachèrent sa photo et beaucoup le vénérèrent un martyr. Pour la plupart, il ne s'était pas suicidé, il avait été tué dans l'attaque du palais de La Moneda, on disait même sur ordre de Pinochet.

En quelques heures, Pinochet, peu préparé à cette responsabilité, devint le chef, du seul fait que l'armée de terre était plus nombreuse et plus forte. Des milliers de personnes furent enfermées dans le stade national, là même où Allende avait été si souvent acclamé. Le général donna une place importante à la *Dirección de inteligencia nacional* DINA[161]. Il la mit directement sous sa responsabilité et nomma le colonel Manuel Contreras à sa tête. Rapidement, militaires et policiers contrôlèrent tout le pays, aidés par des infiltrés, des gens qui n'en pouvaient plus du désordre et qui se seraient rangés du côté du pouvoir, quel qu'il soit.

Dans Santiago notamment, la DINA assura le quadrillage de la ville, implanta des taupes[162] et commença à faire le ménage. Tous les leaders politiques connus furent identifiés et pourchassés. En juillet 1974, Pinochet adopta le titre de *chef suprême de la nation*. Après avoir dissout le parlement, il suspendit la constitution, imposa la censure absolue et interdit tous les partis politiques. Il lança une nouvelle campagne de terreur contre la gauche. Les plus chanceux furent envoyés dans des îles du sud, transformées en bagne pour prisonniers politiques. D'autres, des milliers *disparurent*, torturés, tués, en corvée de bois, et enterrés dans des charniers. Des accords se conclurent avec d'autres pays d'Amérique latine : Brésil, Argentine, Uruguay, Paraguay, Bolivie, toutes des dictatures. Sous l'œil bienveillant des USA, les chefs

---

loi et qui l'a fait... Ce sont mes dernières paroles. J'ai la certitude que le sacrifice ne sera pas vain. J'ai la certitude que, du moins, il y aura une sanction morale qui châtiera la félonie, la lâcheté et la trahison.
[161] Direction des Informations Nationales, police secrète dont la police militaire fournira les bases. Le bilan des 17 années de dictature serait de 3 197 morts et disparus, de 40 000 prisonniers dont beaucoup torturés et d'environ 200 000 exilés.
[162] Dans les communautés chrétiennes, comme ailleurs, il y eut des essais d'infiltration. Néanmoins, elles étaient vite repérées ; et les Chiliens ne parlaient pas de choses importantes quand ils ne se sentaient pas en confiance.

d'État tissèrent un filet[163] pour contrôler la situation du sous-continent.

En décembre 1990, à la suite d'un referendum perdu, Augusto Pinochet céda le pouvoir au démocrate-chrétien Patricio Aylwin. A l'élection présidentielle de 1993, Eduardo Frei (démocrate-chrétien), fils de l'ancien président, accéda au pouvoir.
Il fut remplacé par Ricardo Lagos (centre-gauche), le 16 janvier 2000.
Et, pour la première fois en Amérique latine, le 11 mars 2006, une femme, la socialiste Michelle Bachelet devint présidente.

---

[163] Ce programme de collaboration des dictatures militaires, sous les auspices de Pinochet, fut baptisé en 1975, *l'Opération Condor*.

TABLE DES MATIERES

Préface de Mgr Thomas	5
1 : Fils d'émigré	7
2 : Oriti, oriti	23
3 : L'entrée chez les Mill Hill	39
4 : Lo Amor uno	55
5 : Maria : « *No* »	67
6 : Les sirènes du politique	85
7 : La Mercedes blanche	97
8 : Vue sur la tour Montparnasse	111
9 : Le temps des *Protestas*	119
10 : De l'option pour les pauvres à l'option pour Jésus	141
11 : Par décret municipal	161
12 : Le vœu de ma mère	173
13 : Des ministres extraordinaires	179
14 : Une histoire de valises	197
15 : Job, mon frère	215
16 : Retour à Santiago	225
17 : Par la fenêtre du jardin	235
Annexe : Brève approche historique du Chili.	245
Table des matières	255

Suite et fin des titres parus dans la collection

Mgr Antonio Ferreira Gomes. *Lettres au pape. Regard de l'évêque de Porto sur l'Eglise et sur l'Histoire*, 2007.

Emile Meurice, *Quatre « Jésus » délirants. Essai de compréhension*, 2006.

Philibert Secrétan, *Essai sur le sens de la Philosophie de la Religion*, 2006.

Jean-Paul Moreau, *L'anglicanisme : ses origines, ses conflits. Du schisme d'Henri VIII à la bataille de la Boyne*, 2006.

Etienne Goutagny, *Cisterciens dans les guerres. L'abbaye N.D. des Dombes en 1870-1871, 1914-1918 ; 1939-1945*. - *Préface* du général d'armée Jean-Pierre Kelche, Grand Chancelier de la Légion d'honneur, et *Introduction* par Odile et Richard Moreau, 2006.

Dom Bernard Christol, *Contes et nouvelles des Dombes sous le soleil de Dieu*, 2006.

Pamphile, *Voies de la sagesse chrétienne. Méditation sur l'Ascension*. *Préface* de l'abbé Maurice Retournard. *Postface* de Mgr Michel Kuehn, 2006.

Bruno Bérard, Jean Borella : *La révolution métaphysique. Après Galilée, Kant, Marx, Freud, Derrida*. Préface du P. Michel Dupuy, apostille de Jean Borella. 2006.

Lucien Daly, *Découvrir Dieu grâce à la Science*. Itinéraire spirituel d'un scientifique. Préface de Richard Moreau, 2006.

Stéphane-Marie Barbellion, *Bioéthique du début à la fin de la vie humaine*. Préface du professeur E. Sapin, 2006.

André Thayse, *Vers de nouvelles alliances. La Genèse autrement*, 2006.

Pierre Egloff, *Dieu, les Sciences et l'univers. L'homme interplanétaire*, 2006.

Philippe Leclercq, *Comme un veilleur attend l'aurore. Ecritures, religions et modernité*, 2006.

Mario Zanon, *J'ôterai ce coeur de pierre*, 2006.

Anne Doran, *Spiritualité traditionnelle et christianisme chez les Montagnais*, 2006.

Vincent-Paul Toccoli, *Le Bouddha revisité ou la genèse d'une fiction*, 2005.

Dom Dorothée Jalloutz, *Cisterciens au Val-des-Choux et à Sept-Fons. 1762-1792, Règlements généraux*. Textes présentés par Fr. Placide Vernet, moine de Cîteaux, 2005.

Jean-Paul Moreau, *Disputes et conflits du christianisme dans l'Empire romain*, 2005.

Bruno Bérard, *Introduction à une métaphysique des mystères chrétiens, en regard des Traditions bouddhique, hindoue, islamique, judaïque et taoïste*, 2005.

Erich Przywara (trad. de l'allemand par Philibert Secretan), ... *Et tout sera renouvelé. Quatre sermons sur l'Occident, suivis de Luther en ses ultimes conséquences*, 2005.

Jean-Dominique Paolini, *D'Aphrodite à Jésus. Chroniques chypriotes*, 2005.

André Thayse, *A l'écoute de l'origine. La Genèse autrement*. 2004.

Etienne Goutagny, *Cisterciens en Dombes*, 2004.

Mgr Lucien Daloz, *Chrétiens dans une Europe en construction*, 2004.

Philibert Secretan, *Chemins de la pensée*, 2004.

Athanase Bouchard, *Un prêtre, un clocher, pour la vie*, 2004.

Michel Covin, *Questions naïves au christianisme*, 2004.

Vincent Feroldi (dir. de), *Chrétiens et musulmans en dialogue*, 2003.

Karékine Bekdjian, *Baptême, mariage et rituel funéraire dans l'église arménienne*, 2003.

Albert Khazinedjian, *La pratique religieuse dans l'église arménienne apostolique*, 2003.

Philippe Caspar, *L'embryon au IIème siècle*, 2003.

Jean Bailenger, *Biologie et religion chrétienne*, 2003.

Nicolas-Claude Dargnies (en religion Frère François de Paule*), Mémoires en forme de lettres pour servir à l'histoire de la Réforme de La Trappe...*, 2003.

Ferdinand de Hédouville, *Relation sur mon séjour en exil et l'exode des religieux jusqu'en Russie, par un novice de Valsainte...*, 2003.

Jeanine Bonnefoy, *Vers une religion laïque. Le militantisme d'Edgar Monteil...*, 2002.

Albert Khazinedjian, *L'Eglise arménienne dans l'Eglise universelle. De l'Evangélisation au Concile de Chalcédoine*, 2002.

Albert Khazinedjian, *L'Eglise arménienne dans l'oecuménisme. Des suites du concile de Chalcédoine à nos jours*, 2002.

Dom Pierre Miquel (OSB), *La charité, l'espérance et la foi*. 2002.

Pierre Vanderlinden, *L'Avènement de Dieu. Avent, Noël, Epiphanie*, 2002.

Dom Pierre Miquel (OSB), *Les oppositions symboliques dans le langage mystique*, 2001.

Jeanine Bonnefoy, *Catéchismes, expression du cléricalisme et du pouvoir occulte*, 2001.

Paul Dunez, *L'affaire des Chartreux*, 2001.

Francis Weill, *Juifs et Chrétiens : requiem pour un divorce*, 2001.

Jean Thiébaud, *Instructions, lettres et poèmes de saint Colomban*, 2000.

Jean Thiébaud, *Témoins de l'Evangile. Quinze siècles d'écrits spirituels d'auteurs comtois*. Préface de Mgr Lucien Daloz, archevêque de Besançon, 1999.

L'HARMATTAN, ITALIA
Via Degli Artisti 15 ; 10124 Torino

L'HARMATTAN HONGRIE
Könyvesbolt ; Kossuth L. u. 14-16
1053 Budapest

L'HARMATTAN BURKINA FASO
Rue 15.167 Route du Pô Patte d'oie
12 BP 226
Ouagadougou 12
(00226) 50 37 54 36

ESPACE L'HARMATTAN KINSHASA
Faculté des Sciences Sociales,
Politiques et Administratives
BP243, KIN XI ; Université de Kinshasa

L'HARMATTAN GUINEE
Almamya Rue KA 028
En face du restaurant le cèdre
OKB agency BP 3470 Conakry
(00224) 60 20 85 08
harmattanguinee@yahoo.fr

L'HARMATTAN COTE D'IVOIRE
M. Etien N'dah Ahmon
Résidence Karl / cité des arts
Abidjan-Cocody 03 BP 1588 Abidjan 03
(00225) 05 77 87 31

L'HARMATTAN MAURITANIE
Espace El Kettab du livre francophone
N° 472 avenue Palais des Congrès
BP 316 Nouakchott
(00222) 63 25 980

L'HARMATTAN CAMEROUN
BP 11486
(00237) 458 67 00
(00237) 976 61 66
harmattancam@yahoo.fr

646967 - Mars 2016
Achevé d'imprimer par